勘違いことばの辞典

Kanchigai Kotoba no Jiten

西谷裕子【編】

東京堂出版

はじめに

ことばは人と人とのコミュニケーションにおける大事な手段です。読んだり、書いたり、話したり、聞いたりすることで、お互いの気持ちを伝え、通い合わせることができます。また、考えるのもことばによってなされます。そのことばについて、正しく使っていると断言できる人はどれ位いるでしょうか。

「口をつむる」「足元をすくわれる」と言っている人はいませんか。「つむる」は目を閉じることです。漢字では「瞑る」と書きます。口を閉じることは「口をつぐむ」というのが正しく、漢字では「噤む」と書きます。すきを突かれて陥れられることは「足をすくわれる」です。「足元」は足の下のあたりのことで、すくうことはできません。比喩的に、立場、身辺といった意味で、「足元を見られる」「足元にも及ばない」などという言い方があることから混同が生じたのかもしれません。また、「眠る」を「寝むる」、「土地勘」を「土地観」と書かれた例を見かけたり、「股間《こかん》」を「またま」、「間《かん(、)》 髪《はつ》を容れず」を「かんぱつをいれず」と言うのを聞いたことがあります。

このように、気が付かないうちに間違ったことば遣いをしたり、間違って漢字を読んだり書いたりしていることがあるのです。間違いは自分で気づくのはなかなか難しいものです。本書ではそんな間違い例を七章に分けて取り上げ、なぜ間違えるのかを検証しつつ解説を試みました。

ことばは生き物です。これまでも変わってきたし、これからも変わり続けていくことは否めません。ただ、その際に大切なことは、間違ったままことばを独り歩きさせてはいけないということです。たとえば、「流れに棹差す」「情けは人のためならず」が本来の意味とは逆に解釈されることがありますが、内容を正しく把握すれば間違いは防げます。正しく理解し、正しく伝える、その努力こそ大切なことなのではないでしょうか。

現在では、パソコンで文章を書くことも多くなり、簡単に漢字変換できてしまいます。機械任せで、どんどんことばに対する感性や認識能力の退化現象が進むのではと危惧を覚えるのは私だけでしょうか。本書が自分のことばに関する知識をちょっと確認していただく機会になればと、心から願う次第です。

最後に、本書執筆に際してお世話になりました、東京堂出版社長今泉弘勝氏、編集部の渡部俊一氏に厚く御礼申し上げます。

二〇〇六年秋　西谷裕子

勘違いことばの辞典◉目次

はじめに……i
凡例……vi

第1章 意味・ニュアンスの取り違えとことばの誤用……001

「おざなり」と「なおざり」の違いは？／「気の置けない人」は要注意人物？／「ご苦労様でした」か「お疲れ様でした」か／「こだわる」っていい意味なの？／「さわり」ってどこ？／「すべからく」は「すべて」のこと？／感動して「鳥肌が立つ」？／「役不足」か「力不足」か

自分ではなかなか気がつかない誤用も、ことばの意味・ニュアンスを正しく理解していれば防げるはずです。

第2章 慣用表現の言い間違い……051

「愛想」は振りまけない／「足元」をすくわれる？／「笑顔」がこぼれる？／汚名は「返上」するもの、名誉は「挽回」するもの／「喧喧《けんけん》諤諤《がくがく》」と議論する？／「口」をつむる？／「一つ返事」で引き受ける？

日常的に耳にし、また、自分もつい言ってしまう慣用表現の間違いは数多くあります。ことばの意味や成り立ちを振り返り、なぜ間違ってしまうのか考えてみましょう。

第3章
故事・ことわざの勘違い 093
「犬も歩けば棒に当たる」って良いこと？ 悪いこと？／「君子は豹変す」は、本当は良い意味だった／「流れに棹差す」は流れに逆らうこと？／「情けは人のためならず」だから情けは人をだめにする？

故事・ことわざは長い間に意味が曲解されて、逆の意味で伝わることさえあります。褒めたつもりで言ったのに相手を怒らせた、ということにならないようにしましょう。

第4章
語法の間違い・勘違い 117
「とんでもございません」「千円からお預かりします」「私ってきれい好きな人じゃないですか」「ぼく的には…気持ち的に…」「会計のほうよろしいでしょうか」

こうした表現は若い人特有のものではなく、いろいろな場面で耳にする機会が多くなりました。変わり続けることばの今をみつめ、改めてことばの意味、正しい用法について考えてみましょう。

第5章
避けたい重ね言葉 135
「後で後悔する」「あらかじめ予告する」「一番最後」「後ろへバックする」「思いがけないハプニング」「過半数を超える」「元旦の朝に」「後遺症が残る」「すべてを一任する」

ふだん何気なく同じ意味を持つことばを重ねて言ってしまうことはありませんか。よくよく考えればおかしい重ね言葉をまとめて紹介しましょう。

第6章 漢字の読み間違い

「当て所ない」「完遂」「間髪を容れず」「気骨が折れる」「奇しくも」「元凶」「極寒の地」「言語道断」「参内」「相好を崩す」「上意下達」「進捗状況」「漸次」「暫時」「逐次」「伝播」「不世出」「目の当たりにする」 153

自信をもって読めますか？ 読み間違える原因はどこにあるのでしょうか。難読語のみならず、日常よく使われ、目にする機会の多いことばを取り上げ、読み間違える原因を探ります。

【難読語一覧】……… 192

第7章 漢字の書き間違い

「有頂点になる」「鋭気を養う」「御頭付き」「温好な人」「間一発」「気嫌がいい」「厚顔無知」「至難の技」「若冠二十歳」「人事移動」 193

どこが間違いかわかりますか？ 漢字の書き間違いで一番多いのが、同音異義語の場合です。パソコンやワープロを使って文章を書くことが多くなり、漢字変換ミスが原因の一つにもなっています。間違いやすい同音異義語を中心に取り上げ、その使い分けを明確に示します。

【書き間違いやすい漢字一覧】

❶字形の類似・意味の類似・同音……… 259

❷四字熟語……… 271

主な参考文献……… 274

索　引……… 275

凡例

一、本文は内容別に七章に分けて構成した。
一、各章ごとに項目を五十音順に並べて記した。
一、他の項目を参照してほしいときは、「↓」で参照先を示した。
一、例文の記号について
「×」間違い例を示す。
「○」正しい例を示す。
「△」本来は間違いであるが、慣用的に使用が認められている例を示す。
一、巻末にキーワード索引を付し、検索の便を図った。

第1章

意味・ニュアンスの取り違えとことばの誤用

「気が置けない人」といえば、気を使わなくてすむ人のことで、気が許せない人、要注意人物ではありません。

「当たり年」は良いことが多い年の意味で用いますから、悪いことが多い年について、たとえば、「今年は台風の当たり年だ」のようには言いません。

目上の人に向かって「感心しました」と言うのは失礼になります。

このように、ことばの意味・ニュアンスを取り違えると、結果として使い方も間違えるという二重のミスを犯すことになります。

あくが強い

× **悪が強い犯人役をやる**
○ **あの人はあくが強いね**
○ **あくが強い文章**

この「あく」は「灰汁」と書いて、人の性質や表現方法などに見られる特有の癖のこと。もとは灰を水に浸して取る上澄みの水のこと。また、植物に含まれるしぶみの成分をいい、転じて、個性の強さ、どぎつさの意味に用いる。「あくが強い」と時に嫌われがちなところから連想が働いて、悪い部分が目立つ、悪運が強い、などの意味に解釈したり、「悪が強い」と書いたりするのは間違いである。

挙げ句の果て

× **猛練習した挙げ句の果てに優勝した**
○ **遊び回った挙げ句の果てに勘当された**

あることをさんざんしたすえに、の意。それなのに結果は思わしくない、といった意味合いで用い、良い結果の場合には用いない。

あごが落ちる

× **あごが落ちる（○外れる）ほど笑った**
○ **このメロン、おいしくてあごが落ちるようだ**

「あごが落ちる」は食べ物がおいしいことのたとえ。「ほっぺたが落ちる」ともいう。おかしくて大笑いするのは、「落ちる」のではなく「外れる」で、「あごが外れるほど笑う」のようにいう。

あごを出す

× **絵がうまく描けずあごを出した**
○ **練習がきつくてあごを出した**

ひどく疲れて、気力がなくなることをいう。やる気があり、がんばっている間はあごはぐいと下がって顔もひきしまっているが、疲れてくると、どうしてもあごが前に出てくるところからいう。最初の例文のように、いやになって放り出す、といった意味で用いるのは間違い。

足繁く

× 窓の外を人々が足繁く行き来するのを眺めていた
○ バーに足繁く通う

「足繁く」は人がある所にひんぱんに通うさまをいう。大勢の人が行ったり来たりする、人の往来が激しいという意味ではない。「繁く」は、絶え間がない意の古語「繁し」の連用形から。現在は、もっぱら「足繁く」の形で副詞として用いられることが多い。

唖然《あぜん》とする

× 父の訃報《ふほう》に唖然と（○呆然と）立ち尽くした
○ 彼の変わり身の早さに唖然とした

「唖然」は驚きあきれてことばが出ない様子をいう。「唖」はことばがでない、の意。訃報を聞いて気が抜けたように立ち尽くすのなら、「呆然」または「茫然」とすべきである。

あたら

× あたら（○やたら）若ぶってもむだだ
○ あたら若い命を散らす

「あたら」は、惜しいことに、もったいないことに、の意。もともとは、立派なものや価値あるものが相応に扱われていないことを惜しむ意の、古語「あたらし」の語幹が独立して副詞となった語で、漢字では「可惜」とあてて書く。むやみに、の意の「やたら」と勘違いしないこと。

当たり年

× 今年は台風の当たり年だ
○ 今年はみかんの当たり年だ
○ 今年は良いことずくめで我が家にとって当たり年だった

本来「当たり年」は、作物がよくとれる年、の意。転じて、良いことが多い年、縁起の良い年の意にも用いる。悪いことが多い場合には用いない。ちなみに、この「当たり」

はくじが当たることではない。

辺りを払う

× **辺りを払う静けさだった**

○ **威風辺りを払う**

「辺りを払う」とは、威厳や権勢などがあって、周囲の者を寄せ付けない様子をいう。誰もいなくて静かな、という意味ではない。

圧倒的

× **チームは圧倒的大敗を喫した**

○ **チームは圧倒的勝利を収めた**

「圧倒的」とは、他とかけ離れて優れている、比べものにならないほど他をしのいでいるさまをいう。従って、「圧倒的勝利」「圧倒的な強さ」「賛成意見のほうが圧倒的に多い」のように優勢の場面で用い、「圧倒的大敗」とか「圧倒的に弱い」「圧倒的に少ない」など、劣勢の意味合いでは用いない。

あながち

× **彼の言うことはあながち嘘だ**

× **あながちやらせようとしてもむだだ**

○ **彼の言うこともあながち嘘とは言えない**

一概に、必ずしも、の意。打消しのことばを伴って用い、肯定的には用いない。また、漢字で「強ち」と書くことから、しいて、むりやり、の意と取るのは間違い。

阿《あ》弥《み》陀《だ》に被《かぶ》る

× **帽子を阿弥陀に被って顔を隠した**

○ **学生たちは粋がって学生帽を阿弥陀に被った**

阿弥陀仏の光背のように、帽子を後ろに傾けて被ることで、顔を隠すように目深に被ることではない。

いい薬

× **楽しく勉強するのもいい薬だ**

○ **失敗もいい薬だ**

苦い薬ほどよく効くように、辛い経験ほど将来に役立つということ。従って、楽しいことや苦労を伴わないことは「いい薬」とはいわない。

遺憾なく

× 遺憾なく会社をやめた
○ 遺憾なく実力を発揮する

心残りなく十分に、の意で、良い意味合いで用いる。残念に思うことなく、の意ではない。

息が合う

× 彼とは昔から息が合ってね（○馬が合ってね）
○ 演奏するとき、二人の息がぴったり合った

「息が合う」とは、他の人と一緒に何かをするときに、気持ちや動作がうまくかみ合うことをいう。気が合う、意気投合する、といった意味ではない。前者の例文の場合は「気が合う」とか「馬が合う」のようにいうべきところである。

依然として

× 改革は依然として進んでいる
○ 高熱が依然として続いている
○ 問題は依然として未解決のままだ

ある状態がそのままで変わらないさまをいう。最初の例文のように、変化したり進展・進行する場面においては、内容に矛盾が生じるので使えない。「改革は滞りなく進んでいる」のようにいうべきところだろう。

板に付く

× 花嫁衣装が板に付いてきれいだった
○ スーツ姿が板に付いてきた
○ 社長業が板に付いてきた

服装や職業などが、その人になじんでふさわしくなることをいう。「板」は舞台のことで、もとは、役者が経験を積んで、芸が舞台になじむことをいった。なじむにはそれなりの年月が必要で、その日限りの花嫁衣装に対して、「板に付く」とはいわないし、また、よく似合うという意味でもない。

犬も食わない

△ **こんなまずいもの、犬も食わないよ**

○ **夫婦喧嘩は犬も食わない**

犬でさえ嫌って食べない、の意からで、ひどく嫌われる、だれも相手にしないことのたとえ。ことば通り、食べ物に関して言っても間違いではないが、ふつう比喩で用いられることが多い。

今こそわかれめ、いざさらば

――今こそ別れるとき？

卒業式に歌う、「仰げば尊し」の一節である。「わかれめ」は「別れるとき」の意味ではなく、「今こそ別れよう」の意味。「め」は「…しよう」という意味の古語の助動詞「む」の已然形で、係結びで「こそ」に対応する。近年、この歌を卒業式に歌うことは少ないようである。

芋づる式

× **貢献のあった社員を芋づる式に表彰した**

○ **泥棒の一味を芋づる式に検挙した**

一つのことからそれに関連する人や事柄が次から次へと現れること。芋を収穫するとき、つるをたぐり寄せると次から次へと芋がつながって出てくることからいう。特に悪事についていうことが多い。

言わずもがな

× **頼むから親には言わずもがなだよ**

○ **言わずもがなのことを言う**

○ **言わずもがなの弁解をする**

○ **子どもは言わずもがな、大人にも楽しめるゲーム**

「言わずもがな」は文語表現で、「言わず」は言わない、「もがな」は希望を表す終助詞。言わないでおいたほうがいい（二例目）、言う必要がない（三例目）、言うまでもなく（四例目）、といった意で用いる。最初の例のように、親には言わないでほしい、しゃべらないでくれ、という意味ではない。

意を尽くす

× 意を尽くして被害者の対応に当たった
○ **意を尽くしたが、わかってもらえなかった**

相手に納得してもらうために、自分が考えていること、思っていることを十分に言い表すこと。「意」は考えや気持ちのことで、最初の例文のように、誠意の意味で用いるのは間違い。

右顧左眄《うこさべん》

× あちこち頭を下げて右顧左眄する
○ **右顧左眄していては事が進まない**

「眄」は流し目で横を見る、の意。右を見たり左を見たりする意味から、周りのことばかり気にして、なかなか決断ができないことをいう。あちこちにぺこぺこし、こびへつらう意味ではない。

後ろ髪を引かれる

× 後ろ髪を引かれて、やっぱりチームに留まった
○ **後ろ髪を引かれる思いで故郷をあとにした**

去っていく人が、未練が残って気持ちが断ち切れないようすをいう。去ろうとするから後ろ髪が引かれるのであって、最初の例文のようにそのまま留まることにしたのなら、後ろ髪は引かれない。

薄紙を剝ぐよう

× 薄紙を剝ぐように景気は回復に向かった
○ **薄紙を剝ぐように病気は快復に向かった**

病気などが少しずつ良くなる様子のたとえ。少しずつの意味で、病気以外に用いるのは間違い。

馬が合う

× この万年筆は馬が合って書きやすい
○ **彼とは初めて会ったときから馬が合ってね**

人と人が気が合う、の意。馬は乗り手の性格や技量を一瞬のうちに見抜くと言われる。こわごわ乗れば、馬は乗り手を馬鹿にして言うことを聞かない。反対に相性が合えば、人馬一体で快適な走りをすること間違いない。そこから、人との付き合いや何か一緒に仕事をするようなとき、気が合う、意気投合することのたとえに用いる。従って、物と気が合うということはありえないので、このことばは物に対しては使えない。

上前《うわまえ》をはねる

× いい仕事がきたのに、**彼に上前をはねられた**

○ **賃金の上前をはねる**

渡すべき賃金や代金の一部を不正に自分のものにすることで、仕事の横取りをする意味ではない。

薀蓄《うんちく》を傾ける

× 彼はこれまでの苦労について薀蓄を傾けた

○ **彼はバッハについて静かに薀蓄を傾けた**

「薀蓄」は研究や経験を積んでたくわえた深い知識のこと。「薀蓄を傾ける」とは、その知識を発揮することをいうのであって、苦労話や経験談をすることではない。

往年

× 往年の遺物

○ **往年の映画スター**

過ぎ去った昔、の意。特に、かつて盛んだった一時期を回顧していうことが多く、単なる過去の意味では用いない。

鸚鵡《おうむ》返し

× 非難されて、彼は鸚鵡返しに反論した

○ **「春だね」と言えば「春だね」と、彼は鸚鵡返しに答えるだけだった**

人から言われたことばをそのまま言い返すこと。鳥のオウムは口真似が上手なことからたとえていう。その場で言い返す、即座に返答する意味ではない。

お先棒を担ぐ

× あなたのためなら喜んでお先棒を担ぐよ

○ **彼はなんの考えもなく、人のお先棒を担いでいるだけだ**

「先棒」は駕籠の棒の前のほうを担ぐ者のこと。権力のあるものに取り入って、その手先になって動くことをいい、ふつう、良い意味では用いない。喜んで人のために働く、という意味なら、「一肌脱ぐ」のようにいう。

おざなり

× アルバイトばかりして学業がおざなり（○なおざり）になる

○ **おざなりの地震対策**

「おざなり（御座なり）」は、その場限り、一時しのぎ、間に合わせ、といった意味。「なおざり」と混同して、おろそかにするの意味に用いるのは間違い。ちなみに、「なおざり」は当て字で「等閑」と書く。

お釈迦《しゃか》になる

× やつは酒の飲みすぎでお釈迦になった

○ **車がとうとうお釈迦になった**

物を作り損ねたり、役に立たなくなることをいう。もとは鋳物職人のことばで、阿弥陀仏を鋳るはずが、誤って釈迦の像を作ってしまったことからいう。また、なまって「火（し）が強かった」といったのを、釈迦の誕生日の「四月八日（しがつようか）」と聞き、「お釈迦になる」というようになったとする説もある。いずれにしても、人が死ぬことやだめになることではない。ちなみに、人が死ぬのは「お陀仏になる」という。

お裾分け

× 社長に松茸をお裾分けする

○ **隣の家にもらい物をお裾分けする**

「お裾分け」はもらった物の一部を他の人に分け与えること。「裾」は衣服の裾のこと。つまり、末端部分を切り分けて与えるということで、どんなに高価なものであっても、ふつう、目上の人にすることではない。「お福分け」という言い方もするが、ちょっとしたもらい物をしたときなどに、そのうれしい気持も含めて、親しい間柄の人に分けるというのが本意である。

恐らく

× 恐らく彼は来るだろう
○ **恐らく彼は来ないだろう**
× 恐らく明日は晴れるだろう
○ **恐らく明日は雨だろう**

可能性として、良くない結果になってしまうのではと心配し、推測する様子をいう。文語の「恐る」の未然形に接辞の「く」がついたもので、恐れることには、の意。従って、良いことの予想については用いない。同じような意味合いで「多分」があるが、こちらは「恐らく」と違って、「多分失敗[成功]するだろう」のように、良いことにも悪いことにも用いられる。

おためごかし

× おためごかしの忠告はありがたい
○ **おためごかしの親切ならいらない**

あたかも相手のためにするように見せかけて、実は自分の利益をはかることをいう。最初の例文のように、単に、相手のためだけをひたすら思う、という良い意味合いではない。ちなみに、「ごかし」はだます意の古語「こかす(転す)」の連用形「こかし」が変化した語。接尾語として体言に付き、そのようなふりをするだけで、実は自分の利益をはかる意を表す。

落ち合う

× 彼とそこで偶然落ち合った(○出会った)
○ **八時に駅前で落ち合う**

約束のもとに会うのが「落ち合う」である。最初の例文のように、たまたま行きあったのなら「出会った」というべきである。

お茶を濁す

× 欠席の理由を聞いても、はっきり答えずお茶を濁す（○言葉を濁す）ばかりだった

○ 形ばかりの調査でお茶を濁す

いい加減なことを言ったりしたりして、その場をごまかすことをいう。最初の例文のように、あいまいなことを言ってごまかすのなら、「言葉を濁す」というのが適当である。

押っ取り刀

× 天気がいいので押っ取り刀で散歩した

○ 容態の急変を聞いて押っ取り刀で駆けつけた

急な事態に、刀を腰に差すひまもなく、手に持ったままの状態をいう。転じて、緊急時に、取るものも取りあえず駆けつけるときの形容に用いる。「おっとり」を「のんびり」の意と取り、あわてずゆっくり行くことと勘違いしないようにしたい。

お手上げ

× 客の入りがよくてお手上げだ

○ 日照りが続いて農家はお手上げだ

対処の方法がなく、どうにもならなくなること。降参して手をあげることからいうもので、喜んだりうれしくて手を上げたり、良い意味で万歳することではない。

鬼の霍乱《かくらん》

× 部長の怒りようはまさに鬼の霍乱だ

○ あの元気印の部長が風邪だって。まさに鬼の霍乱だね

いつも健康な人が珍しく病気になることをいう。「霍乱」は漢方で、日射病のこと。古くは、夏に激しい吐き気や下痢を起こす急性の病気のことも含めていった。鬼でも日射病にかかるという意味からで、多くはからかっていう。鬼のようにはげしく怒り狂うことではない。

おもむろに

× **見知らぬ人からおもむろに声をかけられた**

○ **かばんからおもむろに本を取り出した**

動作などがゆっくりとしているさまをいう。漢字では「徐に」と書く。突然、不意に、の意味で用いるのは間違い。

折り紙付き

× **彼は折り紙付き（○札付き）のワルだ**

○ **彼の腕前は折り紙付きだ**

この「折り紙」は書画や骨董に付ける鑑定書、保証書のこと。奉書や鳥の子紙などを折って用いたところからいう。転じて、「折り紙付き」は人や物に対して、信頼に足る、保証付きという、良い意味で用いる。人が評判の悪人というような場合は「札付き」という。

おわれて見たのはいつの日か

――追われて見た？

「夕焼小焼の赤とんぼ」で始まる、童謡「赤とんぼ」の歌詞の一部分である。「おわれて」とあるのを何かに「追われて」と思い込んでいる人が結構いるようである。正解は「負われて」。あとの部分に「十五でねえやは嫁に行き」とあるように、子守のねえやにおんぶされて赤とんぼを見たのである。

温床

× **この学校は有名人を輩出する温床だ**

○ **不正の温床となる**

促成栽培用に温度を高くした苗床のこと。比喩的に、悪いことが育ちやすい環境をいい、良い意味では用いられない。

買い漁《あさ》る

× **名画が散逸しないように買い漁る**

○ **バーゲンで洋服を買い漁る**

手当たり次第買い集める、の意。「漁る」のことばからも、その行為に計画性や秩序はなく、むしろ、さもしささえ感じられる。従って、あまり良い場面で使われることはない。同じ買い集めるでも「蒐集《しゅうしゅう》する」とは対極にある。

会席料理と懐石料理

「会席料理」は酒宴の席で出すコース料理のこと。「懐石」は茶の湯で茶の前に出す簡単な食事のこと。それにならって、一般の料理屋で出す、旬の材料を使った懐石風のものを「懐石料理」という。ちなみに、「懐石」は温石《おんじゃく》（焼いた石を布で包み、それを抱いて体を温めるもの）と同じようにお腹を温め、空腹をしのぐ程度の食事の意。「会席」と「懐石」は同音なので、紛らわしいが、意味内容を理解すれば混乱は防げる。

顔負け

× 子ども顔負けの腕前

○ プロ顔負けの腕前

○ 大人顔負けの演技

常識的に上位にある者が、下位の者の実力や堂々とした態度などに圧倒されてたじろぐことをいう。しろうとがプロ以上の腕前を発揮する、子どもが大人に負けない演技をする、といった場面で使われるもので、「子ども顔負け」という状況はありえない。

掛かり付け

× 掛かり付けの美容師に髪を切ってもらう

○ 掛かり付けの医者に診てもらう

いつも診てもらっていること、また、その医者や病院のことを「掛かり付け」という。いつも決まった美容師に髪を切ってもらっていても、その人を「掛かり付け」とは言わない。よく行くという意味では、「行き付けの店」のように、「行き付け」を用いる。

隠れ蓑《みの》

× コンサートを隠れ蓑に慈善事業を行う

○ 子会社を隠れ蓑に不正経理を行った

それを着ると姿が見えなくなるという、想像上の蓑のことで、鬼や天狗が悪いことをするときに着たとされる。従って、悪事に関する真相や実体を隠す手段であって、良い意味では用いない。

片腹痛い

× あんまりおかしくて片腹痛いよ

○ あんな人が課長だなんて片腹痛い

笑止千万、ちゃんちゃらおかしい、といった意味である。本来は「傍ら痛い」で、そばにいてばかばかしくて見ていられない、の意。「片腹」は誤解による当て字である。笑いすぎてお腹が痛くなることではない。

片棒を担ぐ

× その計画おもしろそうね。私にも片棒担がせてよ

○ 強盗の片棒を担ぐ

「片棒」は駕籠を担ぐ二人のうちの片方のこと。駕籠かきが時に二人で相談して、追いはぎまがいのことをしたことから、「片棒を担ぐ」とは、悪事に加担する意味で用いる。良い意味で仲間に加わるような場面で使うのはふさわしくない。

語るに落ちる

× 彼の話は、語るに落ちるでおもしろい

○ 成り行きでしゃべってしまって、語るに落ちるとはこのことだ

「問うに落ちず語るに落ちる」で、聞かれたときは用心するので言うことはないが、何気なく話をしているときに本音や秘密をぽろっとしゃべってしまうことをいう。話に落ちがあって面白いという意味ではない。

かてて加えて

× マイホームを建て、かてて加えて子どもが生まれた

○ 受験に失敗し、かてて加えて事故にあった

その上に、さらに、の意。ふつう、良くないことが重なるときに用いる。「かてて(糅てて)」は混ぜ合わせて、加えて、の意。「かてて加えて」と同義語を重ねることによる強調表現である。

感じ入る

× 無事合格できてよかったと感じ入る

○ 彼の度胸のよさに感じ入る

すっかり感心する、の意。最初の例文のように、「つくづく思う」「しみじみ思う」といった意味で用いるのはなじまない。

換骨奪胎《かんこつだったい》

× これは古い脚本の換骨奪胎で、なんら新味はない

○ 西洋の詩から換骨奪胎して、新体詩を作る

骨を取り換え、胎（母胎）を奪って使う、の意。詩歌・文章などで、もとの趣意を変えずに、語句を変えたり、新しい工夫をすることで、独自の作品を作ることをいう。単に手直しをして別の作品にするという、焼き直しの意味に用いるのは誤り。

顔色《がんしょく》なし

× あまりの寒さに顔色なしだ

○ 彼の巧みな包丁さばきにプロの板前も顔色なしだ

すっかり圧倒されて手も足も出ないようすをいう。顔の色が悪い、顔に表情がない、という意味ではない。白居易の『長恨歌』からで、「顔色」は「がんしょく」と読み、「かおいろ」ではない。

感心する

――上の者から下の者へ

× 先輩の仕事の速さに感心しました

○ 板前のみごとな包丁さばきに感心する

○ 親の手伝いをして感心な子だ

「感心」は本来、上の者が下の者、あるいは、同等の者のすぐれた行為に対して、感動しほめていうことば。最初の例文のように、目上の人に対しては「敬服する」というほうが適切である。

頑是《がんぜ》無い

× 中学生になっても頑是無くて困るよ

○ **頑是無い子どもを残しては死ねない**

幼くて、まだ物事の是非がわからない、聞き分けがないことをいう。これは幼い子どもについていうことばで、大人はもちろん、中学生といえどもさすがに少しは道理もわかってくる年頃であれば使えない。

気が置けない

――気の置けない人は要注意人物？

× あの人は気が置けないから、注意したほうがいい

○ **学生時代の友達は気が置けなくていいね**

○ **気の置けない仲間と旅行する**

「気が置けない」というのは、気を使わなくてすむ、遠慮する必要が無く心を許せる、の意である。「置けない」と否定形のため、「気を許せない」「安心できない」の意味にとられがちだが、それは誤り。形容詞としては「気の置けない」ともいう。

木に竹を接ぐ

× 木に竹を接いだようなさっぱりとした性格

○ **彼の話は木に竹を接いだようで納得できない**

木に竹を接ぐことはできないことから、筋道が通らない、つじつまが合わないことのたとえにいう。最初の例文のように性格をいうなら、「竹を割ったような」というべきである。

着の身着のまま

× 彼は着の身着のままでひと冬を過ごした

○ **着の身着のままで避難する**

身につけている衣服のほかには、財産などなにひとつ持たないことをいう。いつも同じものを着ている、あるいは、今着ている衣服のほかに着る物がない、という意味ではない。その場合は、「着た切り雀《すずめ》」ということばがある。

きびすを返す

× 彼はきびすを返したように冷たい態度を取った
○ **途中まで来てくるりときびすを返した**

「きびす(踵)」はかかとのこと。「きびすを返す」はかかとの向きを反対にする、すなわち、引き返す、後戻りすることをいい、比喩的にも用いる。急に態度を変えることのたとえは「手の平を返す」という。

教訓

× この失敗を苦い教訓とする
○ **この失敗を良い教訓とする**

「教訓」は字の通り、教えさとすこと。良いことにしろ、悪いことにしろ、経験したことを今後の糧として活かすように教えさとす、それが教訓である。失敗という苦い経験を自分にとって良い教訓とするのであって、「苦い教訓にする」とはいわない。それでは失敗の活かしようがない。

嬌声《きょうせい》

× 教室から男子生徒の嬌声が上がった
○ **彼女の嬌声に惑わされる**

「嬌声」は「嬌」の女偏が示すように、女性のなまめかしい声をいう。子どもや男性の声ではない。男子生徒なら、「喚声(大きな叫び声)」あるいは「歓声」の間違いだろう。

器量を下げる

× さすがの美人も年をとって器量を下げたね
○ **ばかなことをして彼は器量を下げた**

つまらないことをして、その人の価値を下げる、面目を失うことをいう。容姿が衰えることではない。

釘を刺す

× マンション建設に釘を刺すために集会を開く
○ **一度口にしたことは守るようにと釘を刺した**

あとで問題にならないように相手に強く念を押しておく

ことをいう。人の行動の邪魔をしたり、反対をしたりする意味ではない。旧来の木造建築は材木にほぞ穴をあけて別の材木をはめ込む工法で作られたが、更に固定するために釘を打ったことから出たことば。

琴線《きんせん》に触れる

× 部下の失言が彼の琴線に触れた

○ やさしいことばが彼の琴線に触れた

心の奥の大事な部分に触れる、感動する、の意。「琴線」は琴の糸で、琴を弾いたとき、共鳴することからいう。触れてはならない部分に触れる、怒りを買う、のような意味ではない。その場合は、「逆鱗に触れる」という言い方がある。

草葉の陰から見守る

× 通学途中、子どもを草葉の陰から見守る

○ お父さんはきっと草葉の陰から君のことを見守っていてくれる

死んで、墓の下(あの世)から見守ることをいう。「草葉の陰」は草の葉の下、の意。草の葉の陰に隠れてそっと見守ることではない。

首が回らない

× 自分のことで精一杯で、人のことまで首が回らない

○ 借金だらけでどうにも首が回らない

金銭のやりくりがつかないことのたとえ。人のことまで気を使う余裕がないのなら、「気が回らない」、助けたりする余裕がないのであれば、「手が回らない」のようにいう。

軍門に降《くだ》る

× 学業半ばで軍門に降った

○ ついに敵の軍門に降った

戦争に負けて敵に降参する、降伏することをいう。軍隊に入る、入隊することではない。「軍門」は軍隊が駐屯している所の門、の意。

傾倒する

× **塔が右に傾倒している（○傾斜している）**
○ **マルクス主義に傾倒する**
○ **坂本竜馬に傾倒する**

あることに心を引かれ、熱中すること。また、ある人を深く尊敬し、あこがれることをいう。単に、物が傾き倒れる意味では用いない。

敬服する

× **会社は彼の才能に敬服していた**
○ **部長の洞察力には敬服する**

「敬服」は、人がある人の行為や才能などに感心し、うやまうことで、ふつう、目下から目上に対して用いることば。会社のような組織が、感心したり、敬ったりする気持ちを持つことはありえない。従って、最初の例文のように「会社は」とするのは間違いである。「敬服する」のは人である。

けちが付く

× **このごろ彼はけちが付いておごってくれない**
○ **せっかくの門出にけちが付いた**

この「けち」は縁起でもないこと、不吉なことをいい、金銭を惜しむ意味のけちんぼうのことではない。「けちが付く」は、何かを始めようとする時に、縁起でもないこと、不吉なことが起こって、物事がうまくいかなくなることをいう。ちなみに、相手の欠点を探し出して批難することを「けちを付ける」という。

言《げん》を左右にする

× **それはできないと言を左右にした**
○ **彼はその件については言を左右にした**

あれこれいろいろなことを言って、はっきりしたことを言わないこと。また、態度をはっきりしないことをいう。「左右にする」にひっぱられて、首を横に振る、否定する意に取るのは間違い。

ご苦労様

× 部長、長時間の会議、ご苦労様でした（○お疲れ様でした）

○ 遠藤君、出張、ご苦労さん

「苦労をかけた」と目上の者が目下の者に労をねぎらっていうことば。くだけて、「ご苦労さん」ともいう。仕事が終わったときなど、上司に対して、「ご苦労様でした」というのは失礼なことで、その場合は「お疲れ様でした」という。

柿落とし

× ようやく家が完成して柿落としをする

○ 新しい劇場の柿落としに招かれる

劇場の新築や改築を祝う興行のこと。一般の家などの新築祝いの意には用いない。「杮」は材木を削ったあとのくずのことで、建物ができてそれを払い落とすことからいう。ちなみに、「柿（かき）」とは別字である。

心を鬼にする

× 部員は心を鬼にしてきびしい練習に耐えた

○ コーチは心を鬼にして部員をしごいた

相手のためを思って、同情心や優しさを捨ててあえてきびしくすることをいう。自分自身に対してきびしくすることではない。

五指に余る

× 世界的なピアニストのうちで彼女は五指に余る（○五指に入る）

○ 彼の欠点をあげれば五指に余る

五本の指では数えられない、六つ以上ある、の意。すぐれたものとして、五番目以内に数えられるという意味ならば、「五指に入る」「五本の指に入る」という。「余る」と「入る」とでは反対の意味なので、言い間違えないように注意が必要。ちなみに、十以上ある、の意では「十指に余る」という。

姑息《こそく》

× まったく姑息なやつだ

○ **姑息な手段を使う**

「姑息」は一時の間に合わせにすること、一時逃れの意味。その場だけの対応ですまそうとするのはけしからん、というわけで、人がずるがしこいとか、卑怯といった意味で使われることがあるが、間違いである。

ご多分に漏れず

× この学校はご多分に漏れず、進学率が高い

○ **この町もご多分に漏れず、高齢化が進んでいる**

世間一般の多くの例と同じように、例外でなく、の意。ふつう、良いことに対して用いることはない。

こだわる

△ 紅茶の味にこだわる

○ **つまらないことにこだわる**

「こだわる」は他人からみればどうでもよいようなことに必要以上にとらわれることをいう。いわば、マイナスの意味合いをもつことばであるが、近年はプラスに評価する意味合いで用いられることがある。妥協せず、意志や好みを貫く姿勢を評価してのことと思われるが、漢語で「拘泥する」と置き換えていうように、「こだわる」ということばの原義からすると違和感は残る。

この期《ご》に及んで

× この期に及んで力を発揮する

○ **この期に及んでじたばたしても始まらない**

今さらどうしようもないというときになって、の意。「この期に及んでまだ言い逃れをするのか」というように、往生際の悪い相手に向かって言ったりもする。「この期に及んでまだがんばる」などと、積極的な良い意味合いでは使われない。ちなみに、「期」を「ご」と読むのは呉音で、臨終の意の「最期《さいご》」「末期《まつご》」など、仏教語に多く用いられる。

小春日和《こはるびより》

× 小春日和に桃の花が咲いていた

○ 十一月の小春日和に公園を散歩した

「小春」は陰暦十月の異称で、「小春日和」は晩秋から初冬にかけての、晴れて暖かく春のような日のこと。春のちょっとした天気の良い日のことではない。アメリカやカナダではインディアンサマーという。

魂胆《こんたん》

× よかったらあなたの魂胆聞かせてくれない

○ 親切にしてくれるのは何か魂胆があるに違いない

「魂胆」は心の中に隠し持つたくらみのこと。特に、相手を利用して自分の利益になるようにもくろむなど、悪だくみの意味に用いられる。単に、心に思っていることや心積もりの意味ではない。せっかく気持ちを聞いてあげようと思ったのに、魂胆などと言われたのでは、相手は心を開くどころか、警戒してしまうだろう。

才媛《さいえん》

× 彼には一男一女がいるけれど才媛ぞろいだよ

○ あの姉妹は才媛ぞろいだ

「才媛」は教養があって、才能豊かな女性のこと。「媛」は女性の意なので、最初の例文のように男性が入っている場合は使えない。男性・女性どちらにも使える「秀才ぞろい」というべきところだろう。

幸先《さいさき》

× これは幸先が悪い

× これでは幸先が思いやられる

○ これは幸先がいい

「幸先」は、今後を予感させるような兆しで、特に、良いことが起こる前兆をいい、ふつう、悪いことに対しては用いない。二番目の例文は「幸先」ではなく、単に「先」として、「これでは先が思いやられる」とすれば適切な表現となる。

さくさく

× 悪評さくさく
○ **好評さくさく**

「さくさく」は口々にほめそやす、の意で、「嘖嘖」と書く。「嘖」は大声で叫ぶ、ことばの多いさま、の意。「名声嘖嘖」とか「嘖嘖たる賞賛を受ける」のように、良い意味に用いるのがふつうであって、「悪評嘖嘖」とはいわない。

さわり

× 歌の初めのさわりだけ聞かせる
○ **歌のほんのさわりだけ聞かせる**
○ **小説のさわりを読む**

義太夫節で、一曲のなかの一番の聞かせ所を「さわり（触り）」といい、そこから転じて、一般に歌や話などの中心となる、一番感動する部分についてもいうようになったもの。最初の部分という意味ではない。

三竦《さんすく》み

× 優勝を争って三校が三竦み（○三つ巴）の状態だ
○ **三人の意見が分かれて、今や三竦みの状態だ**

「三竦み」は三者がお互いに牽制しあって、身動きがとれないこと。ヘビはナメクジを、ナメクジはカエルを、カエルはヘビを、それぞれが恐れることからいう。優勝争いの場では、三校が互いに牽制しあったのでは争うことにならない。お互いに積極的にからみあうという意味で、「三竦み」ではなく、「三つ巴《どもえ》」というべきである。

思案に余る

× アイデアが一杯で思案に余るほどだ
○ **問題が大きすぎて私には思案に余る**

いくら考えてもいい知恵が浮かばないことをいう。この場合の「余る」は能力などがある範囲や程度を超えていて、手に負えない状態をいい、十分にある、有り余るという意味ではない。

歯牙《しが》にも掛けない

× この本は難しくて歯牙にも掛けられなかった

○ **彼女は男子学生のことなど歯牙にも掛けない**

まったく問題にもしない、無視することをいう。動物が獲物を前に歯やきばをむきだしにして襲いかかろうとしない、それほど取るに足らない相手であるということ。俗にいう「洟《はな》も引っ掛けない」というのと同じ。歯が立たない、手に余る、といった意味で、「歯牙にも掛けられない」というのは間違いである。

敷居が高い

× 今度の仕事は彼には敷居が高い

○ **長い間ご無沙汰していて敷居が高い**

不義理をしたり、迷惑をかけたりして、相手の家に行きにくいことをいう。この場合の「敷居」は門の内外を仕切るために敷く横木のことで、乗り越えなければならない障害物、ハードルの意味ではない。

忸怩《じくじ》たる思い

× 彼に裏切られて忸怩たる思いだった

○ **非力な自分に忸怩たる思いだった**

「忸怩」は、「忸」も「怩」も共に恥じる意で、反省して深く恥じ入るさまをいう。「じくじ」という音に引かれてか、気持ちがすっきりと晴れない、不満がくすぶる、くやしいといった意味に用いている例を見かけることがあるが間違いである。

私淑《ししゅく》する

× 私淑する先生の所に行って教えを乞う

○ **著書を読んで私淑する**

直接会って教えを乞うことはできないが、密かに師と仰ぎ敬慕することをいう。「私」はひとりでこっそり、ひそかに、の意で、「淑」は良いと思って慕う、の意。従って、直接指導を受けるような場合には用いることはできない。

下にも置かぬ

✕ 合宿では下にも置かぬ扱いで、ひどい目にあった

◯ **旅先で歓迎されて、下にも置かぬもてなしを受けた**

下座に着かせない、の意で、丁重に扱うことをいう。反対の、ひどい扱いをする意味ではない。

舌を鳴らす

✕ ご馳走に舌を鳴らした

◯ **不満そうに舌を鳴らした**

自分の思い通りにならないときなどに、チェッと舌打ちをすること。おいしい物を食べたときは「舌鼓を打つ」というほうが適切である。

地団太《じだんだ》を踏む

✕ 合格の知らせに地団太を踏んで喜んだ

◯ **もう少しのところで犯人を取り逃がして地団太を踏んだ**

悔しがって、その場で地面を何度も踏むこと。また、ひどく悔しがる様子をいう。喜んでは地団太は踏まない。「地団太」は「地団駄」とも書き、足踏み式のふいご(地踏鞴《じたたら》)のこと。それを踏む様子に似ていることからいう。

十指《じっし》に余る

✕ 欠点を挙げれば十指に余って、七、八個かな

◯ **欠点を挙げれば十指に余るほどだ**

十本の指では数え切れない、つまり、十以上あるということ。この「余る」は、上回ることで、残る意味ではない。従って、十より足りないということではない。

しのぎを削る

✕ 通りではたくさんの店の軒先がしのぎを削っていた

◯ **ライバル同士がしのぎを削った**

互いに激しく争うことのたとえ。「しのぎ」は刀身の峰と刃の間を縦に走って、山の稜線のように高くなった部分のことで、「鎬」と書く。刀で激しく斬り合うとき、

その部分が当たって削れるところからいうもの。主に人や組織が能力を競い合う場合に用いることばで、「店の軒先がしのぎを削る」というように物に対して用いるのは間違い。店が立ち並んでいる、こみ合っているという意味なら、「軒を争う」「軒を連ねる」などと表現すべきである。また、「鎬」が表外字のため、「しのぎを削る」と仮名書きする例が多いが、「凌ぎ」の意味に取ったりと書いたりするのは誤り。

渋皮が剝《む》ける

× 彼はこのごろ渋皮が剝けて大人になったね

○ 彼女は都会に出て渋皮が剝けてすっかりきれいになったね

「渋皮」は樹木や果実の表皮の内側にある薄い皮のことで、タンニンを含むので渋い。その「渋皮が剝ける」とは、女性があかぬけしてきれいになることをいい、男性にはふつう使わない。また、「渋い」の連想から、人が深みを増す、人間が円満になる、といった意味で用いるのは間違い。

始末

× しまいには得をする始末だ

○ しまいには泣き出す始末だ

「始末」は、最終的な状態・成り行きの意味では、良くない結果について用いる。もともとは、「初めから終わりまで」の意だが、転じて、「ごみを始末する(片づける)」「始末に負えない(手に負えない)」「始末書を書かされる」「始末屋(けちんぼう)」など、悪い意味や状況で使われることが多い。

しめやかに

× しめやかに結婚式が執り行われた

○ しめやかに葬儀が執り行われた

悲しげで、しんみりしたようすの形容。静かでひっそりとしたという意味合いから、結婚式などの厳粛な場面に用いてもよいと思われがちだが、祝いの場面では使えない。

宗旨《しゅうし》を変える

× **ハワイ行きを香港行きに宗旨を変える**

○ **仏教からキリスト教に宗旨を変える**

○ **クラシック派からジャズ派に宗旨を変える**

それまで所属した宗派を変えることで、転じて、主義・主張・趣味などをそれまでと変えることをいう。単に目標や目的を変えることではない。

愁眉《しゅうび》を開く

× **愁眉を開いて**（○**胸襟《きょうきん》を開いて**）**なんでも相談してくれればいいのに**

○ **問題が解決して愁眉を開いた**

「愁眉」は憂いを帯びた眉のことで、どうしても寄せがちになる。それが開くとは、心配事がなくなってほっとすること。最初の例文のように、思っていることを隠さずに打ち明けてほしいのであれば、「胸襟を開く」というべきであろう。

雌雄《しゆう》を決する

× **縁日で買ったひよこの雌雄を決する**

○ **チャンピオンの座を巡り、ついに雌雄を決する日がやってきた**

戦って勝敗を決める、どちらがすぐれているかを決める、の意。めすかおすかを見極める、といった意ではない。

珠玉

× **珠玉の長編小説**

○ **珠玉の短編小説**

「珠玉」は美しいもの、すぐれたもののたとえで、特に、芸術作品にいうことが多い。もとは、真珠と宝石の意で、小さなものをたたえることばなので、「珠玉の短編」とはいっても、「珠玉の長編」とはいわない。近年は、単にすばらしいの意味で、「珠玉の作品」のように用いられることがあるが、やはり、違和感は残る。

首領

× 彼にグループの首領になってもらう
○ **密輸団の首領を逮捕する**

人の上に立つ長のこと。主に悪人仲間のかしらについていうことばで、良い意味では用いない。スペイン語の「ドン」を「首領」と訳すことがあるが、ドンは「政界のドン」「マフィアのドン」のように、大立者、実力者、親分といった意味合いが強く、日本語の「首領」とは多少ニュアンスに違いがある。

春秋《しゅんじゅう》に富む

× ここは春秋に富んでいい所ですね
○ **春秋に富んだ青年**

この場合の「春秋」は年月の意。「春秋に富む」とは、年が若く、将来性に満ちていることをいう。最初の例文のように、春と秋は景色の変化に富んですばらしいといった意味ではない。

助長する

× 健康を助長する
○ **インフレを助長する**

苗の生長を助けようと無理に力を添えて引き伸ばし、結局は根を抜いてしまったという、『孟子』の故事に由来することば。悪い傾向をさらに著しくさせる意味で、多く好ましくないことに用いる。

尻《しり》をまくる

× 尻をまくって逃げ出した
○ **どうにでもしてくれと尻をまくった**

急に態度を変えて居直ることをいう。芝居で、着物の尻をまくって座りこむ所作からきたことばである。着物の後ろのすそをまくって帯にはさむ、いわゆる尻っぱしょりをして、すたこらさっさと逃げることではない。降参して逃げ出すなら、「しっぽを巻いて逃げる」という言い方がある。

代物《しろもの》

× **彼は頭が切れて頼れる代物だ**

○ **この機械は故障ばかりして役に立たない代物だ**

○ **あの男もたいした代物だ**

ある評価の対象としての物や人のことをいうことば。ふつう、あなどりやからかい、皮肉などの気持ちを込めて使うことが多く、良い評価には使われない。もともとは、商品、品物、の意。

人後《じんご》に落ちない

× **マラソンで、最後まで人後に落ちずに走り優勝した**

○ **愛社精神においては人後に落ちないつもりだ**

他人にひけをとらない、の意。この場合の「人後」は人よりおくれた立場のことで、順番としての、人の後ろの意ではない。従って、最初の例文は、「最後まで先頭で走り」とか、「最後までトップをゆずらず」のようにいえばよい。

凄《すご》みを利かせる

× **F1でエンジンの凄みを利かせて優勝した**

○ **ちんぴらが凄みを利かせて立ち退きを迫った**

相手を怖がらせて脅すような態度で迫ることで、すばらしさを発揮する意味ではない。「凄い」はぞっとするほど恐ろしい、気味が悪い、が本来の意。転じて、程度がはなはだしいの意となり、昨今ではこの意味で使われることが多い。「彼の経営能力はすごい」のように、特に「すばらしい」の意味に使われることから、「凄み」にも「すばらしさ」の意味があると思うのは間違い。

涼しい顔をする

× **川風に当たって涼しい顔をする**

○ **落ち度は私にはないと、彼女は涼しい顔をして言った**

自分にも関係があるのに、まるで他人事のようにそ知らぬ顔をすること。涼しくて気持ちのよさそうな顔をすることではない。

砂をかむよう

× 修業はつらくて砂をかむようだった

○ **田舎の生活は退屈で砂をかむようだった**

砂は食べてもおいしくもなんともないことから、面白みがなくてつまらない、味気ないことのたとえに言う。砂を口にすれば、じゃりじゃりと不快なことから、苦労する、つらい思いをすることの意味に取るのは間違い。

すべからく

× 人は法の下ではすべからく平等である

○ **若者はすべからく勉学に励むべきだ**

ぜひとも、の意。漢文で、「須」を「すべからく」と訓読したことによることばで、下に必ず「…べし」「…べきである」を伴う。「すべて」と混同して、最初の例文のように、全部、全員、だれでも、といった意味に用いるのは間違い。

寸暇《すんか》を惜しむ

× 寸暇を惜しまず勉強した

○ **寸暇を惜しんで勉強した**

ほんのわずかな時間も大切にすること。「惜しむ」は少しでもむだにならないように大切にすることで、「命を惜しむ」のように用いる。「寸暇を惜しまず」と否定したのでは、反対の大切にしない意味になってしまう。苦労をいとわない意味の「骨身を惜しまず」という言い方があるが、それと混同して「寸暇を惜しまず」というのは間違い。

せいぜい

× 彼の成績は学年でせいぜい十位以内に入るだろう

○ **彼の成績は学年でせいぜい十位どまりだ**

この場合の「せいぜい」は、おおまかな上限を示して、それで精一杯、それ以上は無理といった意味合い。従って、最初の例文は「悪くても」というほうが適切であろう。

青天の霹靂《へきれき》

× **今回の受賞は青天の霹靂で、こんなうれしいことはない**

○ **会社の倒産はまさに青天の霹靂だった**

晴れて青空なのに、急に激しく雷が鳴る、の意。突然、変事や大事件が起こることをいい、その衝撃の意味でも用いる。驚きを伴うことから、良い場面にも使いがちだが、意味を正しく理解すれば誤用は防げる。「青天」を「晴天」と書き誤らないように注意が必要。

世間ずれ

× **彼女は世間ずれしていて、すぐに人にだまされる**

○ **彼女は世間ずれしていて相当したたかだ**

世の中に出て苦労し、悪賢くなること。世間とずれている、世間知らずの意味ではない。世間知らずならだまされることはあっても、世間ずれしていてはそうそうはだまされない。

瀬戸際

× **出かける瀬戸際(○間際)に電話が鳴る**

○ **倒産するかしないかの瀬戸際に立たされる**

生死や勝敗、成功するか否か、などの重大な分かれ目をいう。「間際」と混同して使う例が見られるが、何かをする寸前の意味ではない。

僭越《せんえつ》ながら

× **僭越ながら鈴木様にご祝辞を頂戴したいと思います**

○ **僭越ながら私が司会を務めさせていただきます**

身分を越えて、出過ぎたことをして、と自分の行為をへりくだって言うことば。相手の行為に対して言ったのでは非礼で、トラブルになりかねない。

糟糠《そうこう》の妻

× **いつまでたっても貧乏のままで彼女は糟糠の妻だ**

○ **彼が今日あるのは糟糠の妻がいればこそ**

「糟糠」は酒かすと米ぬかの意で、粗末な食事のたとえ。「糟糠の妻」とは、結婚したばかりの貧しいころから、苦労を共にしてきた妻のこと。夫が立身出世したり成功したときなどに、それを支えてきた妻あればこその意味合いでいう。現在もなお貧しい状況にある妻ではない。

双璧《そうへき》をなす

× 彼と私は足の遅さでは双璧をなす

○ ルノアールとモネは印象派の双璧をなす

「双璧」は一対の宝玉、の意。ともに優れていて、優劣をつけがたい二つの物や人のたとえにいう。「璧」を「かべ（壁）」と勘違いしてか、悪いことに使う例が見られるが誤りである。

総領《そうりょう》の甚六《じんろく》

× おたくの息子さん、さすが総領の甚六ね

○ うちの息子は総領の甚六で困ったものです

長男は大事に育てられるので、とかく弟妹に比べるとお人好しでおっとりしているということ。利発さに欠けるといった意味合いも含まれ、褒めことばではないので、面と向かって相手の息子のことを「総領の甚六」と評していうのは避けたほうがよい。

ぞっとしない

× このホラー映画、少しもぞっとしないね

○ 彼の発想は平凡で、ぞっとしないね

感心しない、つまらない、の意。感動してふるえるほどではないという、一種逆説的な言い方。語形としては「ぞっとする」の否定形だが、怖くないの意ではない。

対岸の火事

× 人の失敗を対岸の火事とする

○ 中東問題を対岸の火事ですませる

自分には関係のないこととして、傍観することをいう。そうならないように参考にしたり、教訓とすることではない。

大同小異

× これらの製品は大同小異で、どれもすばらしい

○ **どの企画も大同小異で、新鮮味がない**

こまかい部分では異なるが全体的にはだいたい同じである、似たりよったりで大差はない、の意。どんぐりの背比べと同じで、優れたものの比較には用いない。

玉の輿《こし》に乗る

× **今度のご縁談は玉の輿で、おめでとうございます**

身分の低い女性が、結婚して富貴な身分になること。かつて、家が優先で、本人の意思とは関係ないところで婚姻が行われていた時代では、女性にとっては必ずしも晴れやかで喜ばしいことではなかったのではないか。また、周囲のさげすみややっかみのようなものも感じられることばである。従って、結婚式で「玉の輿に乗っておめでとう」などというのは、冗談はさておき控えるべきであろう。

為《ため》にする

× 子どもの将来を思って、為にする教育

○ **人を陥れようと、為にする中傷**

慣用句として「為にする…」の形で、ある目的のために下心をもって事を行うことをいう。悪い意味で用いられ、最初の例文のように、良かれと思って、の意味ではない。

駄目を押す

× **断られるかもしれないが駄目を押して頼んでみる**

○ **勝利は確実だが、さらに追加点を入れて駄目を押す**

大丈夫と思っても確かめる、念を押す、の意。「駄目」は囲碁で、双方の境にあってどちらの地でもない目のことで、念のためにその目を詰めておくことからいう。「駄目でもともと」ということばがあることから、それに引きずられて、あえて無駄を承知で、といった意味に用いるのは間違い。

断固として

× **当局のやり方は断固として（○断じて）許せない**

○ **不正には断固として戦う**

何かをする際の積極的な意思表明に用いることばで、「断固として戦う」「改革には断固として反対する」のように用いる。決して…しない、という否定的な意味合いには「断じて」とか「絶対に」というほうがふつう。

つかぬ事を伺いますが

× **そんなつかぬ事を聞くもんじゃない**

○ **ところでつかぬ事を伺いますが、お住まいはどちらですか**

「つかぬ事」は（今までとは）関係のない事、の意。それまでの話の流れとはかかわりないことを、ふと思いついて相手に聞くときにいうことば。「つかぬ（付かぬ）」は「付く」の否定形。「つまらない事」の意味ではない。ちなみに、「愚にもつかぬ事を言う」といえば、愚にもならない、つまり、ばかばかしくて話にもならないことを言う、の意味になる。

つつがなしやともがき

——筒がなきや友が来？

「兎追《うさぎ》いしかの山」で始まる、唱歌「故郷」の一節。「つつがなし（恙無し）」は無事息災である、の意。「ともがき」は「友垣」で友達、の意。「恙無しや友垣」で、友達は元気で無事に暮らしているでしょうか、の意となる。故郷の友達を懐かしむ部分だが、「筒がない」とか「友が来て」などと訳も分からず口ずさんでいる人はいないだろうか。

爪に火を灯す

× **爪に火を灯すようにして金を貯めたとはたいしたもんだ**

ろうそくの代わりに爪に火を灯す、の意で、極度に倹約することをいう。そのけちぶりをけなすまではいかなくても、見習う行為として感心したり、ほめていうことばではない。

泥中《でいちゅう》の蓮《はす》

× 汚職まみれで、彼はまさに泥中の蓮だ

○ 汚職が横行する中、彼だけは清廉潔白泥中の蓮だ

蓮は泥の中でもきれいな花を咲かせることから、悪い環境の中にあっても、それに負けず清らかさを保つ人のたとえにいう。泥まみれの汚れた蓮の花、また、汚れた人の意味ではない。

手の平を返す

× 大雨の翌日、手の平を返したように気持ちよく晴れた

○ 彼は手の平を返したように、急に冷たくなった

ことばや態度がそれまでと正反対に急変することのたとえで、「手の裏を返す」ともいう。ふつう、悪い意味合いで用いることが多い。また、急変するといっても、天候に用いるのは間違い。

天地無用

× この荷物は天地無用と書いてあるから逆さまにしても大丈夫だ

荷物の箱などに記されることばで、「天と地」、つまり上下を逆にしてはいけない、ということ。この場合の「無用」は、…してはいけないの意味。上も下もないという意味ではない。ちなみに、「心配無用」の「無用」は、必要ない、不要ということ。

毒気《どくけ》を抜かれる

× 彼は毒気を抜かれて、すっかりいい人になったね

○ 猛抗議に出かけたが、あっさり謝罪されて、毒気を抜かれてしまった

相手をやりこめようと構えていたところに、思わぬ反撃などにあって気勢がそがれてしまうことをいう。悪い人が改心させられるといった意味ではない。「毒気」は「どっけ」「どっき」ともいう。

鳥肌が立つ

×あまりの美しさに鳥肌が立った

○恐ろしくて鳥肌が立った

恐怖や不快感などのために、鳥の羽をむしったあとのように、肌にぶつぶつがでることをいう。近年、感動した場合に使うことがあるが、鳥肌の気味悪さを思い浮かべれば適切ではないだろう。ちなみに、似たような表現に「総毛立つ」があるが、こちらも恐ろしさなどで全身の毛が逆立つほどぞっとすることをいう。

なさぬ仲

×彼女と私はなさぬ仲で、お互い干渉し合わない

○なさぬ仲の子どもを育てる

血のつながりのない親子関係をいう。「なさぬ」は「生《な》さない」、つまり、「子どもを生まない」の意。仲が悪いとか、最初の例文のように「なんにもしない仲」といった意ではない。

成り上がり

×社長は一介の事務員からの成り上がりだけれど尊敬するね

○やつはただの成り上がり者に過ぎない

「成り上がり」は、地位の低い人が高い地位についたり、貧しい人が金持ちになったりすることで、そういう人をさしてもいう。立身出世には違いないが、その過程においてどこか後ろ暗かったり、強引さがみられるなど、第三者からすればなるべくしてなったのではないという思いから、このことばには軽蔑の意味合いが含まれる。皮肉ならともかく、尊敬の対象とはならない。

煮え湯を飲まされる

×いたずらっ子に煮え湯を飲まされた

○信頼していた部下に煮え湯を飲まされた

信頼していた者に裏切られ、ひどい目にあうことをいう。はらわたが煮えくりかえるとはこういうときの憤りをいうもので、ちょっといたずらされたくらいで使うのは適当ではない。

錦《にしき》の御旗《みはた》

× 優勝して錦の御旗を持ち帰る

○ 党内改革を錦の御旗に掲げる

赤の錦地に、金糸銀糸で日と月を描いた旗で、官軍の旗印としたもの。転じて、自分の意見を正当化したり、権威づけするための大義名分の意味に用いる。優勝旗の意味ではない。

錦を飾る

× 業績をあげて、出向先から本社に錦を飾る

○ 文学賞を受賞して、故郷に錦を飾った

志を抱いて故郷を離れ、立派に成功して故郷に帰ることをいう。故郷を広く解釈して、外国で成功して日本に帰るような場合には用いることはできるが、出向先から本社に戻るような場合にはふつう用いない。

似たり寄ったり

× 謙信も信玄も似たり寄ったりの名将だ

○ 二人の絵の腕は似たり寄ったりだ

どれも同じ程度で、優劣などにあまり差がないことをいう。いずれにしても大したことがないものについていうのがふつうで、最初の例文のように、特に優秀なものを並べていうことはしない。「どっちもどっち」というのと同じニュアンスである。

二の次

× 二台続けて国産車だったから、二の次は外車が欲しい

○ 勉強は二の次にして遊びまわる

二番目、その次、あとまわし、の意。「二」という数字の「次」のことと理解して、「三番目」の意味に用いるのは間違い。ちなみに、慣用表現として「三の次」「四の次」などということばはない。

にわか

× にわかに空が晴れて青空が広がった

× 彼の言うことににわかに納得した

○ にわかに空がかき曇って雨が降ってきた

○ 彼の言うことはにわかには信じ難い

突然、急に、即座に、の意で、「俄」と書く。ふつう、悪く変化する場合や否定的な意味合いで用いる。「にわか仕込み」ということばがあるが、間に合わせに急いでやっても良い結果は得られない。「にわか勉強」、しかりである。

熨斗《のし》を付ける

× 誕生日プレゼントを熨斗を付けてくれてやる

○ そんなに欲しいなら熨斗を付けてくれてやる。さっさと持っていけ

「熨斗」は方形の色紙を細長く六角形に折り、その中に細く切った干しあわびかそれを模した紙を貼ったもので、進物の品に付ける。本来は丁重な行為であるが、「のしを付けてくれてやる」といえば、相手がそんなに欲しいのなら、自分にはもう不要だからくれてやるといった、本心とは別にその場の勢いで言ってしまうような殊更強調した言い方なので、ただ喜んで進呈する意味合いで使うと誤解を招くことになりかねない。

乗りかかった船

× 今度の仕事は乗りかかった船だが、採算が合わないのでやめようと思う

○ このプロジェクトは、乗りかかった船で最後までやり遂げる覚悟だ

「乗りかかった船」は、いったん乗ってしまった船からは岸に着くまで降りられないの意で、物事を一度始めてしまった以上、途中でやめるわけにはいかないことのたとえに用いる。積極的で、決意のこもった意味合いで用い、最初の例文のように、弱気な場面でいうことばではない。

博する

× **今度の映画は悪評を博した**
○ **今度の映画は好評を博した**

得る、手に入れる、の意。「好評を博する」のように良い意味で用い、「悪評を博する」とは言わない。悪評の場合は「悪評を被る」のようにいう。

箸《はし》にも棒にもかからない

× **このうどんは箸にも棒にもかからない**
× **これだけ手を尽くして探しても箸にも棒にもかからない**
○ **何をやらせても失敗して、箸にも棒にもかからないやつだ**

どうにもこうにも役に立たない、ひどすぎてどうしようもない、の意。文字通りの意味に使うことはなく、また、二番目の例文のように何かをして手応えがないといった意味でもない。

抜擢《ばってき》する

× **ベテランをチームリーダーに抜擢する**
○ **新人を主役に抜擢する**

大勢の中から、これはと思う人を選び抜いて、責任ある地位や役職につけること。ふつう、その役についての力量は未知数だが、やらせてみるだけの価値があると判断して選ぶ。従って、すでに才能が認められている「ベテラン」を抜擢するというのは違和感がある。

八方美人

× **彼女はいつ見てもきれいで、八方美人だね**
○ **彼は八方美人で、如才ない人だ**

誰に対してもいい顔をして、如才なくふるまう人のことで、けなしていうことば。女性男性に関係なく用いる。どこから見ても難点のない美しい人が原義だが、現在はその意で使われることはなく、ほめたつもりでいえばとんだ誤解を招きかねない。

鼻息が荒い

× マラソンを走り終えて、鼻息が荒かった
× クラスで一番になって、すっかり鼻息が荒かった
○ **社長は売り上げ全国一を目指すと鼻息が荒かった**

意気込みがはげしいことをいう。馬なら実際に「鼻息が荒い」ということはあるだろうが、ふつう、人の息遣いがはげしい意味では用いない。また、得意気にする、という意味で用いるのも適当でない。二番目の例文のように得意気な様子には、「鼻高々だった」という言い方がある。

花も恥じらう

× もじもじして、彼女は花も恥じらうほどだった
○ **花も恥じらう乙女**

きれいな花もひけ目を感じるほど、の意で、若い女性の美しさを形容していうことば。若い女性が恥ずかしがるという意味ではない。

幅を利かせる

× 彼は慈善事業に幅を利かせている
○ **クラブでは先輩が幅を利かせている**

この「幅」は羽振り、勢力の意。「幅を利かせる」は、勢力をふるうことをいい、威圧的でのさばるといった批判めいた意味合いが含まれるので、必ずしも良い意味では用いない。

春一番

× 春一番に旅行がしたい
× 春一番の(○この春一番の)桜鯛が釣れた
○ **春一番が吹いたから、本格的な春ももうすぐだ**

単に「春一番」といえば、立春後に初めて吹く強い南風のこと。春の季節で最初の、または、最高のという意味ではない。二番目の例文のように、今春最高という意味合いなら、「この春一番の…」といった言い方をすれば誤用を防げる。

馬齢《ばれい》を重ねる

× 先生も馬齢を重ねて七十歳とのことです
○ **馬齢を重ねて、私も今年で還暦です**

年を取ることをへりくだっていうことば。取り立てて何かをしたということもなく、無駄に年を取るという意味合いからいうもの。他人に対して用いたら、大変な失礼になる。

万障《ばんしょう》お繰り合わせの上

× ホームパーティーをしますので、万障お繰り合わせの上おいでください
○ **総会には万障お繰り合わせの上ご出席ください**

あらゆる差し支えをやりくりして、の意で、なにがなんでも、是非とも、といった強い願いの込められたことばである。公的で、欠席がはばかられるような大切な席への出席依頼ならともかく、ささやかな、たとえば私的な会などには大げさ過ぎて、ふつう用いない。

晩年

△ 晩年は（**○老後は**）のんびりしたい
○ **父の晩年は不遇だった**
○ **晩年の作品**

一生の終わりに近い時期をいう。「晩年をどう過ごすか」などという言い方を目にすることがあるが、人はいつ死ぬか、晩年というものはわからないもので、生きている人が用いるのは不自然な感がある。年老いてからのちという意味では「老後」ということばがある。

引かれ者の小唄

× 引かれ者の小唄で、言うことが粋だね
○ **負けてやったなんて、引かれ者の小唄だね**

負け惜しみで強がりをいうこと。江戸時代に、捕らえられて刑場に連行される罪人が、平気なふりをして小唄を口ずさんだところからいう。小唄だから粋な話だと思うのは早計。

悲喜こもごも

× **合格発表会場には悲喜こもごもの光景が繰り広げられた**

○ **人生は悲喜こもごも、いろいろなことがある**

悲しみのあとに喜びが、またその喜びのあとに悲しみがやってくる。悲しみと喜びが交互にやってくることで、悲しみと喜びが同時に入り乱れる意味ではない。

額に汗する

× **もう少しで遅刻するところで、額に汗した**

○ **額に汗して働いて金を貯めた**

一所懸命に働くことのたとえ。ふつう、実際に額に汗を流す意味では用いず、また、冷や汗をかくことでもない。

百年目

× **ここで会ったが百年目、なつかしいわ**

○ **ここで会ったが百年目、逃げられると思うなよ**

隠し事がばれたり、隠れていた人が見つかったり、悪運が尽きたときにいうことば。見つかった以上もう諦めよ、これでおしまいだ、の意味合いで用いる。奇遇を喜ぶことばではない。

氷山の一角

× **文壇で才能ある新人が発掘されたが、まだまだ氷山の一角だ**

○ **擬装工作が発覚したが氷山の一角に過ぎない**

ほとんどが隠れていて、明るみに出るのはほんの一部分であること。氷山の水面上に出ている部分が、全体のほんの一部分に過ぎないことからいう。たとえとして、悪い意味で用いるのがふつうである。

日和《ひより》見《み》主義

× **彼は日和見主義で考え方が柔軟だ**

○ **彼は日和見主義で当てにならない**

確固たる信念を持たず、周囲の状況に合わせて、意見や態度を変えること。いわゆるご都合主義のことで、定見を持たず柔軟な考え方をするといった良い意味には用いない。

火を見るより明らか

× **二人が結婚するのは火を見るより明らかだ**

○ **破産するのは火を見るより明らかだ**

誰が見ても疑いようがない、否定できない事実である、の意。悪い事態に対して用いることばで、良い意味では用いない。

ピンからキリまで

× **世界の名品をピンからキリまで取り揃える**

○ **ワインといってもピンからキリまである**

ポルトガル語で、「ピン」は点、「キリ」は十字架の意。「ピンからキリまで」は、一から十まで、初めから終わりまで、また、最高のものから最低のものまで、の意味で用いる。優れたものを揃えて、それをさらにランク付けするような用法はない。

不倶戴天《ふぐたいてん》の敵

× **彼は学生時代から競い合った不倶戴天の敵だ**

○ **会津の人間にとって薩摩の人間は不倶戴天の敵だ**

「不倶戴天」は倶(とも)に天を戴かず、の意。同じ天の下で、生きていたくないと思うほど、深い恨みや憎しみを抱いていることをいう。従って、「不倶戴天の敵」といえば、にっくき敵、絶対に相容れない相手であって、良きライバル、好敵手の意味ではない。

憮然《ぶぜん》

× **彼は憮然として席を立った**

○ **焼け跡に憮然として立ち尽くす**

失望したり、突然の出来事に驚いてぼんやりする様子をいう。「憮然とした面持ち」といえば、そうした顔つきのことで、怒った顔つきのことではない。「憮」は失意、がっかりすることの意。「ぶ」という音のせいから、「侮蔑」

とか「憤慨」といったことばとの連想が働くのか、最初の例文のように腹を立てる、憤る様子の意味で使われることが多いが、間違いである。

不調法

× **課長は酒は不調法だそうだ**

○ **私、酒はからきし不調法でして**

酒や芸事にたしなみがないことで、「無調法」とも書く。これは自分自身のことについてへりくだったり、わびていうことばで、他人のことについていうのは誤り。

筆が立つ

× **彼は筆が立つから、看板を書いてもらうといい**

○ **彼は新聞記者として筆が立つ**

文章を書くのがうまいことをいう。字がうまいという意味ではない。ちなみに、この「立つ」はすぐれた能力があるという意で、ほかに、「腕が立つ」「弁が立つ」のようにいう。

踏み台にする

× **親兄弟を踏み台にしてまで進学したくない**

○ **人を踏み台にして出世する**

「踏み台」は、高い所の物を取ったり、高い所に上るときに足場とする台のこと。そこから、目的達成のために一時的に利用するもの、次の段階に進むための足がかりとして利用するもののたとえにいう。良い意味でも悪い意味でも、何かをするときの足がかりをいうのであって、結果として犠牲にすることにはなっても、「踏み台」ということば自体には犠牲という意味合いは含まれない。従って、最初の例文では、「親兄弟を犠牲にしてまで進学したくない」というのが適切であろう。

ふりの客

× **この店はフリーの客が多い**

○ **この店はふりの客は入れない**

料理屋や旅館などで、予約も紹介もなくやってくる、なじみでない客のことをいう。「ふり」は「振り」と書き、自由の意味の「フリー」ではない。

間尺《ましゃく》に合わない

× このカーテン、窓の間尺に合わない

○ この仕事はどう考えても間尺に合わない

「間尺」は建築工事の寸法のこと。転じて、割合、損得の計算の意味で用いる。慣用句としての「間尺に合わない」は割に合わない、損になる、の意で、単に寸法が合わないことではない。

まんまと

× 今度の企画はまんまと失敗した

○ 彼のうそにまんまとだまされた

首尾よく、思い通りにうまく、の意。「うまうまと(旨々と)」が変化してできた語。ふつう、「まんまと一杯食わされる」「まんまと大金をせしめる」のように、たくらみや悪事がうまくいった場合に用いる。

水物

× 受験は水物だからね、いくつか受けるといいよ

○ 選挙は水物だ

「水物」は、その時の状況次第で、先の展開が予想できないようなことのたとえ。もともとは、客の人気で収入が左右される、不安定な水商売からきた語。自力というより、他の要因が大いに関係して不確実なことに用いられるのがふつうで、受験のように大半が自分の努力にかかっている事柄に対して用いるのは違和感がある。相手があってこそ成り立つ、商売や選挙などに用いるのは差し支えない。

身の毛がよだつ

× 優勝の瞬間、身の毛がよだった

○ 事故現場を見て、身の毛がよだった

恐怖で、体中の毛が逆立つことをいう。「よだつ」は「弥《いよ》立つ」の略。「弥」はいよいよ、ますます、の意。「鳥肌が立つ」と同様に、感動した場面で使うことばではない。

見果てぬ夢

✕ **金メダル獲得という見果てぬ夢がかなった**
○ **金メダル獲得は見果てぬ夢に終わった**

「見果てぬ夢」はどんなに願ってもかなえられない夢のことで、ずっと見続けてきた夢という意味ではない。「見果てぬ夢に終わる」ことはあっても、「見果てぬ夢がかなう」ことはありえない。長い間見続けてきた夢がかなったのであれば、「長年の夢がかなった」、あるいは少し表現を変えて、「悲願を達成した」というほうが適切であろう。

虫の息

✕ **すやすやと虫の息で寝ている**
○ **助けられたときには虫の息だった**

今にも絶えそうな息のことで、死ぬ寸前の状態をいう。寝息のような、小さな息、かすかな息の意味ではない。

目鼻を付ける

✕ **犯人の目鼻を付けた**
○ **仕事に目鼻を付ける**

人形に目鼻を付けて仕上げることから、おおよその見通しを付けることをいう。犯人が誰か、おおよその見当を付けたということならば、「目星を付ける」というべきである。

蛻《もぬけ》の殻

✕ **彼の部屋を訪ねたが、まだ帰っていなくて蛻の殻だった**
○ **警察が踏み込んだ時には犯人は逃げたあとで蛻の殻だった**

セミやヘビの、脱皮したあとの抜け殻のこと。転じて、そこにいると思っていた人が抜け出して、空になっている状態をいう。今までいたという気配を感じさせることばで、単に人が留守にしていてそこにいない場合などには用いない。

やおら

× 彼は警官を見るや、やおら（○やにわに）駆け出した

○ **彼はやおら立ち上がって客を出迎えた**

「やおら」はゆっくりと、おもむろに、の意。最初の例文のように、突然、急に、といった意味ではない。この場合には、「やにわに駆け出した」といえば適切であろう。「やにわ」は「矢庭」と書き、矢を射ているその場、の意。そこから、「矢庭に」でその場ですぐするさまの意が生じた。「やおら」と「やにわに」は正反対の意味なのに混同しがちなのは、音やことばの雰囲気が似ているせいかもしれない。しかし、語源を思い浮かべれば間違いは防げるだろう。

役不足

× 役不足ですが、司会を務めさせていただきます

○ **彼に会長代理を依頼するのは役不足の感がある**

与えられた役目が、その人の力量より不相応に軽いときに用いることば。自分の力量が足りない、実力不足の意と理解して、へりくだって言うのは間違い。

矢先

× 注意しようとする矢先に、彼はすでに事故を起こしていた

○ **出かけようとした矢先に電話が鳴った**

「矢先」は何かをしようとしていた、ちょうどその時、そのとたん、の意。最初の例文のように、何かをする以前に、の意で用いるのは間違い。

柳に風

× 子どもにいくらお説教をしても柳に風で効き目がない

○ **何を言われても柳に風と受け流す**

風に吹かれる柳の葉のように、相手に逆らわずにさらりとあしらうことのたとえにいう。手応えがない、効き目

がない、といった意味合いで用いるのは間違い。その場合には、「糠《ぬか》に釘」「のれんに腕押し」といったたとえを用いる。

…譲り

× 姉譲りの美貌
○ 母親譲りの美貌
○ 師匠譲りの包丁さばき

持って生まれた才能や性格、美貌などを譲り受けるのは親からであって、姉や兄からではない。師匠については親同様ということで用いられることもある。

指折り

× 指折りの悪徳業者
○ 世界で指折りのピアニスト

多くのものの中で、指を折って数えられるほど優秀なことをいう。あくまですぐれていて、有名な場合にいうことばで、悪いことに関しては用いない。ちなみに、「名うて」といえば、ある特定の方面で名高いという意味で、「名うての弁護士」「名うての詐欺師」など、良い方にも悪い方にも使える。

夭折《ようせつ》

× 彼は四十歳で夭折した
○ 娘は五歳で夭折した
○ 二十歳で夭折した詩人

若くして死ぬこと。子どもや、まだこれからという若者の場合に用いることば。「夭逝」ともいう。高齢化社会で、四十歳、五十歳などは若いうちかもしれないが、「夭」が幼いという意味からしても、年齢としては二十代前半までが上限だろう。

要領がいい

× あなたは要領がいいからきっと出世するわ
○ 人に仕事を押し付けて自分は旅行だなんて要領のいいやつだ

手際がいい、要点をおさえてうまく立ち回る、の意味で用いるが、時に、ずるいといった非難の気持ちを込めていうことがあるので、ほめたつもりでもとんだ誤解を招くことがある。当の本人に向かっては言わないほうが無難である。

余生

× **部長、退職後の余生をどうぞ楽しんでください**

○ **退職したら、余生を田舎で静かに過ごしたい**

「余生」とは残りの人生をいう。このことばは本人が口にするならともかく、他人に向かって言えばお節介で失礼極まりない。

よもや

× **よもや（○もはや）これまでだ**

○ **よもや合格するとは思わなかった**

「よもや」は、まさか、いくらなんでも、の意で、あるはずがないのにという気持ちが含まれる。打ち消しのことばが下に続き、肯定的な意味では用いない。一方、「もはや」は、「最早」と書いて、今となっては、もうすでに、の意。両者は全く意味が異なるが、三文字で音も似ていることから取り違えやすいので要注意である。

柳眉《りゅうび》を逆立てる

× **男性教師が柳眉を逆立てて生徒を叱った**

○ **彼女は柳眉を逆立てた**

「柳眉」は柳の葉のように、女性の細くて美しい眉《まゆ》のこと。「柳眉を逆立てる」はその眉を吊り上げることで、美しい女性が怒るようすの形容。従って、男性には使えない。

老骨《ろうこつ》に鞭《むち》打つ

× **老骨に鞭打って会長を引き受けてください**

○ **老骨に鞭打ってもうひとがんばりする**

「老骨」は年老いて衰えた体のこと。「老骨に鞭打つ」とは年老いた体を奮い立たせる意味で、老人が自らをへりくだっていうことば。他人が言うようなことばでは決してない。

轍《わだち》

× 遠くに轍の音が聞こえる
× 雪道に轍の跡がくっきり残っている
○ 雪道に轍がくっきり残っている

「轍」は車が通り過ぎたあとの車輪の跡のこと。車輪のことではないので、音はしない。また、「轍の跡が残る」といえば重複した言い方になる。

第2章

慣用表現の言い間違い

「口をつむる」「足元をすくわれる」「一つ返事で引き受ける」「笑顔がこぼれる」「上には上がいる」などなど、日常的に耳にし、また、自分でもつい言ってしまう慣用表現の間違いは数多くあります。古くから言い習わしてきたことばの意味や成り立ちを振り返り、なぜ間違ってしまうのかについてもできる限り触れるようにしました。

「愛想《あいそ》」は振りまけない

× 誰にでも**愛想**を振りまく

○ 誰にでも**愛嬌《あいきょう》**を振りまく

「愛想」は人に接するときの応対の仕方、人あしらいのよさのこと。「愛想がいい」「愛想が悪い」とか、ぶっきらぼうな人に対して「まったく愛想のない人だ」というように、態度についていうのであって、振りまくものではない。誰に対しても好かれようとして愛想よくすることは「愛嬌を振りまく」という。ちなみに、「あいそ」は「あいそう（愛想）」の略で、ほかに、人に対する親しみの気持ち、もてなしや心づけ、世辞などの意味で用いる。

「合いの手」は打てない

× 友達の話に合いの手を**打つ**

○ 友達の話に合いの手を**入れる**

「合いの手」は相手の話や動作を滑らかに進めさせるために差し挟む掛け声や手拍子のことで、「間の手」とも書く。邦楽では、唄と唄の間に楽器だけで演奏する部分をいう。間に入れることから、「合いの手を入れる」という。「相槌を打つ」と混同してか、「合いの手を打つ」といってしまいがちだが誤りである。

「明るみ」になる？

× 事件が明るみに**なる**

○ 事件が明るみに**出る**

「明るみ」は明るい所、の意で、転じて、公の場所のこと。隠れていたことなどが表面化する、世間に知られるようになるという意味で、「明るみに出る」という。「明るみになる」という言い方は、明白になる意の「明らかになる」との混同で誤用。

「足元」はすくえない

× 油断して**足元**をすくわれる

○ 油断して**足**をすくわれる

すきを突かれて失敗させられる、陥れられる、の意味では「足をすくわれる」という。「足元」は立っている足の付近や足の下部、また、足つきをいい、比喩的には立場、身辺の意味に用いる。弱みを見抜かれてつけ込まれることを「足元を見られる」というように、あまり良い意味では使われない言い方があることからも、「足」と「足元」の混同が起こってしまうようである。

「足蹴《あしげ》り」にする？

× 出世のために同僚を足蹴りにする
○ 出世のために同僚を足蹴《あしげ》にする

足で蹴るような、ひどい仕打ちをすることは「足蹴（あしげ）にする」という。この「蹴（け）」は下一段活用の文語動詞「蹴る」の連用形で、現代でも「蹴立てる」「蹴散らす」などにその形は残る。従って、「足蹴」を「足蹴り（あしげり）」というのは間違い。口語「蹴る」（五段活用）の連用形は「蹴り」で、俗に人を蹴ることを「蹴りを入れる」といったり、格闘技で「回し蹴り」といったりするが、「足蹴り」ということばはない。

「足手《あしで》まとい」で「手足まとい」ではない

× 子どもが手足まといになる
○ 子どもが足手まといになる

手足にまとわりつくようにして、行動の自由を妨げることを「足手まとい」という。手と足という意味では「手足」というので、「手足まとい」といいがちだが、慣用句としては「足手まとい」である。また、「手」を清音で、「あしてまとい」ともいう。「まとい」は「纏い」と書く。

「頭越し」には叱れない

× 子どもを頭越しに叱る
○ 子どもを頭ごなしに叱る

相手の言い分をきかず、一方的に叱るのは「頭ごなし」である。「こなす」は、細かく砕く、の意。相手の頭を砕くほど無節操に叱っては、伸びる才能も伸びないだろう。「頭越し」は他人の頭の上を通り越して何かをすること。また、当事者を差し置いて、直接相手に交渉すること。「彼の頭越しに本を渡した」「担当者を無視して、頭越しに話が進められた」のように用いる。「頭越し」に叱っても素通りするだけである。

「頭」を丸めて、「髪」は丸めない

× 髪を丸めて謝罪する

○ 頭を丸めて謝罪する

「頭を丸める」は、僧侶になるために、また、反省や謝罪の気持ちを表すために、髪の毛を剃って坊主頭になること。髪をたばねて丸めても、だれも許してはくれないだろう。

「呆気《あっけ》」に取らせる?

× 彼の変わり身の早さは周りの人を呆気に取らせた

○ 彼の変わり身の早さに呆気に取られた

思いがけないことや突然の出来事に、驚きあきれ、ぼんやりすることを「呆気に取られる」という。「取られる」は受身形だが、能動態の形で「呆気に取る」という言い方はない。また、周りの人をあきれさせる意味合いで、「呆気に取らせた」ともいわない。

「後」には引けても、「先」には引けない

× 後にも先にも引けぬ状況に陥る

○ 後にも先にも行かぬ状況に陥る

にっちもさっちもいかない状態は「後にも先にも行けぬ」というのが正しい。これ以上後退できない、譲れない、の意で、「後に引けない」という慣用句があることから混同して、「後にも先にも引けぬ」と言ってしまいがちだが、「後」には引けても、「先」には引けないのは自明の理。

「雨脚」は止まない

× 雨脚が止む

○ 雨が止む

「雨脚」は雨が通り過ぎていく様子や、降り注ぐ雨が糸のように見えるものをいう。「雨脚が速い」「雨脚が激し

い［弱まる］」のようにいうが、「雨脚が止む」とはいわない。単に「雨が止む」と言えばよい。

「あまりある」と「ありあまる」

× 指導者としての苦労は想像するにあり余る（○余りある）

× エネルギーが余りある（○あり余る）

「余りある」は何かをしようとしてもできない、という意。従って、想像しようとしてもできないということでは、「想像するに余りある」という。「あり余る」は、余るほどたくさんある、の意で、「エネルギーがあり余っている」のように用いる。「あまりある」と「ありあまる」は、漢字を交えて書けばそれほど混乱はないが、語数が同じで、音が似ているため、とかく錯覚を生じやすいことばである。

…以外の何物でもない、「以外」は取れない

× 屈辱の何物でもない

○ 屈辱以外の何物でもない

まさに…だ、全く…だ、という意味で、二重否定による強調表現。「以外」を省いては意味をなさない。

「怒り」は心頭に達しない

× 政府の無策ぶりに怒り心頭に達した

○ 政府の無策ぶりに怒り心頭に発した

「心頭」は心の中、の意で、頭のことではない。心の底から怒りの気持ちがわいてくる、激怒することを「怒り心頭に発する」という。「発する」を「達する」とする間違いがよく見られるが、怒りは心の底からわき出るもので、達するものではない。

「意気軒昂《けんこう》」と引き揚げる？

× 試合に勝って意気軒昂と引き揚げた

○ 試合に勝って意気揚揚と引き揚げた

いかにも得意で誇らしげなようすで引き揚げるのは「意気揚揚」という。「意気軒昂」は意気込みが盛んなようすで、「意気軒昂たる若者」のように用いる。

「一抹《いちまつ》」と「一縷《いちる》」、望みを託すのはどっち？

×　一抹の望みを託す
○　一縷の望みを託す

正解は「一縷」。一縷は一本の細い糸のこと。そこから、細く長くつながるものや今にも絶えそうなものの比喩に用い、「…に一縷の望みを託す」のようにいう。一方、「一抹」は一回さっとこすったり、なでること。転じて、ほんの少し、わずか、の意に用いる。わずかの意では「一縷」に共通するが、「一抹」には一瞬というニュアンスが含まれる。また、「一抹の不安を覚える」のように、悪い意味で用いられることが多い。一瞬でもいいから幸福を感じたいと思っても、「一抹の幸福を覚える」とはいわない。

一句は「物する」もの

×　吟行で一句を物にすることができた
○　吟行で一句物することができた

「物する」は詩歌を作ったり書を書いたりすること。「物にする」は手に入れる、また、習得することで、「英語を物にする」のようにいう。「に」が入るか否かで、全くの別語である。

「一所懸命」と「一生懸命」

物事を命がけですることで、もとは、主君から賜った一ケ所の領地を命がけで守り大切にする、の意。従って、本来は「一所懸命」といった。「一生懸命」では生きている限り命をかけることになり、それではがんばりたくても身が持たないだろう。今日では原義が忘れられて、「一所懸命」が「一生懸命」に座を奪われつつあるが、使う際、今一度本家本元に思いを致してもよいかもしれない。

一手に「引き受ける」と「握る」

×　面倒なことを一手に握る（○引き受ける）
×　営業権を一手に引き受ける（○握る）

自分一人で受け持つ、の意で、「一手に引き受ける」という。同じ一人の手でも、「一手に握る」のほうは独占する、の意味合いが強い。「権利を一手に握る」者はいても、面倒なことを独占しようと思う者はいないだろう。

「意」と「気」、添わないのはどっち？

× 気に添わない結婚話
○ 意に添わない結婚話

「意に添わない」は、自分の希望や考えに合わないことをいう。「意」に気持ちの意味が含まれるための勘違いと思われるが、「気に添わない」とはいわない。「気」なら「気に食わない」「気に入らない」という言い方はできる。

嫌気は「差す」もの

× 仕事に嫌気がする
○ 仕事に嫌気が差す

いやになることは「嫌気が差す」という。ある気分や気持ちが起こる、きざすことを「差す」といい、「眠気が差す」「魔が差す」のように用いる。「嫌気」の場合も同様で、いやだという気持ちが起こるという意味合いで「嫌気が差す」といい、「嫌気がする」とはいわない。

「陰《いん》に陽に」で対語

× 暗に陽に応援する
○ 陰に陽に応援する

「陰に陽に」は、あるときはひそかに、またあるときは公然と、という意味で、「陰」と「陽」の対比でいうことば。和語では「陰《かげ》になり日向になり」という言い方をする。「暗に」にそれとなくという意味合いが含まれるが、「暗に陽に」とはいわない。

上には上が「いる」？

× 上には上がいるものだ
○ 上には上があるものだ

自分では最高だと思っていても、世の中にはそれよりさらにすぐれたものがあるという意味で、「上には上がある」という。人についていうときに「いる」といってしまいがちだが、「ある」というのが正しい。

「上や下へ」の大騒ぎ?

× 急な人事異動で、上や下への大騒ぎだった
○ 急な人事異動で、上を下への大騒ぎだった

上にあるべきものが下に、下にあるべきものが上に、と混乱するさまをいうもので、「上を下へ」というのが正しい。「上や下へ」では、入り乱れるようすの表現にはならない。

「腕」にねじはかけられない

× 腕にねじをかけて料理を作った
○ 腕に縒《よ》りをかけて料理を作った

腕前をさらによく見せようと張り切ることを「腕に縒りをかける」という。「縒りをかける」とは糸をねじってからませることで、この場合は腕を振るうことの比喩でいう。人に発奮させる意味の「ねじを巻く」との混同によるものか、「腕にねじをかける」といってしまいがちだが間違い。

「恨み」は骨髄に達しない

× 恨み骨髄に達す
○ 恨み骨髄に徹す

恨みが骨のしんまでしみ通る意で、「恨み骨髄に徹す」という。「徹す」は貫き通す、の意。骨のしんに到達することではないので、「恨み骨髄に達す」は間違い。

上前《うわまえ》は「はねる」もの

× 賃金の上前をかすめる
× 賃金の上前をくすねる
○ 賃金の上前をはねる

人に渡すべき賃金や代金の一部を不正に自分のものにすること。一部を奪い取るという意味合いから、「上前をかすめる」といってしまいがちだが、「上前をはねる」が正しい。また、「くすねる」は他人の物をこっそり盗みとることで、意味・ニュアンスが違う。

蘊蓄《うんちく》は「傾ける」もの

× **印象派の画家について蘊蓄を注ぐ**
○ **印象派の画家について蘊蓄をひけらかす**
○ **印象派の画家について蘊蓄を傾ける**

つちかった知識を十分に発揮することは「蘊蓄を傾ける」という。「注ぐ」というのは間違い。また、知識を得意になって披露することではないので、「ひけらかす」ともいわない。

「笑顔」はこぼれない

× **彼女の顔に笑顔がこぼれた**
○ **彼女の顔に笑みがこぼれた**

「笑顔」は笑っている顔のこと。この場合の「こぼれる」は感情などが表面にあふれ出る、の意。顔そのものではこぼれようがなく、「笑みがこぼれる」というべきである。無理に使っても、「顔に笑顔がこぼれる」という不自然な言い方にならざるを得ず、不適当ということがわかる。

ちなみに、「白い歯がこぼれる」は笑って白い歯を見せることで、この場合の「こぼれる」は隠れていたものがふっと現れる意味合い。

縁は「奇な」ものではない

× **縁は奇なもの味なもの**
○ **縁は異なもの味なもの**

人と人とのつながり、特に男女のつながりは不思議でおもしろいものだということ。「奇異」ということばからの連想で、「異なもの」を「奇なもの」というのは間違い。

大風呂敷は「広げる」もの

× **彼はいつも大風呂敷をたたく**
○ **彼はいつも大風呂敷を広げる**

おおげさなことを言うのを「大風呂敷を広げる」という。同義で、「大口をたたく」という慣用句があることから混同して、「大風呂敷をたたく」といったものだろうが、これは間違い。

「大舞台」と「大一番」、強いのはどっち？

× 大一番に強い選手
○ 大舞台に強い選手

「大舞台」は自分の能力を思い切り発揮できる場所、人々の注目を集める晴れの舞台のこと。たとえば、オリンピックのような世界一の技を競うような大会で、緊張もせず堂々と戦える選手に対して、「彼は大舞台に強いから、きっとメダルを獲得できるだろう」のようにいう。一方、「大一番」は相撲や将棋からきたことばで、勝てば優勝や昇進が決まるような大事な勝負、の意。「横綱昇進をかけた大一番」のような言い方をし、「大一番に強い」とはいわない。

屋《おく》は「架す」もの

× 屋上屋《おくじょうおく》を重ねる
○ 屋上屋を架す

「屋上屋を架す」は、屋根の上にさらに屋根を架ける、の意で、むだなことをするたとえにいう。「屋上屋」とことばが重なることも作用してか、つい「重ねる」といいがちだが、屋根は「架す」ものである。

「臆病神《おくびょうがみ》」には吹かれない

× 臆病神に吹かれる
○ 臆病神につかれる

すっかり臆病になることで、「臆病神につかれる」という。「つかれる」は「憑かれる」と書き、悪霊などにとりつかれることをいう。「吹かれる」なら、「臆病風に吹かれる」で、おじけづくことをいう。

「押しも押されもせぬ」で不動の地位を確保

× 押しも押されぬトップスター
○ 押しも押されもせぬトップスター

「押しも押されもせぬ」は押すことも押されることもない、堂々としてゆるぎない様子をいう。時に、「押しも押されぬ」という言い方がされることがあるが、それでは押そうとしても押せないの意になってしまう。慣用的に用いられているが、誤用というべきだろう。

汚名は「そそぐ」もの

× 卑怯者の汚名を晴らす
○ 卑怯者の汚名をそそぐ

不名誉な評判を立派な行いによって消し去るのは、「汚名をそそぐ」という。「そそぐ(雪ぐ)」は「すすぐ」ともいう。「嫌疑を晴らす」「恨みを晴らす」などとの連想が働いて、「汚名を晴らす」と言いがちだが、汚名という汚れは洗って落とす、すなわち、「そそぐ」しかない。ちなみに、「晴らす」は心の中にわだかまる気持ちや、人からかけられた疑いなどをすっかり取り除くことをいう。

汚名は「返上」するもの、名誉は「挽回」するもの

× 汚名を挽回する
○ 汚名を返上する

不名誉な汚名は返すもの(「汚名返上」)、失った名誉は取り戻すもの(「名誉挽回」)。「汚名」と「名誉」、「返上」と「挽回」がそれぞれ入り混じって、ついつい「汚名挽回」と言いがちになるが、意味内容をしっかり把握していれば間違いは防げる。「汚名挽回」を良しとする意見もあるようだが、挽回は遅れを取り戻したり、失ったものを取り戻すことが本義なので、不適当といわざるをえない。

「お役目」は御免にならない

× お役目御免になる
○ お役御免になる

ある役を辞めさせられること、また、物が古くなったり使えなくなって不用になることをいう。「お役」は「役目」の丁寧語だが、わざわざ「お役目御免」とはいわない。

女手は「一つ」

× 女手一人で子どもを育てる
○ 女手一つで子どもを育てる

「女手」は女性の労働力、働き手のこと。女性一人の力で、

の意味で、「女手一つで」という。「一人で」といいたいなら、「女手一人で」ではなく、「女一人で子どもを育てる」というべきである。

「喝采《かっさい》」は叫ばない

× 金メダル獲得に喝采を叫ぶ
○ 金メダル獲得に快哉《かいさい》を叫ぶ

やったとばかりに喜びの声を上げるのは「快哉を叫ぶ」という。「喝采」は手をたたいたりしてほめることで、「拍手喝采する」「喝采を浴びる」のようにいう。

「顔」はうかがえない

× 上司の顔をうかがう
○ 上司の顔色をうかがう

顔の様子から相手の機嫌をさぐることは「顔色をうかがう」という。「うかがう」は「窺う」と書き、様子をそっと見ること。従って、表情である「顔色」はうかがえても、「顔」そのものはうかがえない。

「顔」と「目」、恥ずかしくて火が出るのはどっち？

× 恥ずかしくて目から火が出た
○ 恥ずかしくて顔から火が出た

恥ずかしさのあまり、顔が真っ赤になることなので、「顔から火が出る」と形容する。「目から火が出る」のは、顔や頭をひどく打ったとき、くらくらっとして目から火花が散ったような感じがする場合にいう。

「影」に「形」は添えない

× 彼は影に形の添うように師に使えた
○ 彼は影の形に添うように師に仕えた

「影の」は「影が」の意。「の」は古語で、主格を表す助詞。物の影がその物について離れないように、あるものが別のあるもののそばにいつも付き従っている様子を、「影の形に添うように」という。「影に形の添うように」では、形がその影に添うということになって、そのようなことはありえない。

「風下《かざしも》」に置いたら臭くない

× **盗作するなんて作家の風下にも置けない**
○ **盗作するなんて作家の風上にも置けない**

「風上に置けない」は、卑劣な人に対して、同じ仲間として認めるわけにはいかないとののしっていうことば。悪臭を放つものを風上に置くと臭くて堪えられないことからいう。風下に置いたのでは当然のことながら悪臭は漂ってこない。

金に「いぎたない」?

× **あいつは金にいぎたない**
○ **あいつは金に汚い**

金銭に対して欲が深いことを「金に汚い」という。「汚い」をさらに強調しようとしてか、「いぎたない」というのは間違い。「いぎたない」は眠りこんで起きようとしない、寝姿がだらしない、といった意味。「寝穢い」と書いて全くの別語。

危機に「面する」?

× **危機に面する**
○ **危機に瀕《ひん》する**

極めて危ない状況に陥るのは「危機に瀕する」という。「瀕する」は良くない事態に直面すること。直面するの意味で「面する」といっても必ずしも間違いではないが、その場合には「危機的状況に面する」としたほうが適切である。

「犠牲」は被《こうむ》らない

× **戦争の犠牲を被る**
○ **戦争の犠牲と[に]なる**

犠牲は神に捧げるいけにえのこと。転じて、「仕事のために家族を犠牲にする」のように、ある目的のために命や大切なものを捧げることをいう。また、戦争や災害などで死んだり害をうけることで、「地震で多くの人が犠牲と[に]なった」のようにいう。この場合、「犠牲を被った」という言い方をすることがあるが、原義の「いけにえ」を思い出せばわかるように、犠牲はやむなくその状態になることで、「被る」ものではないので、この表現は不適切である。

狐に「つかまれる」？

× まるで狐につかまれたような話

○ まるで狐につままれたような話

狐は人を化かすといわれ、その狐に頬でもつままれたような、の意で、何が起こったのかわけがわからず、ぼんやりすることをいう。「つままれる」は「つまむ（摘まむ）」の受身形。狐につかまえられたわけではない。

苦言は「呈する」もの

× 苦言を発する

○ 苦言を呈する

「苦言を呈する」は相手のためを思って、言いにくいことをあえていうこと。「呈する」は相手にさし示す意味で、ほかにも「疑問を呈する」「賛辞を呈する」のようにいう。「ことばを発する」とはいうが、「苦言を発する」とはいわない。

草木も「眠る」か「なびく」か

× 草木もなびく丑三《うし》つ時

○ 草木も眠る丑三つ時

丑三つ時は昔の時間で、午前二時から二時半ころ。転じて、真夜中のことをいう。物音一つせず、あたりが静まり返った真夜中を形容して、「草木も眠る」という。「草木がなびく」は、勢いが盛んなほうへ大勢の人が従うことのたとえにいう。

櫛《くし》の歯が「抜ける」？

× 櫛の歯が抜けたようでさみしい

○ 櫛の歯が欠けたようでさみしい

あるべきものが抜けてない様子のたとえにいう。昔、櫛は木を削って作ったもので、「櫛の歯」は差し込んであるわけではない。従って、「抜ける」ではなく、「欠ける」という。同じような意味で、「歯が抜けたよう」というところから混乱が生じたものと思われる。

「言葉」が重い？

× この子は言葉が重い
○ この子は口が重い

あまりしゃべらない、寡黙なことをいう。口がいかにも重そうで動かない、ということで、言葉そのものが重いわけではない。反対の「口が軽い」も「言葉が軽い」とはいわない。

口は「つぐむ」もの

× 口をつむる
○ 口をつぐむ

「つぐむ(噤む)」は口を閉ざす、だまること。「つむる(瞑る)」は目を閉じることなので、「口をつむる」は間違い。「つぐむ」と「つむる」、どちらも三音で、「つ」で始まるところから、混乱が起きたものと思われる。また、「つむる」のほうが言いやすいことも間違いの一因かも知れない。

「口車」は合わせられない

× うそがばれないように口車を合わせる
○ うそがばれないように口裏を合わせる

前もって打ち合わせをしておいて、言うことが食い違わないようにすることを「口裏を合わせる」という。「口裏」は相手の真意をうかがえるような口ぶりのこと。単に、「口を合わせる」とはいわない。また、「口車」は口先の言い回しのことで、「口車を合わせる」では意味をなさない。口車は乗るもので、相手の口先にごまかされることを「口車に乗る」、相手をうまく言いくるめることを「口車に乗せる」という。

口火を「切る」と「つける」、きっかけはどっち？

× 話の口火をつける
○ 話の口火を切る

最初に物事を始める、物事のきっかけをつくることを「口火を切る」という。「口火」は火縄銃や爆発物の点火に用いる種火のこと。ガス器具の点火用につけておく小さな火のこともいい、その場合は「口火をつける」というが、火打ち石で火を出すことを「切る」と言ったことから、慣用句で、比喩的に用いる場合は「口火を切る」という。

苦杯を「飲む」?

× 苦杯を飲む
○ 苦杯を嘗《な》める
○ 苦杯を喫する

「苦杯」はにがい液を入れた杯、の意で、つらい経験のたとえ。慣用句として、「苦杯を嘗める」「苦杯を喫する」とはいうが、「苦杯を飲む」とはいわない。

「首」をかしげても「頭」はかしげない

× 判定に頭をかしげた
○ 判定に首をかしげた

不審に思ったり、納得がいかないという気持ちで、「首をかしげる」という。「かしげる」は傾けること。「首」を傾ければ「頭」も傾くことにはなるが、「頭をかしげる」とは言わない。ちょっとかしげる意味では「小首をかしげる」という。

「首っ丈」と「首っ引き」、夢中になるのはどっち?

× 彼は彼女に首っ引きだ
○ 彼は彼女に首っ丈だ

異性にすっかりほれ込んで夢中になるのは「首っ丈」である。「くびたけ」から転じたことばで、首の高さまでどっぷりつかるほど夢中になるといった意味合いである。ちなみに、好きな人の首にしがみついて離れないということではない。「首っ引き」というのは、手元に置いた書物などを絶えず参照することで、「辞書と首っ引きで英詩を読む」のように用いる。もとは、向かい合った二人が輪になったひもを首にかけて、互いに引っ張り合う遊びの「首引き」からきたことば。

蜘蛛《くも》の子を「蹴散らす」?

× 蜘蛛を蹴散らすように逃げた

○ 蜘蛛の子を散らすように逃げた

「蜘蛛の子を散らす」は大勢の者が散り散りに逃げる様子のたとえ。クモの子の入った袋を破ると、子が中から一斉に飛び出し四方に散ることからいう。「蜘蛛」一匹を蹴って追い散らすことではない。

「玄人《くろうと》はだし」はあっても「素人《しろうと》はだし」はない

× 彼の料理の腕前は素人はだしだ

○ 彼の料理の腕前は玄人はだしだ

腕前をほめるのなら、その道の専門家、プロでさえはだしで逃げ出すほどすぐれているという意味で、「玄人はだし」という。「素人はだし」といったのでは、素人がはだしで逃げ出すほどの腕前ということになり、それでは話にならない。そもそも「素人はだし」などということばはない。

「けんけんがくがく」?と議論する

× けんけんがくがくと議論する

○ 侃侃諤諤《かんかんがくがく》と議論する

○ 喧喧囂囂《けんけんごうごう》と非難する

「けんけんがくがく」というのをよく耳にするが、本来そんな四字熟語はない。別語の「侃侃諤諤（かんかんがくがく）」と「喧喧囂囂（けんけんごうごう）」をごっちゃにして言ってしまっているらしい。「侃侃諤諤」は自分が正しいと信じることを遠慮なく言うこと。「侃」は強く正しい、「諤」は直言する、の意。「会社の経営方針をめぐって侃侃諤諤と議論する」のように積極的な意味合いで使うことが多い。一方、「喧喧囂囂」は大勢の人が勝手なことを言ってやかましく騒ぎたてること。「喧」「囂」は共に、やかましい、うるさい、の意。「喧喧囂囂とやり合う」だけではまとまる話もまとまらない。「非難囂囂」と言えば、あちこちから非難を浴びせられることをいう。どちらの熟語もカ行音と同音の繰り返しで、ものを言うという意味合いの点で共通するところがあって紛らわしいが、それぞれの漢字とその意味を思い浮かべると惑わされることはない。ちなみに、「か」で始まり、「か」「が」を繰り返す「かんかんがくがく」を基準にし、もう一方は「けんけんごうごう」と認識すると覚え易い。

妍《けん》は「競う」もの

× 姉妹で妍を争う
○ 姉妹で妍を競う

美しさを張り合うことは「妍を競う」という。「競う」と「争う」はほぼ同義語だが、「競う」のほうは互いを意識して張り合う意味合いが強い。「腕を競う」とはいっても、「腕を争う」とはいわないのと同様である。

公算は「強い」？

× 失敗する公算は強い
○ 失敗する公算は大きい
○ 失敗する公算は大である

「公算」は何かが実現する見込み、確率のこと。従って、それがおおいにあれば「公算が大きい」「公算が大である」、わずかならば「公算は小さい」のようにいう。見込みについて、「強い」「弱い」とはいわない。

功成り名を「上げる」？

× 功成り名を上げてのちも研究を怠らない
○ 功成り名遂《と》げてのちも研究を怠らない

「功成り名遂げる」は、すぐれた業績をあげ、名声も得ること。「名を上げる」は有名になることで、別の意味になる。つじつまが合わないわけではないが、慣用句なので言い換えはできない。

心は「射止める」もの

× ついに彼女の心を仕留めた
○ ついに彼女の心を射止めた

「射止める」は矢を射当てて自分の物にするという意味。彼女の心をぐいとつかむのは、もちろん「射止める」のほうである。「仕留める」はねらった獲物を銃や刃物で殺すこと。こんな物騒なことばを使うようでは、彼女にふられても仕方ないだろう。

古式「豊かに」？

× 古式豊かに時代祭が行われた
○ **古式ゆかしく時代祭が行われた**

「古式」は昔からのやり方、古来の方法、の意。祭が古来の方法に則って行われ、その時代の様子がしのばれるのであれば、「古式ゆかしく」というべきであろう。「馬上豊かに」ということばがあるので、そこからの連想が働いて「古式豊かに」となったのかもしれないが、誤用である。

御託《ごたく》は「並べる」もの

× なんだかんだと御託を述べる
○ **なんだかんだと御託を並べる**

しつこく自分勝手なことを言い立てることを「御託を並べる」という。「御託」は「御託宣」の略。神のお告げのことで、それを取りつぐ者がもったいぶって長々と言うことから、転じて、くどくどとしつこく言う意味になったもの。次々と言うことから「並べる」といい、「述べる」とはいわない。

「言葉」は濁すが、「口」は濁さない

× その件については口を濁した
○ **その件については言葉を濁した**

「言葉を濁す」は、はっきり言わずに、あいまいな言い方をすること。濁す、すなわち、あいまいにするのは「言葉」であって、「口」ではない。

碁は「打つ」もの

× 昼休みに仲間と碁を指す
○ **昼休みに仲間と碁を打つ**

碁石を碁盤に打ちおろして戦うことから、碁は「打つ」という。「指す」のは将棋である。

「今昔《こんじゃく》」と「昔日《せきじつ》」、感に堪えないのはどっち？

✕ **この町もすっかり変わって、昔日の感に堪えないね**
○ **この町もすっかり変わって、今昔の感に堪えないね**

今と昔と比べてその違いの大きさに感慨が深い、という意味で、「今昔の感に堪えない」という。「昔日」は過ぎ去った日々、むかしのことで、「昔日の面影もない」のように用いる。

策士策に「敗れる」？

✕ **彼は考えすぎだ、策士策に敗れるってね**
○ **彼は考えすぎだ、策士策に溺《おぼ》れるってね**

策略にたくみな人は、とかく策を弄《ろう》しすぎて大局を見失い、かえって失敗するという意味で、「策士策に溺れる」という。「溺れる」は、一つのことに熱中しすぎて我を忘れること。策に失敗するという意味で、「策に敗れる」といったのかもしれないが、「敗れる」は戦いや勝負などに負けることなので、この言い方は間違い。

酒は「酌《く》み交わす」もの

✕ **父と子で酒を飲み交わす**
○ **父と子で酒を酌み交わす**

互いに杯をやりとりして酒を飲むことは「酌み交わす」という。「酌む」は器についで飲む意味。「飲み交わす」とはいわないし、そもそも、「飲み交わす」ということば自体ない。

さばは「読む」もの

✕ **五歳さばを言う**
✕ **五歳さばを数える**
○ **五歳さばを読む**

自分が得するように数をごまかすことをいう。「さば」は魚の鯖のこと。一説に、魚市場で、さばは腐りやすいので、早口でかぞえて数をごまかすことが多いことからいう。「読む」は数える、の意だが、「さばを数える」とも「さばを言う」ともいわない。

時期「尚早《しょうそう》」と「早尚」、逆は真ならず

× **改革は時期早尚だ**

○ **改革は時期尚早だ**

「時期尚早」はなにか事をするにはまだ早すぎる、まだその時期ではないということ。「尚早」を「早尚」と言い間違えるケースが以外と多い。つい「そうしょう」と言ってしまうのは、「しょうそう」が発音しにくいこともその一因かもしれない。尚《なお》早い、と字義をしっかり認識すれば間違いは防げる。

「時期」と「時宜《じぎ》」、適《かな》うのはどっち？

× **時期に適った趣向**

○ **時宜に適った趣向**

「時宜」の「宜」は、よろしい、適当である、の意。「時宜に適う」とは、何かをするのに、ころあいがちょうど良いことをいう。「時期」ではころあいが良いという意味が反映されない。

「舌先」と「口先」、三寸はどっち？

× **口先三寸で人を丸め込む**

○ **舌先三寸で人を丸め込む**

ことば巧みなことを「舌先三寸」という。「あの人の言うことは口先だけだ」のように、「口先」にもことばに関する比喩表現があることから、「口先三寸」といってしまいがちだが間違い。

「舌の先」の乾かぬうちに？

× **たばこはやめると言ったのに、舌の先の乾かぬうちに吸い出した**

○ **たばこはやめると言ったのに、舌の根の乾かぬうちに吸い出した**

あることを言って間がないのに、という意味で、「舌の根の乾かぬうちに」という。「舌の根」は舌の根元のことで、「舌の先」とはいわない。ついさっき言ったことと違うことを言ったりしたりしたときなどに非難していう

ことば。

指揮は「執る」もの

× プロジェクトチームの指揮を振る
○ プロジェクトチームの指揮を執る

大勢の人を統率して指図するのは「指揮を執る」という。「執る」は物事を行う、の意。音楽で、「指揮棒を振る」ということからか、「執る」を「振る」と間違って使われる場合がある。ちなみに、「指揮する」の形で、「プロジェクトチームを指揮する」という言い方はできる。

将棋は「指す」もの

× 友達と将棋を打つ
○ 友達と将棋を指す

将棋は「指す」という。「打つ」のは碁のほうである。将棋で「指す」というのは、駒を前に進める意味合いからである。碁で「打つ」というのは、碁石を碁盤に打ちおろして戦うことからである。

心血は「注ぐ」もの

× 新薬の研究に心血を傾ける
○ 新薬の研究に心血を注ぐ

精神と肉体のすべて、全力を尽くして事に当たることは「心血を注ぐ」という。似たような意味合いの「精魂を傾ける」という言い方と混同して、「心血を傾ける」と言いがちだが間違い。

「水泡《すいほう》」と「泡《あわ》」、帰すのはどっち?

× これまでの努力が泡に帰した
○ これまでの努力が水泡に帰した

それまでの努力があっけなくむだに終わってしまうことのたとえで、「水泡に帰す」という。「泡」も「水泡」も同じことで、「水の泡となる」という言い方もすることから、「泡に帰す」といってもよさそうだが、漢語による慣用句なので「水泡に帰す」が正しい。「帰す」は、「帰する」ともいう。

酸いも「辛い」も噛《か》み分ける？

× 酸いも辛いも噛み分けた苦労人
○ 酸いも甘いも噛み分けた苦労人

いろいろ経験を積んできて、世の中の裏も表もよく知り、分別があることを「酸いも甘いも噛み分ける」という。つらい思いやよい思いを「酸いも甘いも」とたとえていったもの。「酸いも辛いも」ではつらいことばかりになってしまい、噛み分けることはできない。

「青嵐」の志？

× 青嵐の志を抱いて上京する
○ 青雲の志を抱いて上京する

立身出世して、高い地位を得ようという気持ちを「青雲の志」という。「青雲」は青く晴れた空、高い空のことで、比喩的に高い地位をいう。「青嵐」は初夏の青葉のころに吹くさわやかな風のことで、「あおあらし」とも読む。「青雲」「青嵐」ともに、「青」から若々しい、さわやかといったニュアンスが感じられるが、「青嵐」のほうは志とは関係ないことばである。

雪辱は「果たす」もの

× 去年敗れた相手に勝って雪辱を晴らした
○ 去年敗れた相手に勝って雪辱を果たした

「雪辱」は人から受けた辱めを雪《そそ》ぐこと。それをやり遂げるわけであるから、「果たす」というのが正しく、「晴らす」とはいわない。「疑いを晴らす」という言い方があるので、ややともすると混同して間違えてしまうようである。

「背」と「腹」、どちらが大事？

× 食べていくためには背を腹に代えられない
○ 食べていくためには背に腹は代えられない

差し迫った大事のために、ほかのことを犠牲にするのもやむをえないことを、人の体にたとえて、背より腹のほうが大事なことから、「背（のため）に腹は代えられない」

という。「背を腹に」では逆の意味になってしまう。

「背」は向けても、「そっぽ」は向けられない

✕ 流行にそっぽを向ける

○ 流行に背を向ける

「背を向ける」は、後ろを向く、また、相手にしない、そむくこと。「そっぽ」は「外方（そっぽう）」が変化した語で、よその方、の意。よそを向くことを「そっぽを向く」といい、無視したり拒絶する意味合いでは「背を向ける」と同義で用いる。しかし、「そっぽを向ける」ではよそを向けるということになって、意味をなさない。

先手は「打つ」もの

✕ 相手が動く前に先手を出す

○ 相手が動く前に先手を打つ

囲碁で、相手より先に打ち始めることを「先手を打つ」といい、比喩的に、人より先に始める意味に用いる。「先手を出す」では、先に手を出す意味に間違えかねない。

大盛況の「まま」では終われない

✕ 博覧会は大盛況のままに終わった

○ 博覧会は大盛況のうちに終わった

博覧会が大変な活気とにぎわいを見せて幕を閉じたのであれば、「大盛況のうちに終わった」というべきである。「うちに」はその範囲内に、その中で、といった意味である。「ままに」はその状態のとおりに、の意で、それでは盛況がいつまでも続くことになってしまい、博覧会は終わらない。たとえば、「悲しみのうちに葬儀が執り行われた」を「悲しみのままに葬儀が執り行われた」と言い換えてみると、「悲しみの中で」という意味では、「ままに」ではなく、「うちに」というのが適切であることが分かるだろう。

「多言《たげん》」と「他言《たごん》」、無用なのはどっち？

✕ ここだけの話で多言は無用だ

○ ここだけの話で他言は無用だ

内輪だけの話、秘密の話なので、他人には話してはいけないという意味で「他言は無用」という。「多言」は口数が多いことで、「多言を弄する」のようにいう。「多言は無用」ではおしゃべりしてはいけないという意味に取られかねない。「他言」と「多言」、どちらも「たごん」「たげん」と読むが、慣用句としては「他言」は「たごん」、「多言」は「たげん」と読む。

「棚に上げる」と「棚上げにする」は違う

× 法案は棚に上げられた
○ 法案は棚上げにされた

いったん保留にして処理を先延ばしにすることを「棚上げにする」という。需給調整のために、商品を一時貯蔵して、市場に出さないことを「棚上げ」といい、そこからきたことば。「棚に上げる」は、棚の上に物を載せる意味のほか、比喩的に、わざと取り上げない、問題にしない、の意味で、「自分のことは棚に上げて人の批判をする」のように用いる。

他人「よがり」?

× 他人よがりでは良い仕事はできない
○ 他人任せでは良い仕事はできない

「他人任せ」というべきところを「他人よがり」というのは間違い。自分さえよければよいという、「独りよがり」ということばから連想が働き、また、「よがり」を頼ると誤解して、「他人よがり」といったもののようだが、こんなことばはない。

「袂《たもと》」と「袖《そで》」、分かつのはどっち?

× 仲間と袖を分かつ
○ 仲間と袂を分かつ

それまで行動を共にしてきた仲間と分かれる、関係を絶つことを「袂を分かつ」という。「袂」は着物の袖の下の袋状になった部分のこと。いつも一緒で、お互いの袂と袂を合わせるようにしていたのが、分かれてしまうことからいうもので、「袖を分かつ」とはいわない。

たわわな実？

× **みかんが枝にたわわな実をつける**
○ **みかんが枝もたわわに実る**

「たわわ」は枝がしなるさまをいい、「撓わ」と書く。「枝もたわわに実る」で、枝がしなるほどたくさんの実がなる、という意味になる。「たわわ」をたくさんの意味と思い、「たわわな実」というのは間違い。

血と「涙」の結晶？

× **これは二人の血と涙の結晶だ**
○ **これは二人の血と汗の結晶だ**

血のにじむような努力と、汗水流して働いた労力の賜物としての成果、の意で、「血と汗」であって「血と涙」ではない。血と涙に関しては、人間らしい思いやりや優しさの欠けらもないことのたとえに「血も涙もない」、また、激しい憤りや悲しみのために泣くことのたとえに「血涙《けつるい》を絞る」のようにいう。

粒は「そろう」もの

× **今年の新入社員は粒が集まっている**
○ **今年の新入社員は粒がそろっている**

「粒がそろう」は、集まった物や人のすべてが同じようにすぐれていることをいう。ただ、粒が集まっているだけでは評価したことにはならない。

手当たり「ばったり」？

× **手当たりばったりカバンに詰め込む**
○ **手当たり次第カバンに詰め込む**

「手当たり次第」は、手にふれるものならなんでも、かたっぱしから、の意。「手当たりばったり」というのは、前もって計画を立てず、成り行き任せに何かすることを「行き当たりばったり」ということからの勘違いと思われるが、そのような言い方はない。ちなみに、「行き当たりばったり」の「ばったり」は思いがけなく人と出会うさまをいう。

「手塩を」かける？

× 手塩をかけて育てる
○ 手塩にかけて育てる

みずから世話をして大事に育てることをたとえて、「手塩にかける」という。「手塩」は食べる人が適当に用いるように、食膳に添える少量の塩のことで、食膳の不浄をはらう意図もあって、小皿に盛られたという。その小皿に盛った塩のように、身近に置いて世話をする意味からいうようになったもので、塩をかけて育てるわけではない。

「手玉」には乗れない

× 素人を手玉に乗せるのはわけない
○ 素人を手玉に取るのはわけない

「手玉」は曲芸や遊びに使うお手玉のことで、「手玉に取る」とは人を思い通りに操ることのたとえ。「玉の輿」なら乗ってもよいが、手玉には乗れない。

「手が」負えない？

× 私の手が負えない仕事
○ 私の手に負えない仕事

自分の力では処理しきれないことを「手に負えない」という。「負えない」は負うことができないと、状態をいったもの。「手に」ではなく「手が」とすると動作主をいうことになって、「負えない」との関係で文法的に食い違いを生じる。

「手と手を」取るのは握手するとき

× 手と手を取って駆け落ちする
○ 手に手を取って駆け落ちする

互いに互いの手を取り合ってということなので、「手に手を取って」という。「手と手を取って」では、たとえば仲直りさせるために二人の手と手を取って握手させた、などという場面ならよいが、互いに手を取り合う意味にはならない。

出る「筋」ではない？

× ここは君の出る筋ではない
○ ここは君の出る幕ではない

当事者ではないので関係がないことを「…の出る幕ではない」という。「幕」は芝居から出たことばで、場面の意。関わりという意味合いから、「筋ではない」といえないこともないが、「出る」は「幕」と直接結び付いた慣用表現なので、やはり「出る筋ではない」は不適切である。

手を「こまねく」か「こまぬく」か

○ 手をこまぬく（△こまねく）ばかりだった

なにもせずに傍観することは、本来は「手をこまぬく」という。「こまぬく（拱く）」は、腕組みをすることで、転じて、傍観する意味に用いる。もとは両腕を胸の前で組み合わせる中国の礼法、「唐（こま）貫く」からきたものとされる。近年、「こまねく」がよく使われるが、語源が忘れられ、また、「こまぬく」が言いにくいところからの音変化と思われる。

「天下の宝刀」ってどんな刀？

× 天下の宝刀を抜く
○ 伝家の宝刀を抜く

「伝家」はその家に代々伝わること。「宝刀」は宝として大切にする名刀のこと。代々伝わる名刀を抜くとは、いざというときに、とっておきの手段、奥の手を使うということ。「伝家」を「天下」と聞き違え、「天下の宝刀」としたのでは、世間に知られすぎて、奥の手にならない。

頭角は「現す」もので、「出す」ものではない

× ピアニストとしてめきめきと頭角を出した
× 旧体制の中で若い人が頭角を現せたのはすばらしい
○ ピアニストとしてめきめきと頭角を現した

「頭角」は、頭の先の意。学問や才能などが群を抜いて目立つようになることを「頭角を現す」という。角《つの》を出すわけではないので、「頭角を出す」とはいわない。また、

自然発露的なことで、意識してできることではないので、「頭角を現せる」のような表現は不適切である。

「駑馬《どば》」であって、「ろば」ではない

× **ろばに鞭《むち》打ってがんばる所存です**
○ **駑馬に鞭打ってがんばる所存です**

「駑馬」は足ののろい馬のこと。「駑馬に鞭打つ」は才能のない者に能力以上のことをさせることで、自分の能力をへりくだってもいう。「ろば」は愚か者のたとえにいうが、「駑馬」は「ろば」のことではない。

飛ぶ鳥を「射る」わけではない

× **彼は今まさに飛ぶ鳥を射る勢いだ**
○ **彼は今まさに飛ぶ鳥を落とす勢いだ**

権勢がきわめて盛んなようすをたとえて、「飛ぶ鳥を落とす勢い」という。盛んな権勢が飛んでいる鳥でさえ落としてしまうほどだ、といった意味で、飛ぶ鳥を弓矢で射るということではない。

取り付く「ひま」もない?

× **すっかり怒らせてしまい取り付くひまもなかった**
○ **すっかり怒らせてしまい取り付く島もなかった**

頼りにする手掛かりがなくどうしようもないさまや、人がつっけんどんで近づけないさまを形容して、「取り付く島もない」という。漂流している人がすがりつく島さえない、の意からで、「島」を時間の意味の「ひま」というのは間違い。

「泥を塗る」のは顔

× **親の名前に泥を塗る**
○ **親の顔に泥を塗る**

「顔に泥を塗る」というのは比喩で、なにか悪いことをしでかして、面目を失わせることをいう。「顔」に泥を塗ることはできても、「名前」には泥は塗れない。その場合は「親の名前に傷を付ける」「親の名をけがす」のようにいう。

「波」は蹴散らせない

× ボートが波を蹴散らしていった

○ ボートが波を蹴立てていった

船が進むとき、波を蹴るようにして水しぶきをあげるようすを「波を蹴立てる」という。「蹴散らす」は蹴って散乱させる意味で「ごみを蹴散らす」、追い散らす意味で「敵を蹴散らす」のように用いるが、「波を蹴散らす」とはいわない。

苦虫を「噛《か》む」だけでは足りない

× 苦虫を噛んだような顔をする

× 苦虫を潰したような顔をする

○ 苦虫を噛み潰したような顔をする

「苦虫」は噛んだら苦いだろうと思われる虫。その虫を「噛んで潰したよう」とは、きわめて不愉快そうな顔をするたとえにいう。究極の苦々しさを形容するのに、ただ噛むだけ、つぶすだけでは足りない。

二の句が「出ない」?

× あきれて二の句が出ない

○ あきれて二の句が継げない

「二の句」は、次に言うことば、の意。もとは、漢詩文などの朗詠で、二番目の句のこと。一の句から二の句に移るとき、音の高さが変わって続けるのが難しいことからいうようになったもの。従って、「二の句が継げない」であって、「二の句が出ない」とはいわない。

「二の舞」は踏めない

× 兄の二の舞を踏んだ

○ 兄の二の舞を演じた

兄がした失敗と同じ失敗をした、という意味なら「二の舞を演じる」というべきである。同義語に「前車の轍《てつ》を踏む」という慣用句があり、また、「二の足を踏む」との連想が働いたのかもしれないが、舞であるから当然「演じる」である。ちなみに、「二の舞」は舞楽で、案摩《あま》という舞のあとに、それをまねてするこっけいな舞のこと。

「寝首」は切らない

× 腹心の部下に寝首を切られた

○ 腹心の部下に寝首を掻《か》かれた

「寝首を掻く」とは寝ている人を襲って首を切ること。また、卑怯な手段で人を陥れることのたとえにもいう。「掻く」は刃物を手前に引いて切り取ること。戦場で堂々と切りあって首を取ったなら手柄になるが、寝ている人の首を掻くのは卑怯そのもの。「切る」ではなく「掻く」というところにその辺の意味合いが強く反映されている。

「熱」にはうなされない

× 熱にうなされてうわ言をいう

○ 熱に浮かされてうわ言をいう

高熱が出て、意識が正常でなくなることを「熱に浮かされる」という。「うなされる」は悪い夢などを見たときに、眠ったままで苦しそうな声を出すことで、「夢にうなされる」のようにいう。

念頭には「置く」もの

× 危険性を念頭に入れて行動する

○ 危険性を念頭に置いて行動する

いつも心にとめておく、覚えておく意味で、「念頭に置く」という。記憶する意味で「頭に入れる」ということから、混同して「念頭に入れる」というのは間違い。

のべつ「ひま」なし？

× のべつひまなしに食べている

○ のべつ幕なしに食べている

ひっきりなしに何かがなされる様子を「のべつ」というが、より強調して「のべつ幕なし」という。もともとは、幕を引かないまま芝居を続けることをいう。休むひまもなく、という意味合いから類推して、「のべつひまなし」と言ってしまいがちだが間違いである。

馬脚は「現す」もの

× ついに黒幕が馬脚を出した

○ **ついに黒幕が馬脚を現した**

芝居で、馬の脚を演じる役者が姿をみせてしまうことから、隠していた正体がばれることを「馬脚を現す」という。「馬脚を出す」では意味をなさない。

話の「端」は折れない

× 横から口を出して話の端を折る

○ **横から口を出して話の腰を折る**

横から口をはさんで、話の流れを妨げることを「話の腰を折る」という。「腰を折る」は腰を曲げることで、転じて、続いていこうとするものを中途で妨げることのたとえにいう。「端を折る」は文字通り物の端を折り曲げること。ちなみに、ある部分を省略して短くすることを「端折る（はしょる）」というが、ここはそのような意味ではないし、それを分解して「端を折る」ともいわない。

「早かれ遅かれ」か「遅かれ早かれ」か

× 早かれ遅かれ、いずれ分かることだ

○ **遅かれ早かれ、いずれ分かることだ**

「早晩」という熟語があることから、「早かれ遅かれ」という言い方をする例を見かけるが、慣用句としては順序が逆で、「遅かれ早かれ」という。意味合いからすると、いくら遅くなっても、というのがこのことばの眼目で、その点において「早かれ遅かれ」というのはやはり違和感がある。

「腹」に据えかねて、「肝」には据えかねない

× 彼のやり方は肝に据えかねる

○ **彼のやり方は腹に据えかねる**

怒りや不愉快な感情を抑えることができないことを「腹に据えかねる」という。感情をしまっておけるのは、「腹に収める（心の中にとどめておく）」という言い方があるように、「腹」であって、「肝」ではない。肝は肝臓、また、

はらわたのこと。転じて、精神、気力、度胸の意で用いる。落ち着いていて、めったなことでは動揺しない意味で、「肝が据わる」というが、「肝に据えかねる」という言い方はない。

腹の「裏」は探れない

× お互い腹の裏を探り合う
○ お互い腹の内を探り合う

相手が思っていることを探ることは「腹の内を探る」という。心の中の意味で「腹の内」といい、「腹の裏」とはいわない。

「腹」は煮え繰り返らない

× だまされて腹が煮え繰り返る
○ だまされて腸《はらわた》が煮え繰り返る

どうにも押さえられないほど腹が立つことを形容して、「腸が煮え繰り返る」という。大腸や小腸が煮え繰り返るという比喩は言いえて妙。「腹」そのものは煮え繰り返らない。ちなみに、「腸が腐る」といえば精神が堕落している、「腸がちぎれるよう」といえば、悲しみやつらさに堪えられない様子の形容である。

「腹」を裂いたら話せない

× お互い腹を裂いて話した
○ お互い腹を割って話した

自分の考えや本心を隠さずにさらけだして話をすることを「腹を割って話す」という。この「腹」は心の中のことで、「腹を裂いて」とはいわない。

ひざを「交《か》わす」ことはできない

× ひざを交わして話し合う
○ ひざを交えて話し合う

同席して親しく話をすることを、お互いのひざを近づけるという意味合いから「ひざを交える」という。「交わす」はやりとりする意味で、「ことばを交わす」とはいうが、「ひざを交わす」とはいわない。

必要に「せがまれる」？

× 必要にせがまれて英会話を習う

○ 必要に迫られて英会話を習う

何かをしなければならない状況に追い込まれて、やむを得ず、という意味合いで、「必要に迫られて」という。「せがまれる」というのは人に何かをねだられること。子どもにおもちゃを買ってくれとせがまれることはあっても、「必要」に何かをねだられることはない。

微に入り「細に入り」？

× 微に入り細に入り解説する

○ 微に入り細を穿《うが》った解説

非常に細かいところにまで行き届くことを「微に入り細を穿つ」という。「穿つ」は穴をあけることだが、この場合は物事のこまかい部分をたくみにとらえる、の意。どちらも「入り」でよいように思うが、慣用表現としては「微に入り細に入り」とはいわない。

日の「照る」場所？

× 日の照る場所で厚遇される

○ 日の当たる場所で厚遇される

「日の当たる場所」は太陽の当たる場所、転じて、恵まれた地位や境遇のたとえにいう。お天道様の恵みにあずかるという意味合いで「当たる」というのであって、「照る」では単に太陽が照るの意味になってしまう。

火蓋《ひぶた》は「切る」もの

× 戦いの火蓋を落とす

○ 戦いの火蓋を切る

「火蓋」は火縄銃の火薬を入れた火皿をおおう蓋のことで、安全装置の役目を果たす。「火蓋を切る」とは、その蓋を開けて点火の用意をすることで、転じて、戦闘や試合などを開始することのたとえにいう。「火蓋が切って落とされる」という言い方をするが、「火蓋を落とす」とはいわない。

「顰蹙《ひんしゅく》」は売らない

× みんなに顰蹙を売った
○ みんなの顰蹙を買った

「顰蹙」は不快なことに対して、眉をひそめること。人が不快に思うことをして嫌がられることを「顰蹙を買う」という。この場合の「買う」は招く意で、ほかに「人の恨みを買う」のようにいう。

深みに「溺れる」？

× 深みに溺れて抜け出せなくなる
○ 深みにはまって抜け出せなくなる

「深みにはまる」は、あることに深入りしすぎて逃れられなくなることのたとえにいう。「深み」は川などの水深の深い所のこと。そこから連想が働き、また、「溺れる」が比喩的に、一つのことに熱中して我を忘れる意味で用いられるので、「深みに溺れる」といってしまったようであるが間違い。

不帰の「人」？

× 闘病の末、不帰の人となる
○ 闘病の末、不帰の客となる

「不帰の客となる」は、帰らぬ人となる、すなわち、死ぬことをいう。「客」は旅人のことで、死出の旅に出たまま帰らないという意味から「不帰の客」というのであって、「不帰の人」とはいわない。

「二つ返事」で引き受ける？

× 私の頼みを彼は一つ返事で引き受けてくれた
○ 私の頼みを彼は二つ返事で引き受けてくれた

頼みをすぐに快く引き受けるのは「二つ返事」である。頼まれて、「はい、はい」と調子よく答えるところからいう。「はい」と一言で答えてくれたほうがよいように思うかもしれないが、ここは快く「二つ返事で」としたい。ちなみに、受け答えの「はい」は一つがよく、「はい、はい」などといえば、「返事は一つ」と叱られる。

「二目」と見られない？

× 一目と見られない顔
○ **二目と見られない顔**

「二目と見られない」は、あまりにひどくて、二度と見る気にならないことをいう。一度は見てしまって、二度とは見られないのであるから、「一目と見られない」ではつじつまが合わないことになる。また、「二目」は二つの目、両方の目という意味ではない。

物議は「醸《かも》す」もの

× 大臣の発言が物議を呼んだ
○ **大臣の発言が物議を醸した**

世間で取りざたされ、問題になることを「物議を醸す」という。「醸す」はこうじに水を加えて発酵させ、酒やしょうゆなどをつくることで、転じて、ある雰囲気や状態を生み出すことをいう。「呼ぶ」なら「論議を呼ぶ」という言い方がある。

「法外」の喜び？

× お役に立てば法外の喜びです
○ **お役に立てば望外の喜びです**

望んでいた以上である、という意味で、「望外の喜び」「望外の幸せ」のようにいう。良い結果についていうので、「望外の悲しみ」とは決していわない。「法外」は誰もが妥当と思う、常識の範囲をはるかに超えること。「法」はきまり、規範の意。ふつう、「法外な値段で売る」のように悪い意味合いで用いる。従って、思っていた以上という点では「望外」と共通点があるものの、「法外の喜び」とはいわない。

的《まと》は「射《い》る」もの

× 彼の言うことは的を得ている
○ **彼の言うことは的を射ている**

要点を的確にとらえている、の意味で「的を得ている」という言い方をよく耳にするが、弓矢の「的」は「射る」

もので、「得る」ものではない。従って、「的を射ている」というべきである。類義語に「当《とう》を得る」という慣用句があることから、それと混同したものと思われる。また、「射る」が日常語としてなじみが薄いことも関係しているのかもしれない。

「まなじり」は吊り上げない

× まなじりを吊り上げて怒った
○ まなじりを決して怒った

「まなじり」は目じりのこと。「まなじりを決する」は目を大きく見開くことで、はげしく怒ったり、何かを決意したときの形容にいう。「眉《まゆ》を吊り上げる」とはいうが、「まなじりを吊り上げる」とはいわない。

眉《まゆ》は「ひそめる」もの

× 若者の行儀の悪さに眉をしかめた
○ 若者の行儀の悪さに眉をひそめた

眉を寄せて、不快そうな顔をしたというのなら、「眉をひそめた」というべきである。「しかめる」はしわを寄せることで、眉にしわは寄せられない。こちらを生かしたいなら、「顔をしかめた」という。

「見栄」は張るもの、「見得」は切るもの

× 見得（○見栄）を張って高級車を買った
× 今度こそ大物を釣ってみせると大見栄（○大見得）を切った

「見栄」は、人の目を気にして、実際以上によく見せようとすること。ことさらそうする意味で、「見栄を張る」という。「意地を張る」と同様の言い方である。一方、「見得」は歌舞伎の所作で、ここぞというところで動作を一端とめて、おおげさな仕草や表情をすること。そういう所作をする、また転じて、ことさら自分を誇示するような態度をとることを「見得を切る」という。「切る」はわざと目立つような所作や言動をすることで、「たんかを切る」と同様の言い方である。もとは、「見える」の連体形の「見え」からで、「見栄」「見得」はどちらも当て字だ

が、使い分けて用いる。

道草を「食べる」？

× 学校帰りに道草を食べる
○ 学校帰りに道草を食う

寄り道をすることを「道草を食う」という。「食う」を丁寧な言い方として「食べる」というのは間違い。慣用句としては断固、「食う」である。「鳩が豆鉄砲を食う」「その手は食わない」なども同様、「食べる」「食べない」などとはいわない。

三日と「あけず」？「あげず」？

× 三日と開けず飲み屋に通う
○ 三日に上げず飲み屋に通う

「三日に上げず」の「上げず」は、間をおかずに、中断せずに、ということ。「三日」は正確に三日ということではなく、ほとんど毎日の意味合いで用いる。まぎらわしいが、「三日と開けず」とはいわない。

「耳触り」がよい？

× 耳触りのよい音

「耳触り」は聞いたときの感じをいい、「耳触りのよい音」のように使う場合があるが、本来は誤用である。手や舌で触れる感触をいう「手触り」「舌触り」などから派生したものと思われるが、そもそも耳で聞くことはできても触ることはできない。ちなみに、聞いて不快に感じる「耳障り」は悪い意味なので、「耳障りな音」とはいうが、「耳障りのよい音」とはいわない。

見る影が「薄い」？

× やせてしまって見る影が薄い
○ やせてしまって見る影もない

「見る影もない」は、以前とは変わって、見るにたえないほどみじめな様子をいう。存在感にとぼしい意味の「影が薄い」という言い方にひかれて、「見る影が薄い」というのは間違い。

「胸先」三寸には納められない

× 今回のことは私の胸先三寸に納めておく
○ 今回のことは私の胸三寸に納めておく

だれにも言わずに、胸の中にしまった、の意なら「胸三寸」というべきである。「胸先」は胸のあたり、胸元、の意で、そこに思いや考えを「納める」ことはできない。ちなみに、「三寸」は短いことのたとえで、ほかに、「舌先三寸」のような言い方をする。

「胸」と「肩」、なでおろすのは？

× 大役を果して肩をなでおろす
○ 大役を果してほっと胸をなでおろす

「なでおろす」は上から下へなでること。胸に抱いていた不安や心配などが消える、ひと安心する、の意味で「胸をなでおろす」という。「肩」をなでおろしても、心の不安や心配は解消しない。肩ならば「肩の荷を下ろした」というべきだろう。

「目付き」と「目の色」、熱中して変えるのは？

× ブランド品に目付きを変える
○ ブランド品に目の色を変える

ひどく怒ったり驚いたりしたとき、あるいは何かに熱中する様子をたとえて、「目の色を変える」という。「目付き」は物を見るときの目の様子のことで、「目付きが変わる」とはいうが、意識的に「目付きを変える」という言い方は不自然である。

めどは「立つ」もの

× 再建のめどがある
○ 再建のめどが立つ

「めど」は「目処」「目途」と書いて、糸を通す針の穴のこと。転じて、何かをするときに目標とする所、目当て、見通し、の意に用いる。「めどが立つ［立たない］」、「めどがつく［つかない］」という言い方はするが、「めどがある［ない］」とはいわない。

「目鼻」は利かない

× 彼は目鼻が利く男だ
○ **彼は目端が利く男だ**

その場その場を見抜き、よく機転が働くことを「目端が利く」という。「目が利く（物の価値を見抜く力がある）」「鼻が利く（嗅覚が鋭い、自分に都合のよいことを敏感に察知する）」といった慣用句があることから混同しがちだが、「目鼻が利く」とは言わない。「目鼻」は見通しの意で、「目鼻が付く」といった言い方をする。

申し分の「ある」？

× 申し分のある出来上がり
○ **申し分のない出来上がり**

「申し分」は、不満に思う点、の意で、ふつう、否定する形で「申し分のない」「申し分ない」のように用いる。肯定で用いても、「申し分のあるはずがない」のように、後にそれを打ち消すことばが続く。

「弓」は引くもの、「矢」は射るもの

× 主君に矢を引く
○ **主君に弓を引く**

「弓を引く」とは、矢を射ること。転じて、反逆する、そむくことをいう。「弓」と「矢」を混同して言いがちだが、矢は射るもので、引けない。

余勢を「買う」？

× 地区優勝の余勢を買って全国大会に駒を進めた
○ **地区優勝の余勢を駆って全国大会に駒を進めた**

「余勢」は、何かしたあとにまだ残っている勢いのこと。その勢いに乗ることで、「駆る」という。「余勢」を「買う」ことはできない。

寄るのは「年波」

× 寄る年には勝てない
○ **寄る年波には勝てない**

年を取ることには抗えないということ。「年波」は年を取ることで、「年が寄る」を「波が寄る」にかけていったもの。従って、寄るのは「年波」であって、「年」ではない。ただし、「年には勝てない」という言い方はできる。

「夜を日に」で、「日を夜に」ではない

× **復旧工事は日を夜に継いで行われた**

○ **復旧工事は夜を日に継いで行われた**

夜も昼もなく、休まず続けて行うことをいう。夜を日に付け足す、の意。「昼夜の別なく」という慣用句があるので、「日を夜に」といってしまいがちだが、それでは時間の流れを言っただけのことになってしまう。

「弱気」は吐けない

× **もうできないと弱気を吐く**

○ **もうできないと弱音を吐く**

いくじのないことばをいうことは「弱音を吐く」という。「弱気」は気持ちが消極的であることをいい、「弱気になる」のようにいう。

理屈に「ならない」?

× **彼の言うことは理屈にならない**

○ **彼の言うことは理屈に合わない**

「理屈」は物事の筋道、道理、の意。道理ならば、合う、合わないということが問題となる。従って、「理屈に合わない」とはいうが、「理屈にならない」では意味が通らない。

溜飲《りゅういん》を「晴らす」?

× **言いたいことを言って溜飲を晴らす**

○ **言いたいことを言って溜飲を下げる**

「溜飲」は胃が消化不良を起こし、酸っぱい胃液がのどまで上がってくることで、それが下がればすっきりする。そこから、それまで持っていた恨みや不快に思うことを解消して気持ちをすっきりさせることを「溜飲を下げる」という。「恨みを晴らす」という言い方と混同して、「溜

飲を晴らす」というのは間違い。ちなみに、「溜」が表外字のために、新聞などでは「溜飲」を「留飲」で代用することがあるが、本来は間違い。

「論戦」は張れない

× 論客相手に堂々と論戦を張る

○ 論客相手に堂々と論陣を張る

「論陣」は議論や弁論するときの論の組み立てをいう。論を組み立ててそれを展開することを「論陣を張る」という。「論戦」は議論を戦わせることで、「論戦を交える」「論戦を繰り広げる」のようにいい、「論戦を張る」とはいわない。

輪が「かかる」？

× 息子は父親に輪がかかる酒飲みだ

○ 息子は父親に輪をかけた酒飲みだ

程度をさらに増すことをたとえて「輪をかける」という。輪をかけてひと回り大きくすることからいうもので、「輪がかかる」では状態をいうだけで、程度を増すという積極的な意味合いにならない。

第3章 故事・ことわざの勘違い

「蛙の子は蛙」は本来褒めことばではありません。
「人間至る所に青山あり」の「青山」は青々と樹木の茂った山のことではありません。
「情けは人のためならず」は他人を思いやって言うわけではありません。
このように、故事・ことわざは長い間に意味が曲解されて、
極端にいえば、逆の意味で伝わることさえあります。
褒めたつもりで言ったのに人を怒らせた、
などということにならないようにしたいものです。

悪女の深情け

――悪女は性悪女のこと？

この「悪女」は器量の悪い女のことで、性格の悪い女のことではない。器量の悪い女は情が深くて、男によく尽くすが、反面、嫉妬深いことをいう。また、ありがた迷惑のたとえにもいう。

後《あと》は野となれ山となれ

✕ 彼がいなくなったら、後は野となれ山となれで、自由にやろう

当面のことさえ済めば、あとはどうなろうと構わないということ。無責任極まりない態度をいうもので、束縛がなくなって自由に好き勝手にやっていいという意味合いには使わない。

蟻《あり》の這《は》い出るすきまもない

――「蟻の入り込むすきまもない」とは言わない

警備が厳重なことのたとえ。周りを完全に包囲されて、蟻一匹でさえそこから逃げられないような状態をいう。出ても入っても同じと思ってか、「蟻の入り込むすきまもない」という例が見られるが、それではわざわざ捕まりに包囲網の中に入ることになってしまう。奇襲作戦でもない限りそんなことはありえない。

いざ鎌倉

✕ 彼は自分に都合が悪いとなると、いざ鎌倉と逃げ出す

○ 急を聞いていざ鎌倉と駆けつけた

何か大変なことが起きて、すぐに行動を起こさなければならないときにいうことば。鎌倉時代に、幕府に重大事が起これば、諸国から武士が召集され、鎌倉にはせ参じたというのが由来で、謡曲『鉢の木』に謡われる。何をおいても駆けつけるのが本意で、決して、それっとばかりに逃げ出すことではない。

一姫二太郎

×子どもは一姫二太郎っていうから、女一人に男二人がいいね

「一姫二太郎」は、子どもは最初は女の子で、二人目は男の子がいいということ。そのほうが育てやすいとか、長男が家を継いだ時代に最初に男子が生まれなかったときの慰めのことばとして言ったとか、いわれには諸説ある。女の子一人に男の子二人という意味ではない。

一病息災《いちびょうそくさい》

×おばあさん、一病息災でなによりですね

「息災」は健康で無事なこと。「息」はやめる、尽きる、の意。一つくらい病気を持っている人のほうが、健康に注意するので、どこも悪くない人より長生きするということ。一つくらいといっても当の本人にはつらいことには違いなく、他人に向かってさもいいことのようにいうのは不適切である。

一将《いっしょう》功なりて万骨《ばんこつ》枯る

――「万骨」はたくさん苦労すること？

一人の大将が手柄をあげたかげには、多くの兵士が死んでいる。「万骨枯る」は多くの人が死に、その骨が白骨になるということ。「万骨」はたくさん苦労する意味ではない。功績は犠牲の上に成り立つもので、大将だけがたたえられるのを批判していうことば。

一炊《いっすい》の夢

――つかの間の夢には違いないが「一睡の夢」ではない

栄枯盛衰のはかないことのたとえ。昔、盧生《ろせい》という青年が趙《ちょう》の都邯鄲《かんたん》で、道士からそれをして眠れば栄華を手に入れられるという枕を借りて寝たところ、立身出世をした夢を見たが、目が覚めると、炊いていた粥がまだできておらず、それほどの短い間だったという、中国の故事による。「邯鄲の夢」「邯鄲の枕」ともいう。一眠りの間の夢の意と思い、「一睡の夢」とするのは間違い。

一寸《いっすん》の虫にも五分《ごぶ》の魂

――「盗人《ぬすびと》にも五分の魂」とは言わない

どんな小さな虫にも魂があるように、どんなに弱小の者でも相応の意地があるのだから、あなどってはいけないということ。「盗人にも三分の理（泥棒をするのにもそれなりのわけがある）」ということわざがあることから、混同して「盗人にも五分の魂」と言いがちだが、比喩としては「一寸の虫」であって、「盗人」ではない。

犬も歩けば棒に当たる

――これって良いこと？　悪いこと？

犬もむやみに歩くと、人に棒でなぐられるような痛い目にあう。何かをしようとすると、思いがけない災難にあうものだ、というのが本意。思いがけない幸運にあう、と良い意味に解釈する場合があるようだが、ちょっと無理があるのではないか。「棒」に当たれば痛いに決まっている。

井の中の蛙《かわず》大海を知らず

――世間知らずに非ず

✕ 大事に育てられて、井の中の蛙大海を知らずだ

狭い井戸の中にいるカエルは広い海があることを知らない。自分の狭い知識や考えにとらわれて、もっと広い世界があることを知らない、考えの狭いことのたとえにいう。深窓の令嬢や坊ちゃん育ちで、世間を知らない、という意味ではない。

芋の煮えたも御存じない

✕ 彼女は料理したことがないから芋の煮えたも御存じないのよ

○ 彼女はあいさつ一つできなくて、芋の煮えたも御存じない

芋が煮えたかどうかも分からないとは、世間知らずで常識のない人をあざけって言うことば。大事に育てられ、料理をしたこともない人という好意的な意味合いで言ったものではない。うっかり褒めことばのつもりで使うと、「芋の煮えたも御存じない」と言われかねない。

雨後《うご》の筍《たけのこ》

× あの子は雨後のたけのこのように、背が伸びた

○ 雨後のたけのこのように、あちこちにコンビニができた

雨が降ったあとには、たけのこが次々に生え出てくることから、同類のものが次々に現れることのたとえにいう。たけのこはあっという間に大きく伸びるが、背が伸びることのたとえではない。

牛に引かれて善光寺参り

× ゴルフの誘いを断りきれなくて、牛に引かれて善光寺参りさ

○ あなたのお誘いでよい講演が聴けて、本当に牛に引かれて善光寺参りでした

思わぬことがきっかけとなったり、人からの誘いで、信仰の道に入ったり、良いことに巡り合ったりすることのたとえにいう。いやいや連れて行かれたり、悪いめに遭うことではない。昔、長野の善光寺の近くに住みながら不信心な老婆がいた。ある日、干していた布を隣家の牛がひっかけて走っていくのを見て、追いかけて行った先が善光寺で、以後、仏を信心するようになったという説話によるもの。

瓜《うり》の蔓《つる》に茄子《なすび》はならぬ

——他人の子どもには言ってはならぬ

× 瓜の蔓に茄子はならぬっていうから、息子には期待しないほうがいいよ

平凡な親からは平凡な子しか生まれない、というたとえ。血筋は争えないということで、一般論として、あるいは、自分の子どもを謙遜していうことはあっても、例文のように直接他人の子どもについていえばトラブルになりかねない。「蛙の子は蛙」と同じである。反対は、「鳶《とび》が鷹を生む」という。

遅かりし由良之助《ゆらのすけ》

――由良之助は内蔵助《くらのすけ》のことだが

歌舞伎の『仮名手本忠臣蔵』で、家臣の大星由良之助が主君の切腹に間に合わなかったときのせりふ。そこから、遅すぎて用を成さないときにいうことばとなった。赤穂浪士の吉良邸討ち入りで知られる、浅野家の家老は大石良雄、通称内蔵助。そこで、「遅かりし内蔵助」といいがちだが、歌舞伎が元になっているので、「遅かりし由良之助」というのが正しい。

溺《おぼ》れる者は藁《わら》をも摑《つか》む

× 溺れる者は藁をも摑むで、先輩だけが頼りなんです

ひどく困難な状況にある者は、頼りになりそうにないものでもすがりつき頼ろうとする、ということわざ。「藁」は頼りないもののたとえ。自分のことを「藁」と思って頼ってくるなんて、たとえどんなにかわいい後輩でも、即刻絶縁だろう。

女は三界《さんがい》に家無し

――「三界」は「三階」に非ず

女性には世界のどこにも安住する場所はない、の意。「三界」は仏教語で、欲界、色界、無色界の三つの迷いの世界のことで、全世界を意味する。昔、女性は「三従」といって、家にいるときは父親に、嫁しては夫に、老いては子に従うものとされていたところからいう。「さんがい」を「三階」と思い、三階に住むところがない、の意と取るのは早計。

隗《かい》より始めよ

× 隗より始めよで、一から出直しだ

○ 隗より始めよで、まず提案者が自分から率先してやらなくては

どんな大事業でも、まず手近なところから始めるのがよいということ。また、言い出した者が率先して行うべきであるということ。単に、一から始める、あるいは一から出直すことではない。「隗」は中国戦国時代、燕《えん》の昭王に仕えた家臣、郭隗《かくかい》のこと。王が賢者を招く方法を隗に尋ねたところ、すぐれた人物を招きたいと思ったら、まず、自分のようなつまらない者を重用することから始めるのがよい。そうすれば、隗のようなものでも重用されるのならと、すぐれた人物が続々と集まってくる、と答えたという、『戦国策』に収められた話による。

蛙《かえる》の子は蛙

——褒めことばではない

× 親のあとを立派に継いで、さすが蛙の子は蛙だね

○ 蛙の子は蛙で、彼は父親と同じ役者の道に進んだ

子どもの成長にとって、ＤＮＡもさることながら、環境としても一番身近な存在である親の影響が大きいのは当然のこと。親の背中を見て育てば、結局は親と同じ道を歩くことになる。平凡な親から才能豊かな子どもが生まれれば、「とんびが鷹」を生んだことになるのだが、ふつうは「瓜の蔓に茄子はならぬ」「この親にしてこの子あり」で、平凡な親の子どもはやはり平凡であることのほうが多い。従って、このことわざ、けなすまではいかなくても、褒めことばとはいえない。「さすが蛙の子は蛙だ」などと感心していうような言い方には違和感が残る。「サラブレッド」から「サラブレッド」が生まれるのとは意味合いが違う。

河童《かっぱ》の川流れ

——楽しげに泳ぐこと？

泳ぎの得意である河童でさえ、川の流れに流されることがあるということから、名人、達人といわれる人でも失敗することがあるというたとえ。「猿も木から落ちる」と同じ。「川流れ」は川の流れに流されることで、川の流れに乗って楽しく泳ぐことではない。

我田引水

× 祖父は我田引水なまでに先祖の土地を守ろうとした

○ 彼の言うことは我田引水の感がある

他人の利益は考えず、自分にのみ都合のよいように言ったり振る舞ったりすることのたとえ。農業用の水は農民共有の財産。その水を自分の田にだけ引くことからいうもの。ただ強引に事を進めたり、頑固に片意地を通すといった意味では用いない。

金《かね》の草鞋《わらじ》で捜す

——ゴールドの草鞋？

鉄でできた草鞋はいくらはいてもすり切れないことから、根気よく捜し回る、の意。「金」をゴールドの「きん」と勘違いしないように。「きん」ではすぐにすり減って役に立たない。また、金銭のことでもない。

火中の栗を拾う

——火中の栗が拾われる？

✕ 倒産寸前の会社に援助する人が現れて火中の栗が拾われた

「火中の栗を拾う」は他人の利益のために危険を犯すことのたとえ。また、困難なことにあえて身を投じることのたとえにもいう。猿が猫をおだてて、炉の中の焼けた栗をとらせ、それを自分が食べた、という、ラ・フォンテーヌの寓話からで、人のために危険を犯すという行為にことわざの主意がある。従って、「火中の栗」を困難な状況にあるもの、この例でいえば、倒産寸前の会社のたとえとして用いるのは間違い。

鼎《かなえ》の軽重《けいちょう》を問う

✕ うっかり秘密をもらして、鼎の軽重を問われた

○ 首相としての鼎の軽重を問われる

権力者としての実力を疑うこと。また、統治者を軽んじて、その地位を奪おうとすることをいう。行いの軽薄さをとがめる意味ではない。「鼎」は昔、飲食物を煮るのに用いた金属製で三脚のかまのこと。古代中国で全国から集めた銅で九つの鼎を作り、王家の宝としたことから、帝位の象徴を意味する。楚《そ》の荘王が周の定王をあなどって、無礼にも周王室の宝である九鼎《きゅうてい》の大小・軽重をたずねたという、『春秋左氏伝』の故事から。

枯れ木も山の賑《にぎ》わい

× 部長もぼくらの新年会に来てください。枯れ木も山の賑わいっていいますから

こんなことを言った翌日には自分の席はないと覚悟したほうがよいかもしれない。「枯れ木も山の賑わい」は、枯れ木でも何もなくてさみしい山よりまし、の意。つまらないものでもないよりましだというたとえにいう。あくまでへりくだっていうことばで、「賑わい」に引かれて、にぎやかになっていいという、良い意味で使ってはいけない。

かわいい子には旅をさせよ

× かわいい子には旅をさせろっていうから、たっぷり小遣いをもたせてやった

甘やかさずに手元から離して、世間の苦労を経験させたほうが、結局は子どものためになる、ということ。あえて世間の荒波に放り出すことが親の役目で、全費用を出して、なんの不自由もなく旅行させたり留学させたりするようなことではない。

棺《かん》を蓋《おお》いて事定まる

× 棺を蓋いて事定まるで、死んだらそれまでだ

○ 棺を蓋いて事定まるで、生きているうちの評価はあてにならない

「棺を蓋う」はひつぎのふたをすること。人は死んで初めて真の評価が定まるということで、死んでしまえば終わりであるという意味ではない。

雉《きじ》も鳴かずば打たれまい

× 雉も鳴かずば打たれまいってね。でしゃばらないで静かにしていたほうが賢明だ

雉も鳴かなかったら、猟師に撃たれることはない。無用なことを言ったばかりに災難を招くことになる、ということわざ。「鳴く」はものを言うことのたとえで、でしやばったり目立つことをして非難されるという意味ではない。

腐っても鯛《たい》

× 昔の肩書きは腐っても鯛だ
× 社長の息子は腐っても鯛だ
○ 大工の棟梁は引退しても腕は落ちていない。さすが腐っても鯛だ

本当に価値のあるものは、たとえ古くなったり落ち目になったりしてもそれなりの価値は失わない、ということ。すでに価値がなくなっているものに対して「腐っても鯛」とはいわない。また、二例目のように、能力は劣っても素性は良いという意味合いでもない。鯛は「魚の王様」と呼ばれ、姿よし、色よし、味よしの三拍子がそろっていて、祝いの席には欠かせない。正月の飾り物にも使われ、時間が経てば焼くなど、少々古くても食べられたことからいわれるようになった。からかい気味にいうことが多く、褒めことばではない。

口も八丁手も八丁

× 彼は口も八丁手も八丁なので出世が期待できる
○ 彼は口も八丁手も八丁で、上役に取り入るのがうまい

言うこともやることも達者ということ。「八丁」は八種類の道具を使いこなすほど達者の意。「口八丁手八丁」ともいう。口先ばかりで実が伴わない、どことなく油断できない、といったニュアンスで使われることが多く、良い意味や褒めことばとしては使わない。

国破れて山河あり

——「国敗れて山河あり」ではない

国は滅びてしまったが、山や河だけは昔のままである。杜甫の詩、「春望」からで、世の中の移り変わりを嘆いたもの。「やぶれて」は破滅する、滅びる、の意で、「破れて」と書く。戦いに負けたということではないので、「敗れて」とするのは間違い。

君子は豹変《ひょうへん》す

――本当は良い意味だった

考え方や態度が急に変わる、変わり身が早いなどと、悪い意味で用いられ、一般に通用しているが、本来は、君子は過ちに気づくとすぐに改める、の意で、『易経』から出たことば。「豹変」はヒョウの斑紋が季節によって美しく変わることで、もとは良いほうに変わることをいう。悪い方向に変わる意味に用いられるようになったのは、いくら君子（人格者）といえども、自分の都合で態度をころころ変えることがあるじゃないかという、一般世人の実体験によるのかもしれない。

逆鱗《げきりん》に触れる

× いたずらをして友達の逆鱗に触れた

○ 不用意な発言が大臣の逆鱗に触れた

「逆鱗」は竜のあごの下に逆さに生えたうろこのこと。それに触れると竜が怒って、その人を殺すという、『韓《かん》非子《ぴし》』の故事にちなむ。天子または目上の人をひどく怒らせる場合に用いることばで、目下は当然のこと、同等や先輩くらいではふつう用いない。

後悔先に立たず

――「後悔後に立たず」？

事が終わってから後悔してもどうにもならない。「後悔」は文字通り、あとになって悔いること。前もって後悔することはありえないので、「先に立たず」であって、「後に立たず」では意味をなさない。ちなみに、「後になって後悔する」ということがあるが、重ねことばで不自然な言い方である。

好事魔多《こうじま》し

× 電車内には好事魔多しだから気をつけて

○ 順調なときほど好事魔多しってね。気を引き締めていこう

「好事」は良いこと、「魔」は邪魔、の意。良いことには、ややもすると邪魔が入りやすいということ。順調に事が運んでいるときに限って、思わぬ障害が起きることはよくある。うまくいっていても、ちょっとした気の緩みや油断は禁物ということだろう。「好事魔」という字面から、好色な人や痴漢のことと思うのは間違い。

前門の虎《とら》、後門の狼《おおかみ》

——「前門の狼、後門の虎」、逆は真ならず

一つの災難を逃れて、またすぐ別の災難にあうことのたとえ。中国元の趙弼《ちょうひつ》が書いた『評史』の中の、「前門に虎を拒《ふせ》ぎ後門に狼を進む」によるもの。従って、虎と狼を逆にいうのは間違い。

呉越同舟《ごえつどうしゅう》

✕ あなたも京都へ? 私も同じです。ここは呉越同舟で仲よくやりましょう

○ 法案を通すためには各派閥が呉越同舟でいくしかない

仲の悪い者同士が、同じ場所や境遇にいること。また、敵と味方の間柄でありながら、共通の利害に対して助け合うことをいう。「仲が悪い」「敵と味方」というのが大前提で、そうではない場合には用いない。中国の春秋時代に、敵対する呉と越の国の人が同じ船に乗り合わせ、嵐にあったならきっと助け合って窮地を脱しただろうという、『孫子』にあることばから。

虎穴《こけつ》に入《い》らずんば虎児《こじ》を得ず

✕ とにかく本人に会って頼んでみれば。虎穴に入らずんば虎児を得ずっていうから

「虎穴」は虎のすむ穴で、きわめて危険な場所のたとえ。虎のすむ穴に入らなければ、虎の子を捕まえることはできない、の意で、危険を冒さなければ大きな成功は得られないということ。「虎穴に入る」とは、危険を冒すことで、たとえ手強《てごわ》い相手であっても、その懐に思い切って飛び込むという意味ではない。当たって砕けろ、といった意味合いで使うのは間違い。

五十歩百歩

×ゴッホもピカソもすばらしい画家で五十歩百歩ね

○二人ともゴルフ歴は長いが、腕前は今一つで五十歩百歩だな

戦場で、五十歩逃げた兵士が百歩逃げた兵士を見て笑ったという、中国の『孟子』にある故事からで、どちらも逃げたことには変わりなく、似たり寄ったりで大差がないことのたとえにいう。どっちもどっちということで、良い意味には使わない。双方共すばらしく優劣の区別ができないのであれば「甲乙付けがたい」という言い方がある。

ごまめの歯軋《ぎし》り

×ごまめの歯軋りで、子どもがいきり立ってもむだだ

○平社員がいくら怒ってもごまめの歯軋りに過ぎない

「ごまめ」は片口いわしを干したもの。肥料にして田にまくと米の収穫が増えるということから「田作り」ともいって、お節料理には欠かせない。「ごまめの歯軋り」とは、能力のない者がいくら悔しがったり怒ってみたところでむだなことのたとえにいう。弱小の者に対して、見下したような意味合いで用いる。ごまめは小さな魚だが、子どものことではない。

鹿を逐《お》う者は山を見ず

×鹿を逐う者は山を見ずだ、よそ見をせず集中しろ

○事業拡大もいいが、まず基盤を固めなくては。鹿を逐う者は山を見ずというからね

鹿を捕らえようと追いかけることだけに夢中になっている者は、山全体のことを見失う、の意。一つのことに夢中になるとほかのことを顧みる余裕がなくなること。また、目先の利益ばかり追いかけていると別の大切なことを見失うことのたとえ。出典は、中国前漢の思想書、『淮南子《えなんじ》』から。「山を見ず」は(鹿だけを追いかけることに専念して)山を見るな、つまり、よそ見をするなということではない。

児孫《じそん》のために美田を買わず

× 児孫のために美田を買わずっていうから、荒れた田を買おう

○ **財産は残さないよ。児孫のために美田は買わずだ**

子孫のためによく肥えた田は買わない、の意。子孫に財産を残すとそれに頼って安楽な暮らしをさせることになり、ためにならないから財産は残さないということ。西郷隆盛の七言絶句の一節である。

柔《じゅう》よく剛《ごう》を制す

――**「柔よく強を制す」とは言わない**

やわらかくしなやかなものが、その柔軟性ゆえに、かたくて強いものに勝つことができる。転じて、一見、弱そうな者がかえって強い者に勝つことをいう。中国の兵書、『三略』にあることばで、続けて、「弱よく強を制す」という。「柔」に対する語は「剛」で、「弱」に対する語は「強」である。

出藍《しゅつらん》の誉れ

× お弟子さんも立派になられて、出藍の誉れですね

弟子が教えを受けた師より優れているという意味だが、あくまで客観的評価。師匠本人に言っては失礼にあたる。「青は藍より出でて藍より青し」(藍からとった青色は藍よりも青い)という、中国戦国時代の『荀子《じゅんし》』にあることばから。

白川夜船《しらかわよふね》

× 白川夜船で花火を見て楽しんだ

○ **夜、近所で火事があったのに白川夜船で何にも知らなかった**

京都見物に行って来たとうそをついた男が、白川(地名)はどうだったと聞かれ、川の名と思って、夜中に舟で通ったから知らないと答えたという逸話から、知ったかぶりをする意味になった。また、夜ぐっすり寝込んで、何が起きたか知らない、の意味でも用いる。夜、舟遊びすることではない。

死んで花実がなるものか

――「花実」であって「花見」ではない

死んでしまえばすべておしまいで、生きていればこそよいことがある、ということ。「死んで花実が咲くものか」ともいう。「花実」を「花見」と勘違いして、死んだら花見もできないの意味に取るのは大間違い。

すべての道はローマに通ず

× すべての道はローマに通ずだ、そのうちなんとかなるさ

○ すべての道はローマに通ずだ、いろんなやり方があっていい

ローマ帝国全盛のころ、帝国内の道はすべてローマの都に通じていたことから、方法や手段は違っても目的は一つである、真理は一つであることのたとえにいう。あれこれやっているうちになんとかなる、といった意味ではない。

住めば都

――住むなら都がいい？

× こんな田舎にいるより、やっぱり住めば都、東京に行こう

○ ここは駅から遠くて不便だけれど、住めば都でね

どんな所でも、住んでみたらそこが自分にとって一番住みやすい場所になるということ。「都」は都会、ましてや東京や京都のことではない。

寸鉄《すんてつ》人を刺す

× 強盗が寸鉄人を刺した

○ 寸鉄人を刺す批評

「寸鉄」は小さな刃物のことで、短く鋭いことば、警句のたとえにいう。小さな刃物でも急所を刺せば人を殺すことができるように、短くて鋭いことばもまた、人の急所を突くことができるということ。一瞬にして人を刺して殺す、という意味ではない。

前車の轍《てつ》を踏む

× 前車の轍を踏んで、私も先輩を見習います

○ 前車の轍を踏まないようにする

前の人と同じ失敗をすること。前の人の経験を見習うという、良い意味ではない。「轍」は車の通ったあと、わだちのこと。前車が覆るのを見たならば、後車は前車と同じわだちを行くべきではないという、『漢書』の故事から。ちなみに、前の人の失敗は後の人の教訓になるという意味では、「前車の覆るは後車の戒め」という。

袖《そで》振り合うも多生《たしょう》[他生]の縁

——多少の縁？

知らない人と道で通りすがりに袖を触れ合うだけのかかわりでも、偶然ではなく前世からの因縁によるものだということ。出会うべくして出会ったという、縁の不思議さをいう。「たしょう」を「多少」と勘違いし、ほんの少しの縁、ちょっとした縁という意味に理解するのは間違い。また、「振り合う」を「擦り合う」というのも間違いである。

他山の石

——いったいどんな石？

× 先輩のやり方を他山の石として見習う

× そんなこと、私には他山の石だ

○ 彼の失敗を他山の石として、慎重に事を進める

中国最古の詩集、『詩経』の「他山の石、以て玉を攻《おさ》むべし（たとえよその山から出た粗悪な石であっても、自分の宝石を磨くのには役に立つ）」によるもので、「他山の石」とは、他人の間違った言行でも、自分を磨く上で役に立つことのたとえにいう。いわば反省材料として、そうならないようにという意味の戒めのことばであって、よい手本や教訓にするという意味ではない。また、目上の人の言行について用いたり、自分には関係ないことの意味に用いるのも間違いである。日本では、同じような意味で、「人の振り見て我が振り直せ」ということわざがある。

玉に瑕《きず》

たまには瑕もある？

× 全部がいいわけではなくて、たまには瑕もある
○ 真面目なのはいいが、気が短いのが玉に瑕だ

「玉」は丸い形をした美しい石のことで、特に真珠をさしていう。「玉に瑕」とは、完全と思われるものに、わずかの欠点があるというたとえ。聞き覚えで、「玉に」を「偶に（たまに）」と思い違いし、完全といっても、たまにはきずもある、の意味に取るのは間違い。

「朝令暮改」と「朝三暮四」

くるくる変わるのはどっち？

× 部長の言うことは朝三暮四（○朝令暮改）であてにならない

似たような四字熟語で、しばしば混同して用いられる。「朝令暮改」は朝に命令したことを夕方には変更する、の意。命令や法律、主義主張がひんぱんに変わって一定しないことをいう。一方、「朝三暮四」はことば巧みに人をだますこと。また、目先の違いばかりにこだわって、結果が同じであることに気づかないことをいう。昔、中国の狙《そ》公が飼っている猿に、木の実を朝三個、夕方四個与えるといったら猿が怒ったので、朝四個、夕方三個にすると数を逆にしたら喜んだという故事による。

沈黙は金《きん》なり

「金」はゴールドのこと

西洋のことわざで、続けて「雄弁は銀」という。何も語らないほうが、時には多く語るより勝っている、の意。しゃべり過ぎることへの戒めである。単独で「沈黙は金なり」ということが多いが、「金」を「かね」と勘違いしないように注意。

角《つの》を矯《た》めて牛を殺す

強敵を倒すこと？

「矯める」とは、曲がったものをまっすぐにすること。

牛の曲がった角を直そうとあれこれいじったあげくに、結局は牛を死なせてしまったことから、少し欠点を直そうとして、かえって全体をだめにすることのたとえにいう。角をとがらせ(闘志満々で)、強敵を倒すという意味ではない。

出る杭《くい》は打たれる

——「出る釘は打たれる」とも言うが

杭は並べて同じ高さになるように打つ。少しでも出ている杭があれば打ってそろえる。人間の世界も同じで、人より抜きん出て優れていればねたまれ、差し出がましいことをすればうとまれ、そして制裁を受けることになる。「杭」を「釘」という例があるが、横並びをよしとする意味合いからは、やはり「杭」のほうが比喩に合っているだろう。

同床《どうしょう》異《い》夢《む》

✕ 同床異夢で、夫婦仲が悪い

同じ床に寝ていながら、それぞれが違う夢を見ている、の意。同じ組織にいて、同じことに関わっていながら、それぞれの考えや目的が違っていることをいうもので、夫婦仲とは関係ない。

鳶《とび》が鷹を生む

✕ おたくの息子さん、一流大学に入ったそうで、鳶が鷹を生んだね

平凡な親から、優れた子どもが生まれることのたとえにいう。周りの者がそんな親子を評して言ったり、親自身が謙遜して言うようなことはあっても、他人が直接当の親に言っては失礼になる。「とび」は「とんび」ともいう。反対の意味では、「蛙の子は蛙」「瓜の蔓《つる》に茄子《なすび》はならぬ」という。ところで、鳶と鷹の関係であるが、どちらも同じタカ目タカ科だが、鳶より鷹のほうが大きく、猛禽である。また、狩猟能力が高く、昔から鷹狩りが行われるなど、人との関わりにおいても鷹のほうが優れているとされる。

どんぐりの背比べ

× どのお菓子もおいしそうで、どんぐりの背比べね

○ 今年の新入社員はどんぐりの背比べで、使いものにならない

どれも似たり寄ったりで、特に優れているものはいないということ。おしなべて程度が低いとけなして言うことばなので、良いもの、優れたものがずらっと並んでいて比較するような場面には使えない。

泣いて馬謖《ばしょく》を切る

× 泣いて馬謖を切るで、親友を裏切ってしまった

○ 泣いて馬謖を切るで、失敗した部下を左遷させた

命令に背き規律を乱した者はたとえ腹心の部下であっても私情を捨てて処分するということ。中国、三国時代の蜀漢《しょっかん》の宰相、諸葛孔明《しょかつこうめい》が、自分の命令に背いて大敗を招いた罪で、かわいがっていた馬謖をやむなく処刑したという故事による。泣く泣く人を裏切ることではない。

流れに棹《さお》差す

——流れに逆らうこと？

川を下るとき、川底に棹を突きさして舟を進めることから、順調に物事を進める、時流に乗る、の意。棹を突きさすのは流れに逆らうこと、よって、時流に逆らうことと反対の意味に取るのは間違い。ちなみに、夏目漱石の『草枕』の冒頭に有名な一節、「情に棹させば流される。兎角人の世は住みにくい」がある。この「情に棹させば流される」も、情に逆らうことではなく、情に任せれば、の意味である。

泣く子と地頭には勝てぬ

——「泣く子と地蔵には勝てぬ」とは言わない

道理を説いてもわからない者と争ってもむだであるということ。「地頭」とは、平安時代、荘園の管理をした荘官のこと。鎌倉時代になると治安維持や徴税のために全国の公領や荘園に置いた後家人をいい、室町時代には大名から知行地をあたえられた家臣をいうようになった。勝てないのは、泣いて聞き分けのない子どもと、警察権を持ち税を取り立てる地頭であって、地蔵ではない。ちなみに、地蔵は子どもや旅人を守る菩薩のこと。

無くて七癖

✕ 無くて七癖で、だれでも七つくらい癖はある

人間だれでも、無いように思っても実はたくさんの癖があるということ。「七癖」の「七」は、限定していう数ではなく、たくさん、の意である。

情けは人のためならず

——情けは人をだめにする？

✕ 彼にお金を貸すのはやめた。情けは人のためならずっていうからね

人に親切にすれば、巡り巡って結局は自分のためになる、ということ。近年、情けをかけるとその人のためにならない、という意味に使うことがあるようだが、曲解である。

人間《にんげん》至る所に青山《せいざん》あり

——「青山」は青々と樹木が繁る山？

「青山」とは墓のこと。人はたとえどこで死んでも、骨を埋めるところくらいはある、の意。故郷ばかりにこだわらずに、広く社会に出て大いに活躍すべきだという、若者への激励のことば。幕末の僧、月性《げっしょう》の『清狂遺稿』から。「人間」は「じんかん」とも読み、人の住む世界、世間、の意。「青山」を青々と樹木の繁った山、さらに連想を広げて良い所の意味に理解するととんちんかんなことになる。

濡れ手で粟《あわ》

——「濡れ手で泡」ではない

水で濡れた手で粟をつかめば、手にたくさん粟粒がついてくる。苦労しないで利益を得ることのたとえにいう。「粟」を「泡」と勘違いする人がいるが、泡がくっついてきても、すぐにはじけるだけで、第一、泡では何の役にも立たない。

敗軍の将《しょう》、兵を語らず

× 敗軍の将、兵を語らずだ、兵士のせいにはしない

○ 敗軍の将、兵を語らずだ、批判は甘んじて受ける

戦いに負けた将軍は兵法を語る資格はないという、『史記』にあることば。「兵」は兵士ではなく、兵法のことである。物事に失敗した者はそのことについて語る資格はないということで、自分の責任で人のせいにしないという意味ではない。

番茶も出花

× おたくのお嬢さん、番茶も出花できれいになられましたね

安い番茶でもいれたてはおいしい。「鬼も十八番茶も出花」で、どんなに不器量な娘でも、年頃になればそれなりにきれいになる、の意。周りの者がからかい気味に言うことばである。決してほめて言うわけではないので、親や娘本人に向かって言ってはいけない。

庇《ひさし》を貸して母屋を取られる

――「軒を貸して母屋を取られる」とは言わない

一部を貸したために全部を取られること、また、恩をあだで返されることのたとえ。「庇」は縁側や出入り口、窓などの上に張り出した片流れの小屋根のこと。「軒」は屋根の下端の張り出した部分のこと。雨宿りに借りるのはこの軒先である。どちらも似たような場所なので、混同しがちだが、このことわざの場合は「庇」である。「軒」については、「軒を並べる」「連ねる」「軒を争う」といった慣用句がある。

火のない所に煙は立たない

――「火のない所に炎は立たない」とは言わない

うわさが立つのは、なにかしら原因になることがあるからだということ。「火」という原因があって「煙」という現象、結果が生じることになる。「炎」は燃えている火の先端部分のことで、「火」と「炎」は原因に対する結果という関係にはならない。従って、「火のない所に炎は立たない」では意味をなさない。

瓢簞《ひょうたん》から駒

× 散歩の途中で財布を拾った。瓢簞から駒だよ

○ 瓢簞から駒で、料理の本を出すことになった

「駒」は馬のこと。小さな瓢簞から馬が出るわけはなく、実際にはありえないことや思いがけないことが実現することのたとえにいう。特に、冗談で言っていたことが本当に起こってしまうことをいう。思いがけなく良いことに遭遇する、得をするといった意味ではない。

下手《へた》の考え休むに似たり

× 下手な考え休むに似たりってね。つまらない考えはよしなさい

この「下手」は囲碁や将棋の下手な人のこと。下手な人がいくら時間をかけて考えてもそうそういい手は浮かぶはずもなく、結局なにもしていないのと変わりはない、ということで、相手の長考をからかっていうことば。転じて、知恵のない者がいくら考えたって時間の無駄ということ。「下手の考え」を「下手な考え」と言ったり、つまらない考え、馬鹿な考えという意味に取るのは間違いである。

馬子《まご》にも衣装

× 課長、馬子にも衣装で、そのスーツよくお似合いですよ

「馬子」は馬を引いて人や荷物を運ぶ人のこと。ふだんは粗末な身なりをした馬子でも、ちゃんとした物を着ればそれなりによく見える。だれでも衣装がよければ立派に見えるというたとえ。同等の者や目下の者に対してからかい気味にいうことばなので、目上の人に言ったら失礼極まりない。褒めた積りがとんだお叱りを受けることになる。

娘一人に婿《むこ》八人

「娘一人に婿七人」とは言わない

一人の娘に求婚者が何人もいること。また、一つしかないものに希望者が多いことのたとえ。「八人」は数の多さをいうもので、「婿十人」とも「婿三人」ともいう。同じように「七」も数が多い意味で用いるが、このことわざの場合は七人とはいわない。

求めよ、さらば与えられん

求めよ、さらば与えられん、叩けよ、さらば開かれん

× 求めよ、さらば開かれん

『新約聖書』のマタイ伝七章に記されるイエスのことば。ひたすら神に祈れば、神から正しい信仰心が与えられるだろうという意味で、転じて、何事も自分から積極的に行動すれば成果が得られるという意味にも用いられる。このことばのあとに「叩けよ、さらば開かれん」と続く。前後のことばを混同してしまって、「求めよ、さらば開かれん」と言うのをよく耳にするが、これでは意味が通じない。

焼けぼっくいに火が付く

「焼けぼっくい」は「焼けぼっくり」？

一度縁が切れた男女が、なにかの拍子にまた元の仲に戻ることをいう。「ぼっくい」は「棒杭」または「木杭」と書き、棒状の杭のこと。燃えさしの杭は火がつきやすいことからいうもので、「焼けぼっくい」は焼けた栗や松ぼっくりのことではない。

横車を押す

× やりたいようにやるんだから、横車を押さないでくれ

○ 彼が横車を押したので、審議がストップした

車は前後に回転して動かすもので、横から押しても動かない。理不尽なことを無理に押し通そうとすることのたとえにいう。「横から口を出す」「横槍《よこやり》が入る」とか、「横恋慕する」などからの連想で、人の邪魔をする意味に使うのは間違い。

李下《りか》に冠を正さず

✖ 間違っていたと思ったら李下に冠を正すべきだ

スモモの木の下で、曲がった冠を直すと、実を盗んでいるように見えることから、あらぬ疑いをかけられるような行いは慎むべきだというたとえ。中国南北朝時代の詩文集『文選《もんぜん》』からで、あとに「瓜田《かでん》に履《くつ》を納《い》れず」と続く。例文のように、行いを正すという意味で「李下に冠を正す」というのは全くの間違い。

類は友を呼ぶ

——「友は類を呼ぶ」とは言わない

気の合った者や似たところのある者は自然と集まってくるということ。「類」は共通点のある仲間、の意。共通点があると、それをお互いに感じ取って集まり、友達になる、というわけで、友達が似た者を集める、「友は類を呼ぶ」わけではない。

禍《わざわい》転じて福となす

——「過ち転じて福となす」とは言わない

身にふりかかった禍、災難を逆に利用して、幸いになるように取りはからうこと。「禍」を字形が似ていることから「過ち」と勘違いし、失敗や過失の意味に取るのは間違い。ちなみに、出典は中国の『戦国策』で、後に「敗に因《よ》りて功を為す（失敗をもとに成功に導くようにする）」と続く。

第4章

語法の間違い・勘違い

「いさぎよい」を「いさぎがいい」、「とんでもない」を「とんでもありません」というなど、本来一語のことばを分解し、変化させて使っていませんか。

「ぼく的には」「私って絵が好きじゃないですか」「絵とか好きです」のようなことば遣いは若い人特有のものでしたが、今や年齢層を広げつつあります。でも、これってちょっと変じゃないですか？

味あわせる？

× 物作りの面白さを味あわせてもらった
○ 物作りの面白さを**味わわせて**もらった

右の例文は、あることを体験によって実感する意味での「味わう」を使役の形で表現しようとしたものである。「味わう」はワ行五段活用の他動詞（あじわ＝わ・お／い／う／う／え／え）。その未然形に使役の助動詞「せる」がついて、「味わわせる」となる。さらに、その連用形「味わわせ」＋「て」＋「もらう」の形で、他人による行為の恩恵を与えられる意を表す言い回しになる。従って、「味わわせてもらった」というのが正しく、「味あわせてもらった」というのは完全に間違いである。基本形の「味わう」を「味あう」と間違えることはないと思うが、変化形の「あじわわせる」は「わ」が重なって言いにくいことや、「味」＋「合わせる」で「あじあわせる」と言うものと思い込んだことなどが、間違いの要因になっているのかもしれない。

「能《あた》う限り」か「能《あた》うる限り」か

× 能うる限り努力する
○ 能う限り努力する

できる限り、の意で、正しくは「能う限り」。「能う」は五段活用で、終止形と連体形は「能う」。従って、「能うる」とは活用しないので、「能うる限り」とするのは間違い。同義の「できうる限り」からの類推から生じた誤用だろう。

呆気《あっけ》に取らせる？

× そこにいた人たちを呆気に取らせた
○ そこにいた人たちは呆気に取られた

意外なことに出あって驚きあきれることを「呆気に取られる」というが、人を驚きあきれさせる意味で「呆気に取らせる」というのは間違い。そもそも「呆気に取る」という言い方はないので、その使役形の「呆気に取らせる」という言い方も成り立たない。前者の例文は「そこにいた人たちを驚きあきれさせた」というべきところである。

「ありえる」はありうるか

○ 出発が遅れることはありうる（△ありえる）

○ それは大いにありうる（△ありえる）話だ

「ありうる（有り得る）」は、ある可能性がある、の意。本来は、文語の「ありう」（下二段活用　あり＝え／え／う／うる／うれ／えよ）の連体形で、それが口語では終止形にも使われるようになったもの。近年は「ありえる」という言い方をすることがあるが、「得《う》る」を「える」と読み、さらに、否定形に「ありえない」があることからも誤認して言うようになったものと思われる。「ありうべからざる」のような慣用表現は別として、実際には文語の認識が薄くなって、終止形と連体形に「ありえる」の使用が慣用化している。

いさぎがいい？

× 自分から辞めるなんていさぎがいい

○ 自分から辞めるなんていさぎよい

「いさぎがいい」という言い方には二ヶ所の間違いがある。正しくは「いさぎよい」で、漢字では「潔い」と書く。「勇清し（いさきよし）」の意からで、「いさぎよい」で一語の形容詞である。それを「いさぎ」＋「よい」の意味に取り、「いさぎがよい」というのは間違い。そもそも「いさぎ」などということばはない。さらに、「よい」を口語で「いい」と言い換えたのは、二重の誤り。ここはいさぎよく誤りを認めて、正しい言葉遣いをしてもらいたいものである。

いただいてください？

× つまらない物ですけれど、どうぞいただいてください

○ つまらない物ですけれど、どうぞ召し上がってください

客に何か食べ物を出して、その客から「いただいてもいいですか」と聞かれたときに、「どうぞどうぞいただいてください」と答えてしまっていることはないだろうか。相手のことばにつられたということもあるかもしれないが、「いただく」というのは、この場合は食べる意味の謙譲語であるから、客が食べることに対して使えば、客にへりくだらせることになり、失礼極まりない。また、こんな敬語の用い方はありえない。ここは「召し上がってください」と尊敬語で答えるべきである。

「憂い」か「憂え」か

× 子どもの将来を憂い、対策を講じる
○ 子どもの将来を憂え、対策を講じる

「憂える」は下一段活用なので、連用形は「憂え」である。文語なら「憂ふ」の連用形は「憂ひ」でよいが、それを「憂い」として口語文の中で用いるのは好ましくない。ちなみに、名詞の「憂い」も元は「憂え」で、中世以降「憂い」に転じたものである。

お訴えをさせていただく

――訴えたければ勝手に訴えれば？

「皆様に政策のお訴えをさせていただく次第であります」とは選挙時の政治家の言い癖。ほかにも、「お申し込みをさせていただく」といった言い方をよく耳にする。「…させていただく」というのは、相手の許容を前提に、自分から何かをするときに用いる、へりくだった言い方である。たとえば、「欠席させていただきます」「拝見させていただきます」のように、「…」の部分は自分の行為を表すことばがくる。そこに、さらに丁寧に「お」「ご」をつけて、「お[ご]…させていただく」という場合には、敬語の別の要素が加わってくる。「…」には、「お電話させていただく」「ご説明させていただく」のように、自分の行為が相手にも関わりをもつものがくるのが原則である。ということは、「訴え」「申し込み」というのは自分の一方的な行為にすぎず、この条件を満たさない、つまり、「お訴えをさせていただく」「お申し込みをさせていただく」などという、持って回った言い方は成立しないことになる。何にでも「お」「ご」を付け、「…させていただく」とさえ言っておけば、少なくとも相手を敬うことになり、ほどよい距離感が保てる、といった心理が働いているのかもしれない。しかし、言われた方としてみれば、さほど尊敬されているとも思わないし、必要以上に丁寧な分、逆に一種馬鹿にされたように感じるのも事実である。いくら丁寧でも、間違った用法は慎みたいものである。

多いめ？

× 砂糖は多いめに入れてください
○ 砂糖は多めに入れてください

「め」は形容詞の語幹・動詞の連用形に付いて、そのような度合いや傾向を持つことを表す。「多い」の語幹は「おお」なので、「多め」となり、「多いめ」とはならない。また、よく間違える例に、「薄め」を「薄いめ」といってしまうことがある。これは反対語が「濃いめ」で、例外的に連体形に付くことから引っ張られて言ってしまうようである。このような特殊な例を除いて、形容詞の場合は基本的には「浅め」「短め」のように語幹に付くので間違えないようにしたい。

置き去る？

× 子どもを公園に置き去った
○ 子どもを公園に置き去りにする

人や物をその場に置いたままどこかに行ってしまうことを「置き去りにする」という。たとえば、「置き換える」の連用名詞が「置き換え」であるように、「置き去り」を「置き去る」という動詞の連用名詞と思ったのかもしれないが、「置き去る」とはふつういわない。「投げ売り」とはいっても、「投げ売る」とはいわないなど、慣用的だが同様の例は少なくない。

おぼつきません？

× これでは成功はおぼつきません
× これでは成功はおぼつかぬ［おぼつくまい］
○ これでは成功はおぼつかない

「おぼつかない」は疑わしい、確かではない、といった意味で、これで一語の形容詞。「おぼつかな」が語幹で、「い」

が語尾。従って、動詞「おぼつく」を否定したものと思い、「おぼつかぬ」「おぼつくまい」「おぼつきません」などと変化させて言うのは間違い。「おぼつく」という動詞はもちろんない。漢字では「覚束無い」と書くが、当て字。ちなみに、「おぼ」は「おぼろ（朧）」の「おぼ」と語源が同じで、ぼんやりした、はっきりしない、の意。古語は「おぼつかなし」という。

おもねず？

× だれにもおもねず、自分らしく生きる
○ だれにもおもねらず、自分らしく生きる

「おもねる」は相手の機嫌をとって気に入られようとする、へつらうことで、「阿る」と書く。ラ行の五段活用（おもね＝ら・ろ／り／る／る／れ／れ）なので、否定形は未然形の「おもねら」に否定の助詞「ず」が付いて、「おもねらず」となる。下一段活用と思って、「おもねず」とするのは間違い。

可及的《かきゅうてき》——これで副詞

× 可及的にすみやかな処理
○ 可及的すみやかに処理する

「可及的」はできるだけ、なるべく、の意で、副詞。形容動詞ではないので、「可及的な」とか「可及的に」などとは用いない。「可及的すみやかに」は公文書などで多く用いられる慣用表現。

…からお預かりします？

× 千円からお預かりします

スーパーやレストランなどで支払いをしようとお金を出すと、「千円からお預かりします」のようにレジの人から言われる。よくよく注意して聞いていると、料金とぴったりの額を出したときには、「950円ちょうどいただきます」のように言い、おつりが必要なときに「…からお預かりします」と言い分けているようである。とすれば、この「から」は人からではなく、千円の中「から」代金を、ということなのだろう。ここまでは理解したとして、「お預かりします」と続くのはなぜか。「預かる」は他動詞なので目的語が必要であるが、それらしきことばはない。内容としては、客が出したお金におつり分が含まれているので、一時預かるだけですよということを言いたいのであろうと推測したが、それならば「千円をお預かりします」と言えばすむ。何から何を、だれから何を預かるのか、という核心となる部分があいまいなまま、文法上も「から」と「預かる」の関係にねじれ現象が起きているのが、このことば遣いに違和感を覚える最大の要因であろう。正確に言えば、「あなた様から千円をお預かりし、その中から代金の950円をいただきます」となるところを、凝縮、省略し、「千円からお預かりします」と言う。日本語は主語や目的語がなくても成立するとよくいわれるが、ことばにしていない部分までお互いの了解事項としてしまう、まさに日本人ゆえの日本語の魔術なのかもしれない。

「綺羅星《きらぼし》」なんて星はない
――綺羅、星《ほし》の如く

× 舞台に綺羅星が勢ぞろいする
× この会社には綺羅星がひしめいている
× 夜空に綺羅星が輝く
○ 優秀な新人が綺羅、星の如く現れた

美しく輝く星の意味で「綺羅星」というのは本来は誤用である。「綺羅」は綾織の絹と薄絹の意で、美しい衣服のことをいう。転じて、美しさやはなやかさのことにもいい、「綺羅を飾る(美しく着飾る)」「綺羅を競う(美しさを競う)」のように用いる。また、衣服の美しさやはなやかさが夜空に輝く星のようであるという意味で「綺羅、星の如く」といい、美しい人や有能な人が大勢いることのたとえとして用いる。この「綺羅、星の如く」が、いつのまにか「綺羅」と「星」の間の切れ目がなくなり、「綺羅星の如く」というようになり、やがて、「綺羅星」だけで独立して用いられるようになった。多くの国語辞典では、

「綺羅星」を誤用とはしつつも独立の項目として扱っている。しかし、語の意味や成り立ちが忘れられて、「綺羅」をきらきら輝くの「きら」と勘違いしたり、「綺羅星」を美しくきらめく多くの星の意に取ったり、いわゆる花形の意味の「スター」のことと思うなど、ことばが勝手に独り歩きしていることは否めない。本来、美しいものや有能な人を形容するはずのことばが、美しいもの、有能な人そのものを指すという誤用はできれば避けたいものである。

くらませた？

× 姿をくらませた
○ 姿をくらました

「くらます」は見つからないように隠すことで、「晦ます」「暗ます」と書く。過去の助動詞「た」は活用語の連用形に付く。「くらます」は五段活用なので、連用形は「くらまし」である。従って、「くらませた」ではなく、「くらました」が正しい。

合目的的

——「的」が一つ邪魔？

× 合目的な手段
○ 合目的的に解決する

目的にかなっているさま、の意で、形容動詞。「的」が重なるので、一つ省略して「合目的」といいがちだが、それでは「さま」までの意味をなさない。また、「合目的」は単独では用いない。

声を荒《あら》げる？

× 急に声を荒《あら》げた
○ 急に声を荒《あら》らげた

ことば遣いを荒くするのは「声を荒《あら》らげる」というのが正しい。「あららげる」を省略して「あらげる」という言い方をよく耳にするが、本来は誤用。また、「荒《あ》ららげる」と「荒」を「あ」と読み、「ら」を余分に送って書くのも間違い。

ご注意ください

△ ドアに挟まれないようにご注意ください

電車のドアが閉まるときに流れるアナウンスである。お客さまの安全を思って言っているのですよという意図で、「ご注意ください」と丁寧な言い方をしているのだろうが、どこか違和感を覚えるのはなぜか。この場合の「注意」は、自分で気を付けるという意味合いである。ドアに挟まれないようにするという、自分で責任をもってすべきことに対して、「ご…ください」と丁寧語でくるんで他人が言うのは、内容的にも語法上からも二重の矛盾があると言ってよいだろう。また、「上司から注意を受ける」というように、「注意」には忠告の意味もあることも、丁寧なお願いのはずが一方的で押し付けがましく聞こえる要因の一つだろう。「ドアに挟まれないようにお気を付けください」といえば、もう少し素直に耳を傾けることができるかもしれない。

こちら…になります

✕ こちらハンバーグになります
✕ こちらメニューになります

ファミリーレストランなどで、店員が注文の料理を運んできて客の前に置くときに必ずといってよいほど言うことばである。過日、料理ばかりでなく、メニューを持ってきて言われたときには正直驚いたものである。そもそも、「…になる」は、たとえば「水がお湯になる」「子どもが大人になる」のように、ある物や状態が変化して別の物や状態が生じることをいうものである。「こちらハンバーグになります」は何を意図して言っているのか。こちらにお持ちした料理はお客様が注文なさったハンバーグです、間違いないと思いますがご確認ください、といった意味合いではないかと、少々無理な分析を試みたりするが、やはり、この言い方には違和感を覚える。本来なら、丁寧な接客用語として「こちらハンバーグでございます」と言うところを、言いにくさやことばの硬さから、

「…になります」となったものと推測するが、一般のレストランや料理屋では聞かれないところからすると、一部の業界用語かもしれないが、一考を要することば遣いであることには間違いない。

「…させていただく」か「…せていただく」かどちら?

× 説明は省かさせていただきます
○ 説明は省かせていただきます
× 今日は休まさせていただきます
○ 今日は休ませていただきます

「させる」「せる」は、「…させていただく〔もらう〕」「…せていただく〔もらう〕」の形で、許可・承認のもとに自分が何かをすることを謙遜していう場合に用いる助動詞である。動詞に「させる」または「せる」が付くのだが、その接続関係にしばしば混乱が見られるようである。「させる」は上一段・下一段・カ変の動詞の未然形に接続し、「せる」は五段・サ変の動詞の未然形に接続する。たとえば、「見る」は上一段、「考える」は下一段、「来る」はカ変なので、「見させていただく」「考えさせていただく」「来させていただく」となる。また、「省く」「休む」は五段活用、「遠慮する」はサ変なので、「省かせていただく」「休ませていただく」「遠慮させていただく」となる。特に、五段活用の場合に「させる」なのか「せる」なのか混乱するようだが、接続関係を正しく認識すれば間違いは防げる。

…次第

△ 到着次第連絡する
○ 到着し次第連絡する

この場合の「次第」は動詞の連用形に付いて、その動作が終わったらすぐ、の意味で用い、「見つけ次第」「終わり次第」のようにいう。しかし、動詞が「到着する」のように「…する」の場合は、「…し次第」と「し」が重なって言いにくいこともあり、慣用的に「到着次第」と「し」を省略することもある。

至難する？

「…する」は万能か

「生きることに至難する」という表現を目にして、首をひねった。生きることにおいて非常に困難が伴い、苦労する、といった意味だろうか。問題は「至難する」である。「至難」はきわめてむずかしいこと、の意で、名詞または形容動詞として使われることば。「早期解決は至難の業《わざ》だ」のように用いる。「する」をつけて動詞にするのはいかにも無理がある。同様に、類語の「苦難」「困難」でいえば、「苦難する」「困難する」とは言いがたい。別の例では、「思案投げ首した」という表現に出会ったことがある。「する」は本来の独立した用法のほかに、名詞、動詞・形容詞・形容動詞の連用形、副詞などについて、サ変の複合動詞を作る。たとえば、「愛する」「選択する」「お呼びする」「美しくする」「すっきりする」などがその例である。やはり、ここは語法に則ったことば遣いがされるべきであろう。近年、たとえば「お茶する」のような、なんにでも「する」をつけて動詞化する傾向があるが、不用意に用いるのは避けたほうがよい。

…じゃないですか

△ 毎日忙しいじゃないですか
△ 睡眠って大事じゃないですか

「あの花は梅じゃないですか」の「じゃないですか」は、相手に「…ではないですか」「…ではありませんか」と尋ねる、あるいは確認を求める言い方である。昨今はこの「じゃないですか」という言い方を、単に語尾につけて、自分の言ったことに対してことさら相手に念を押すように用いることがある。口癖となってしまっていて、本人にはそれほどの自覚はないかもしれないが、一方的で、押し付けがましく聞こえることは否めない。双方向の意思疎通を円滑に図りたいときには不適切な言い方であろう。また、聞きようによっては、尋ねられているのか、念押しで言っているのか、判別しがたい場合があるのも問題となる点である。

「しゃにむに」は活用する?

× **事業を大きくしようとしゃにむにだった**

○ **事業を大きくしようとしゃにむに働いた**

「しゃにむに」は、あれこれ考えずに、強引に物事をするさまをいう。「遮二無二」と書いて、これだけで一語の副詞である。「しゃにむ」という形容動詞ではないので、「しゃにむだった」とか、「しゃにむな勧誘」といった用い方はあり得ない。同義語に「がむしゃらに」があり、そこからの連想による誤用かもしれない。ちなみに、「がむしゃらに」は形容動詞「がむしゃら(我武者羅)」の連用形である。

「すごい」うれしい?

× **すごいうれしい**

○ **すごくうれしい**

形容詞の連用形は副詞的に用いられる。「すごい」の場合は連用形が「すごく」なので、「すごくうれしい」のようにいうのが正しい。昨今は、終止形の「すごい」のままで、「すごいうれしい」のように連用修飾に使われることがあるが、本来は間違った言い方なので避けたほうがよい。

「…性」と「…さ」

× **独創さが欲しい**

○ **独創性が欲しい**

× **功利さを追及する**

○ **功利性を追及する**

○ **便利さを優先させる**

○ **便利性を優先させる**

性質や状態、程度などを表す接尾語で、「性」は名詞に付き、「さ」は形容詞・形容動詞の語幹に付く。ちなみに、「性」は主に漢語に、「さ」は和語にも漢語にも付く。問題は漢語で、原則として、「便利」「純粋」のように、名詞であり形容動詞でもある場合は、「便利性」「便利さ」、「純粋性」「純粋さ」と両方の接尾語が付くことが可能であるが、名詞だけの場合、あるいは形容動詞だけの場合には注意を要する。たとえば、「独創」「功利」などは名詞だけなので、「独創さ」「功利さ」というのはなじまない。漢語の場合は品詞の見極めが大切である。

「全然おいしい」っておいしいの?・おいしくないの?

× このカレー、全然おいしいね

○ このカレー、全然おいしくないね

△ 「赤と紺、どっちが似合う?」「赤のほうが全然いいよ」

「全然」は、「まったく…でない」という全面的な否定を表すことば。従って、「全然うれしくない」といった使い方が正しい。近年は、「全然楽しい」「全然おもしろい」のように、「非常に」「とても」といった意味で肯定的に使われる例を多く見かけるが、違和感はぬぐえない。その場合は「断然」というべきところだろう。最後の例文のように、前提となる事柄や、比較対象があって、その受け答えとして用いる場合は許容範囲とされることもある。

高笑う?

× 得意気に高笑う

○ 得意気に高笑いする

あたりをはばからずに大きな声で笑うことを「高笑いする」または「高笑いをする」という。動詞の連用形を名詞として用いることから、逆も真なりと、「高笑い」のもとの動詞を「高笑う」とするのは間違いで、そのようなことばはない。同様の例で、「大笑い(する)」に対して、「大笑う」ということばはない。

…たり…たりする

× 趣味は絵を描いたり音楽を聴くことです

○ 趣味は絵を描いたり音楽を聴いたりすることです

「…たり…たりする」の「たり」は、同類の動作や状態を並列する助詞である。前者の例文のように、あとの「たり」を省いて言うのは本来は間違い。ただし、副助詞として一つの動作や状態を一つの例として挙げる、たとえば「泣いたりするな」「にやにやしたりしてどうしたの」というような場合は一回でよい。

…とか…とか

× **映画とかあまり行かない**
○ **映画とかコンサートとかあまり行かない**
○ **映画はあまり行かない**

「…とか…とか」の「とか」は、二つ以上のことを並べて例示する助詞である。昨今は、単に一つのことを示すのに、「とか」を用いるのをよく耳にするが、語法上は誤りである。映画のほかにも行かないものがあるのなら、「映画とかコンサートとかあまり行かない」のように言うべきだし、映画に限定しているのなら、「映画はあまり行かない」と言えばよい。「とか」には、「明日は雨だとか」「西山とかいう人」のように、不確かなことを表す副詞や終助詞の語法もあることから、断定を避ける意味合いも含めて、不完全な形での表現がなされるのかもしれないが、中途半端な言い方は避けたいものである。

「とんでもありません」はとんでもないこと

× **お越しいただくなんてとんでもありません**
○ **お越しいただくなんてとんでもない**

「とんでもない」は、めっそうもない、と相手のことばを強く打ち消して言うことば。「途でもない」が変化してできたもので、これ一語で形容詞。「とんでも」に否定の「ない」が付いたものではない。近年、丁寧語のつもりで、「とんでもありません」「とんでもございません」と言うのをよく耳にするが、本来は間違い。「とんでもないことです」「とんでもないことでございます」のように言うべきところである。

何気《なにげ》に？

× **何気に見る**
○ **何気なく見る**

「何気ない」はことさらの意図はない、さりげない、といった意味の形容詞。語構成としては「何気」＋「ない」

だが、形容詞としては「なにげな」が語幹で、「い」が語尾。従って、連用形は「何気なく」というのが正しい。「何気だ」とか、「何気に」など、形容動詞のように使うのは間違い。

…な人

× 私ってきれい好きな人でしょ

× 私ってさみしい人じゃないですか

昨今、自分のことを話すときに、「…な人」という言い方をするのをよく耳にする。他人を評して、「彼はうるさい人だ」「先生は時間にきびしい人だ」のようにいうのはなんの問題もない。しかし、自分のことを「人」というのに違和感を覚えるのはなぜだろう。もともと、「人」ということばは、人間、人類のことであるが、語意を広げて、ある特定の個人、また、他人の意味で用いられる。いわば、客観的な意味合いのことばなのである。そこに、「私ってきれい好きな人でしょ」といわれると、応答のしようがない。自分のことなのにあたかも他人事のように話す、その姿勢が聞く側に一種違和感を覚えさせるのかもしれない。おまけに、「…じゃないですか」と念を押されるようにいわれると、つい「そんなこと知りませんよ、勝手に自分でそう思っていれば」と反発したくもなる。「私はきれい好きなので」「私はさみしがりやなんです」といえばすむことである。

願わくは

△ 願わくば幸多からんことを

○ 願わくは幸多からんことを

「願わくは」は、動詞「願ふ」のク語法に助詞の「は」が付いた語で、ひたすら願うことには、の意。同じ語法の「恐らくは」を「恐らくば」といわないように、「願わくば」という言い方は本来間違いであるが、現在は慣用的に許容されている。ちなみに、ク語法は古代語法の一つで、活用語に接尾語の「く」または「らく」を付けて名詞化するもの。現代にも残るものとして、「老いらく」「思わく」「曰く」などがその例である。

…のほう

× 会計のほうよろしいでしょうか

○ 会計をさせていただいてよろしいでしょうか

レストランで食事が済んだころ、こんな風に店の人に言われたことはないだろうか。この「…のほう」という言い方、「お荷物のほうお持ちしましょうか」「お足元のほうお気をつけください」など、ほかの場面でもしばしば聞かれる。相手に失礼がないように気を使って、直接的な言い方を避けたのだろうが、言われた方としてはなんだか落ち着かない。「お荷物をお持ちしましょうか」「お足元にお気をつけください」と「ほう」などないほうが余程すっきりとしていて気持ちが伝わる。本来、「…のほう」というのは、二つ以上の選択肢があって、そのどれかを選ぶときに用いることばである。たとえば、「コーヒーと紅茶なら、コーヒーのほうが好きだ」のように用いる。選択するものもないのに、「…のほう」を使うのは、断定的な言い方を避けたい、相手との距離をあいまいにしておきたいという、日本人特有の心理が働くためのようである。

ぼく的には？

× ぼく的にはこの絵はいいと思う

○ ぼくとしてはこの絵はいいと思う

「的」は多く漢語に付いて、そのような傾向・状態・性質があることを表す接尾語で、「科学的」「精神的」「公的」のように用いる。昨今、この「的」を「ぼく的には」「わたし的には」のように、自称につけて用いるのをよく耳にする。「ぼくとしては」「わたしとしては」といえばすむし、そのほうがすっきりした言い方だと思うが、わざわざ「的」を使うのは何故か。「ぼく的には」というと、ほかの人は違うかもしれないが、というニュアンスが含まれ、他人への配慮か牽制か、あるいは自己防衛か、いずれにしろ断定するのを避けようとする姿勢が見てとれる。人との距離のとり方であいまいさを好む、直接的な関わりをできるだけ避けたいという、日本人独特の心理が働いているのかもしれない。またほかに、自称以外でも、和語につけて「気持ち的に」という言い方もされるようである。こうした語法は、現段階では違和感をぬぐえない。

…まい

× 二度とこんな服着るまい
○ 二度とこんな服着まい

「まい」は打ち消しの推量や意志を表す助動詞。動詞の五段活用には終止形、上一段・下一段の活用には未然形に付く。カ変・サ変活用は揺れがあるがほぼ終止形に付く。「着る」は上一段活用なので、未然形「き」に付いて、「着まい」となる。

紛《まご》うはずもない？

× 紛うはずもない柿右衛門の壺
○ 紛う方なき柿右衛門の壺

間違えようもない、の意。「紛う方ない」と全体で文語表現なので、部分的に「はずもない」のように、口語に言い換えるのは間違い。

…みたく？

× 彼女みたくきれいになりたい
○ 彼女みたいにきれいになりたい

「みたいだ」は「見たようだ」が変化した語。体言、形容動詞の語幹、動詞・形容詞・助動詞の終止形などに付いて、「…のようだ」の意味に用いる助動詞である。その連用形で「みたいに」と言うべきところを、「みたい」を形容詞のように活用させて、「みたく」と言うのが広まりつつあるが、本来は間違い。

みっともよくない？

× みっともよくないことはするな
× みっとも悪いことはするな
○ みっともないことはするな

「みっともない」は「見とうもない」が変化した語。とても人には見せられない、体裁が悪い、といった意味で、これで一語の形容詞。「みっともな」が語幹で、「い」が語尾である。従って、「みっとも」と「ない」を切り離して、「みっともよくない」「みっとも悪い」のように言うのは間違い。

やむおえない？

× 中止もやむおえない

○ 中止もやむをえない

本意ではないがそうするより仕方がない、という意味で、漢字では「已む」「止む」を得ない」と書いて、慣用句として用いる。「を」を「お」としてしまうのは、語構成を「やむ」＋「おえない」と思い、「やむ負えない」などと勘違いしているのかもしれないが、これでは意味が通らない。

善《よ》かれ悪《わる》かれ？

× 善かれ悪《わる》かれ、決めたらやるしかない

○ 善かれ悪《あ》しかれ、決めたらやるしかない

よくても悪くても、いずれにしても、の意。文語「善し」に対する語は「悪し(あし)」で、「悪し(わるし)」ではない。また、文語では「わろし」なので、「わるし」というのは文語でも口語でもないということになる。文語に対しては文語で対応すべきで、「善きにつけ悪《あ》しきにつけ」も同様に「善きにつけ悪《わる》きにつけ」とはいわない。

第5章

避けたい重ね言葉

「未だ未解決」「最初の書き出しが難しい」「よりベターな選択」など、同じ意味を持つことばを重ねて言ってしまうことはありませんか。強調したり、語呂がよいなどの理由で使うことはあるかもしれませんが、一般的にはやはり避けたほうがよいでしょう。

× 後《あと》で後悔する

○ **後で悔やむ、後悔する**

「後悔」は字義の通り、後で悔やむこと。「後で」と重ねていう必要はない。

× あらかじめ予告する

○ **予告する、前もって知らせる**

「予告」の「予」は「あらかじめ」の意。「あらかじめ予告」では意味が重複する。

× 遺産を残す

○ **財産を残す**

「遺産」は死後に残された財産のこと。「遺」と「残す」は意味が重複する。

× 石つぶてを投げる

○ **つぶてを投げる**

「つぶて」は投げつけるための小石のこと。わざわざ「石つぶて」と「石」を付けなくてもよい。

× 一番最後

○ **一番終わり、一番あと、最後**

「一番」と「最」は意味が重複する。

× 一番最初

○ **一番初め、最初**

「一番」と「最」は意味が重複する。

× 一番ベストな方法

○ **ベストな方法**

「一番」と「ベスト」はカタカナ語と日本語の違いだけで、同義。

× 未《いま》だ未解決の事件

○ **まだ解決されていない事件、未解決の事件**

「未解決」の「未」は、まだ、の意。重ねて「未だ」というのは不要。

× 未《いま》だ未定
○ **まだ決まっていない、未定**
「未定」の「未」は、まだ、の意。重ねて「未だ」というのは不要。

× 今の現状を憂える
○ **現状を憂える、今の状態を憂える**
「現状」は現在の状態、今の状態、の意。「今の現状」では意味が重複する。

× 違和感を感じる
○ **違和感を覚える、違和感がある**
「違和感」はしっくりしない感じ、なじまない感じ、の意。「違和感を感じる」では、「…な感じを感じる」ということになり、意味が重複する。

× 後ろから羽交《はが》い絞めにする
○ **羽交い絞めにする**
「羽交い絞め」は相手の背後から押さえつけることなので、わざわざ「後ろから」という必要はない。

× 後ろへバックする
○ **後ろへ下がる、バックする**
「バックする」は後ろへ下がること。わざわざ「後ろへ」と付け加える必要はない。

× 沿岸沿いに進む
○ **海岸沿いに進む**
「沿岸」は岸に沿うことで、「沿岸沿い」という必要はない。

× 炎天下のもと行われた
○ **炎天下で行われた**
「炎天下」の「下」と「もと」は意味が重複する。

× 多くの有名人が輩出した学校
○ **有名人が輩出した学校**
「輩出」はすぐれた人物が続々出る、の意で、「多く」の意味合いも含まれるので、わざわざ付け足す必要はない。

× お体をご自愛下さい
○ **ご自愛下さい、お体をおいとい下さい**
「自愛」は自分の体を大切にすることなので、わざわざ「お体を」と添える必要はない。

× 行《おこな》った行為
○ **行為、行ったこと、したこと**
「行為」の中に「行った」の意味が含まれる。

× お膳《ぜん》立てをそろえる
○ **お膳立てをする**
「お膳立て」はあることがすぐに始められるように、いろいろ整えて準備をすること。語義の中にそろえる意が含まれる。

× 思いがけないハプニングが起きる
○ **思いがけないことが起きる、ハプニングが起きる**
「ハプニング」は予想外の出来事、突発的な出来事のことで、「思いがけない」の意味は含まれている。

× およそ三年ほど海外赴任する
○ **三年ほど海外赴任する、およそ三年海外赴任する**
「およそ」と「ほど」は、おおまかな数量をいうときに用いる語。品詞は違うが、意味は重なるので、どちらか一方で足りる。

× 隠密裏《おんみつり》のうちに事を進める
○ **隠密裏に事を進める**
「裏」はある状態のうちに、の意。従って、「隠密裏のうちに」では意味が重複する。

× 改めて改定する

○ **改定する**

「改定」の「改」はあらためる、の意。重ねて「改めて」という必要はない。

× 各自めいめい

○ **各自、めいめい**

「各自」も「めいめい」も同義。念を押す意味で「荷物は各自めいめい持ってください」などということがあるかもしれないが、重複した言い方。

× 加工を加える

○ **加工する、加工を施す**

「加工」に手を加える意味が含まれるので、「加工を加える」というと意味が重複する。「加工する」、または、名詞の「加工」を用いたいのなら、「加工を施す」という言い方がある。

× 火事が鎮火《ちんか》する

○ **火事が消える、鎮火する**

「鎮火」で火事が消えること。「鎮火」の「火」と「火事」が重複する。

× 過半数を超える

○ **過半数を占める**

「過半数」の「過」と「超える」は意味が重複する。

× かねてからの懸案事項

○ **懸案事項**

「懸案」は以前から問題となっていながらいまだに解決されていない事柄をいい、「かねてから」の意味合いが含まれている。

× 簡単なイージーミス

○ **イージーミス、簡単なミス**

「イージー」と「簡単」はカタカナ語と日本語の違いはあっても、同義。重ねていうことはない。

× 元旦の朝に

○ **元旦に、元日の朝に、一月一日の朝に**

「元旦」は正月の朝のこと。「旦」が朝の意。従って、「元旦の朝に」では意味が重複する。

× 旧交を交わす

○ **旧交を温める**

「旧交」は古くからの付き合い、交わりのこと。「交わす」では意味の重複になる。

× 鳩首《きゅうしゅ》を集めて会談する

○ **鳩首会談する**

「鳩首」は人が集まって額を寄せて相談すること。「鳩」は集める意味なので、わざわざ「鳩首を集める」という言い方はしない。

× 共有で所有する

○ **共同で所有する、共有する**

「共有」は共同でもっていることで、「所有」の意味が含まれる。

× 極限を極める

○ **極限に達する**

極まったところが「極限」なので、さらに「極める」といえば意味が重複する。

× 記録をマークする

○ **記録を出す**

「記録」と「マーク」は日本語とカタカナ語の違いはあっても、同義。

× ぐっすりと熟睡する

○ **ぐっすりと眠る、熟睡する**

「熟睡」はぐっすり眠ること。「熟」と「ぐっすり」は意味が重複する。

× 車の車間距離
○ **車間距離**
「車間距離」といえば車のことに決まっている。「車の」は不要。

× 血痕《けっこん》の跡
○ **血の跡**
「血痕」の「痕」と「跡」は意味が重複する。

× 決着がつく
○ **決着する、決まりがつく**
「決着」は決まりがつくことで、「着」に「つく」意が含まれている。「決着がつく」とか、「決着をつける」という言い方をよく耳にし目にするが、本来は重複表現である。「決着」は「結着」とも書く。

× 嫌悪感を感じる
○ **嫌悪感を覚える、嫌悪感を抱く**
「嫌悪感」はひどく嫌う感じをいう。「…な感じを感じる」という言い方は意味が重複する。

× 後遺症が残る
○ **後遺症が出る**
「後遺症」の「後遺」はあとに残るという意味なので、「残る」と意味が重複する。

× 古来から伝わる
○ **古来伝わる、古くから伝わる**
「古来」は古くから、の意。「古来から」と「から」を付ける必要はない。

× コラム欄を担当する
○ **コラムを担当する**

「コラム」は新聞や雑誌などの短評欄、囲み記事のこと。それ自体で「欄」の意味なので、「コラム欄」という重複した言い方はしない。

✕ 最後の追い込みをかける
○ 追い込みをかける

「追い込みをかける」は最終段階になってするもの。従って、「最後の追い込み」では意味が重複する。

✕ 最後の切り札を出す
○ 切り札を出す

「切り札」は最後に出すものなので、「最後の切り札」では意味が重複する。

✕ 最初の書き出し
○ 書き出し

「書き出し」は文章の書きはじめのことで、最初の意味は含まれている。

✕ さじ加減を加える
○ さじ加減をする

「さじ加減」は、もとは医者がさじで加えたり減らしたりして薬を調合することからいうもの。「加減」の「加」と「加える」は意味が重複する。

✕ 辞意の意向を固める
○ 辞意を固める

「辞意」は辞職や辞任しようという気持ちのことで、「意向」の意味が含まれる。「意向」を用いるなら、「辞職の意向を固める」という言い方ができる。

✕ 事前の予測を覆す
○ 予測を覆す

「事前」は物事が行われる前、の意。「予測」はあらかじめ推測すること。従って、「事前」と「予測」では部分的に意味が重複する。

× 射程距離内に入る

○ **射程内に入る**

「射程」は鉄砲を発射する起点から着弾点までの水平距離をいう。その範囲内ということでは「射程内」という。「射程距離」という言い方はよくするが、「程」は距離の意味なので、本来は重複表現である。

× 十分に満足する

○ **満足する**

「満足」の「満」は「十分」の意。強調表現として、「十分に満足する」ということがあるかもしれないが、本来は意味が重複する。

× 従来より

○ **従来**

「従来」は前から今まで、以前より、ということ。「従」は「より」の意である。

× 食事を食べる

○ **食事をする、食事する**

「食事」は物を食べること。「食事を与える」のように、食べ物の意味で用いることもあるが、「食事を食べる」とはいわない。

× 初歩から手ほどきする

○ **手ほどきする、初歩から教える**

「手ほどき」は技芸や学問の初歩を教えること。「初歩から」と付け加える必要はなく、「ゴルフを手ほどきする」のようにいえばよい。

× すべてを一任する

○ **一任する、すべてを任せる**

「一任する」はすべて、一切を任せること。「すべてを」と付け加える必要はない。ちなみに、「一任」は一人に任せるという意味ではない。

× 成功裏《り》のうちに閉幕する

○ **成功裏に閉幕する**

「成功裏」の「裏」と「うち」は意味が重複する。

× 精選された選りすぐりの材料

○ **精選された材料、選りすぐりの材料**

「精選」と「選りすぐり」は同義。

× 製造メーカーに問い合わせる

○ **メーカーに問い合わせる**

「メーカー」は製造業者のこと。「製造メーカー」では意味が重複する。

× 戦争の戦局を伝える

○ **戦局を伝える**

「戦局」は戦争の局面のこと。「戦争の戦局」では意味が重複する。

× 全大臣が総辞職する

○ **全大臣が辞職する、大臣が総辞職する**

「総辞職」は全員が辞職すること。この「総」と、「全大臣」の「全」は意味が重複する。

× 即効効果がある

○ **即効性がある**

「即効」はすぐに効き目があることで、効果の意味が含まれているので、「即効効果」では意味が重複する。

× 第一日目

○ **一日目、第一日**

「第」も「目」も数字について、順序を表す語なので、同時には用いない。

× 互いにメールを交換する

○ **メールを交換する**

この「交換する」は互いにやり取りすること。「互いに交換する」では意味が重複する。

× 多額の巨費を投じる

○ **多額の費用を投じる、巨費を投じる**

「巨費」の「巨」は数量が多い意なので、「多額」と意味が重複する。

× 血の出るような血税

○ **血税**

「血税」は血のにじむような苦労をして納めた税金のこと。「血の出るような」と殊更言いたいのは重々分かるが、意味が完全に重複する。

× 手ほどきを教える

○ **手ほどきをする**

「手ほどき」には教える意味が含まれるので、単に「手ほどきをする」でよい。

× 電気の電源を切る

○ **電源を切る**

「電源」は電流を取り入れる元のところをいう。分かりきったことで、「電気の電源」という必要はない。

× 伝言を伝える

○ **伝言する**

「伝言」は人を介して先方に用件を伝えること。この「伝」と「伝える」は意味が重複する。

× 突然卒倒する

○ **突然倒れる、卒倒する**

「卒倒」の「卒」は突然、の意。「突然卒倒する」では意味が重複する。

× 突然不意打ちを食う

○ **不意打ちを食う**

「不意打ち」の「不意」と「突然」は意味が重複する。

× 内定が決まる
○ 内定する

「内定」は内々に決まること。「定」と「決まる」は意味が重複する。

× 捺印《なついん》を押す
○ 捺印する、印を押す

「捺印」は印を押すことなので、「捺印を押す」では意味が重複する。

× 二の舞を繰り返す
○ 二の舞を演じる

「二の舞」は人がしたのと同じ失敗をすることで、「繰り返す」の意味が含まれている。慣用句として「二の舞を演じる」という。ちなみに、「二の舞」は舞楽で、安摩《あま》の舞のあとで、それをまねて滑稽に舞う舞のこと。

× 残り香を残す
○ 香りを残す、残り香を漂わせる

「残り香」は人が去ったあとや、物がなくなったあとに残っているそのにおいのこと。残っているものをさらに「残す」というのは完全に意味が重複する。

× 排気ガス
○ 排ガス

「排気」の「気」は「ガス」のこと。本来は重複を避けて「排ガス」というべきところだが、一般的には「排気ガス」ということが多い。

× 初めての創刊号
○ 創刊号

「創」ははじめる、の意。従って、「創刊号」は初めてに決まっているので、わざわざ「初めての創刊号」という必要はない。

×はっきり断言する

○はっきり言う、断言する

「断言」ははっきり言うこと。「はっきり」のほかに、「きっぱり断言する」のようにもいうが、「きっぱり」も意味が重複する。

×判を押捺《おうなつ》する

○判を押す、押捺する

「押捺」は印鑑などを押すこと。「判を押捺する」では意味が重複する。

×犯罪を犯す

○罪を犯す

「犯罪」の「犯」と「犯す」は意味が重複する。ただし一般的には、「犯罪」を「罪」と同義に扱い、「犯罪を犯す」という言い方をすることは多い。「罪を犯す」では古めかしい言い方で、日常的になじまないこともその要因の一つかもしれない。

×被害を被る

○被害を受ける、被害にあう

「被害」は害を被ること。「台風の被害を被る」という言い方はよくされるが、本来、「被害を被る」では「被」が重複することになる。

×引き続き会議を続行する

○会議を続行する

「引き続き」と「続行」は意味が重複する。

×ひとり孤立する

○孤立する

「孤立」は他との関わりがなく、一人だけ離れていること。「彼は会社でひとり孤立している」のようにいうことがあるが、よほど強調したい場合は除いて、「ひとり」と「孤立」は意味が重複する。

× 布陣を敷く

○ **陣を敷く**

「布陣」の「布」は敷きのべる、の意。従って、「敷く」は意味が重複する。

× 船の船長

○ **船長**

「船長」といえば「船」に決まっている。わざわざ丁寧に「船の」を付ける必要はない。「電車の車掌」も同様で、「車掌」とだけいえばよい。

× 平均アベレージが下がる

○ **アベレージが下がる**

「アベレージ」は「平均」のこと。日本語とカタカナ語の違いがあるだけで、同じことを繰り返して言う必要は全くない。

× 募金を募る、募金を集める

○ **募金をする**

「募金」は寄付金を募ること。「募」に集める意味が含まれている。

× ほぼ三年ほど前に

○ **三年ほど前に、ほぼ三年前に**

「ほぼ」と「ほど」はどちらも数量について、おおよそ、の意。意味が重複するので、いずれかを用いればよい。

× 本を読書する

○ **読書する、本を読む**

「読書」は本を読むこと。わざわざ「本を」などという必要はない。

× 毎土曜ごと

○ **毎土曜、土曜ごと**

「毎《まい》」と「ごと」は意味が重複する。

× 前に前進する

○ **前進する、前に進む**

「前進する」は「前に」進むことに決まっているので、「前に前進する」は完全に意味が重複する。

× まず最初に

○ **最初に、まず初めに**

「まず」と「最初」の「最」は意味が重複する。

× まず報告することが先決

○ **報告することが先決、まず報告すること**

「まず」と「先決」は意味が重複する。

× まだ時期尚早《しょうそう》

○ **時期尚早**

「尚早」は早すぎる、の意で、「まだ」と意味が重複する。

× まだ未熟ですが

○ **未熟ですが**

「まだ」と「未熟」の「未」は意味が重複する。

× まだ未提出の書類

○ **未提出の書類**

「まだ」と「未提出」の「未」は意味が重複する。

× 水辺のほとりで

○ **水辺で**

「辺」は「ほとり」のこと。「水辺のほとり」では意味が重複する。

× 水を放水する

○ **放水する**

「放水」は「水」を出すこと。わざわざ「水を」という必要はない。

× 空しい徒労に終わる

○ 徒労に終わる

「徒労」はむだな骨折りで、語義に「空しい」の意味合いが含まれている。

× 最も最速の車

○ 最速の車、最も速い車

「最も」と「最速」の「最」は意味が重複する。

× 最も最適な環境

○ 最適な環境

「最も」と「最適」の「最」は意味が重複する。

× 約一年足らずで

○ 一年足らずで、約一年で

「約」は数量について、おおよその意を表し、それより多い場合も少ない場合もある。「足らず」はある数量より足りない意味なので、「約」と完全に一致するわけではないが、同時に用いると意味が重なる場合があるので、注意が必要。

× 約一時間ほど

○ 一時間ほど、約一時間

「約」も「ほど」も数量について、おおよその意を表す。いずれか片方を用いればよい。

× 夜来からの雨で桜が散った

○ 夜来の雨で桜が散った

「夜来」は昨夜以来、の意なので、「夜来からの雨」では意味が重複する。単に「夜来の雨」といえばよい。

× 有事がある時

○ 有事の際

「有事」はふつうでないことが起こること。「有事」の「有」と「ある」は意味が重複する。

× 有能な人材を登用する

○ **人材を登用する**

「人材」は才能があってすぐれた人のこと。「有能な」と形容しなくても、「人材」にその意味合いが含まれる。

× 有名を馳《は》せる

○ **名声を馳せる**

「馳せる」は広めること。「有名」はすでに名が広まっていることで、さらに「馳せる」では意味が重複する。

× よく熟慮する

○ **熟慮する、よく考える**

「熟」は十分に、よくよく、の意なので、「よく熟慮する」では意味が重複する。

× 余分なぜい肉を落とす

○ **ぜい肉を落とす**

「ぜい肉」は余分な肉のこと。それに「余分な」という形容は不要。

× よりベターな選択

○ **ベターな選択**

「ベター」は何かと比較して、より良いことをいう。従って、「よりベター」では意味が重複する。

× 来客が来る

○ **来客がある、客が来る**

「来客」の中に「来る」の意が含まれるので、わざわざ「来客が来る」とはいわない。

× 楽観視する

○ **楽観する**

「楽観」の「観」は「見る」の意で、「視」と意味が重複する。反対語の「悲観」についても、「悲観視する」という言い方はしない。

× 留守を守る

○ **留守を預かる**

「留守」は家人の外出中、その家を守ること。従って、「守る」の意が含まれているので、「留守を守る」では意味が重複する。

× 連日寒い日が続く

○ **寒い日が続く、連日寒い**

「連日」と「続く」は意味が重複する。

第6章 漢字の読み間違い

日本漢字音には漢音、呉音、唐音の三種類がある。

漢音は奈良・平安時代初期に遣唐使や音博士などによって伝えられた、中国北方系の音。「顔」を「ガン」、「切」を「セツ」と読む類で、一番多く用いられる。

呉音は漢音が日本に伝わる前に、朝鮮を経て伝わった、中国南方系の音。「行」を「ギョウ」、「切」を「サイ」と読む類。

唐音は宋・元・明・清の時代の中国の音で、鎌倉時代から江戸時代にかけて伝わった音で、唐宋音ともいう。「行」を「アン」「団」を「トン」と読む類。

当て所ない

× あてどころない

○ **あてどない**

「当て所ない旅に出る」の「当て所」は「あてど」と読み、心当たり、見当、の意。「所(と)」は古語で、場所のこと。複合語で用いられ、「処」とも書く。めあて、見通しの意の「目処(めど)」はその例である。

後足で砂をかける

× うしろあしで砂をかける

○ **あとあしで砂をかける**

世話になった人に対して、去り際に迷惑をかけたり、恩知らずな振る舞いをしたりすることをたとえていう。慣用表現で、「後足」は「あとあし」であって、「うしろあし」とは読まない。ふつう、「うしろあし」は「後ろ足」と「ろ」を送ることが多いが、省略する場合もあるので、注意が必要。

後には引けない

× うしろには引けない

× のちには引けない

○ **あとには引けない**

後退できない、また、ゆずれない、の意で、「後」は「あと」と読む。「もう後がない」「後を追う」なども「あと」と読む。「うしろ」の場合は、ふつう「後ろ」と「ろ」を送って書く。「のち」では意味が通じないので、読み間違えることはまずないといってもよいだろう。ちなみに、「その後」と書かれている場合、「そのあと」「そのご」「そののち」と三通りに読めて紛らわしいが、文脈で判断するしかない。

意気地

× いきじ

○ **いくじ**

何かをやり通そうとする気力の意で、「からきし意気地がない」のようにいう。ことばでは「いくじ」と言っていても、漢字を見たときに一瞬読み方を迷うが、「気」はこの場合は「き」ではなく、「く」と読む。もとは「いきじ」であったが音変化したもの。

活魚料理

× かつぎょ料理
○ **いけうお料理**

「活魚(いけうお)」は食用として水槽などに飼っておく魚のこと。「活け魚」と書くこともある。「かつぎょ」と読めば、生きている魚の意になる。

縊死

× いっし
○ **いし**

首をくくって死ぬこと。「縊(い)」はくびれる、の意。「脳溢血」の「溢(いつ)」と字形が似ていて「いっし」と読み間違いやすい。

一見さんお断り

× いっけんさんお断り
○ **いちげんさんお断り**

ちょっと素敵な小料理屋を見つけて入ろうとしたら、「一見さんお断り」と張り紙があってがっかりしたことはないだろうか。あからさまに張り紙はしないまでも、格式のある老舗料理亭などはほとんどが一見さんはお断りである。この「一見」は、一度見参の意からで、初めての客で、なじみではないことをいう。「いっけん」と読めば、一度見る、という意味の別語である。

一切

× いっせつ
○ **いっさい**

何もかも、すべて、の意で、「家事一切を任せる」のようにいう。また、副詞として、全く、全然、の意で、「苦情は一切受け付けない」のようにも用いる。「切」は、すべて、の意。「さい」と読むのは呉音である。呉音は漢音が日本に伝わる前に、朝鮮を経て伝わった、中国南方系の字音で、仏教語に多い。「一切衆生《しゅじょう》」は勿論のこと、一般に使われる「一切合切」ということばも、もともとは仏教語である。

一矢を報いる

× いちやを報いる
○ **いっしを報いる**

戦場で、相手の攻撃に対して矢を射返す、の意。転じて、相手からの攻撃や非難に対し、わずかながらも反撃・反論してやり返すことをいう。「一矢」は一本の矢の意の漢語で、「矢」は「し」と読み、「や」と訓読みはしない。

一寸先は闇《やみ》

× ちょっと先は闇
○ **いっすん先は闇**

先のことはまったくわからない、という意味の慣用句である。「一寸（いっすん）」は長さの単位で、一尺の十分の一。時間や距離がわずかなことのたとえにいう。「一寸」と書いて、「ちょっと」とも読むが、この場合は当て字である。わずか、という意味合いで、共通する部分があるので紛らわしい。

一世一代《いちだい》

× いっせい一代
○ **いっせ一代**

能や歌舞伎の役者が引退を前に、一生の仕納めとして得意の芸を演じることをいう。また、「一世一代の大勝負に出る」のように、一生に一度、の意味で用いる。人の一生の意味では「一世」は「いっせ」と読む。ちなみに、最初の人の意味で「エリザベス一世」「移民一世」、その時代の意味で「一世を風靡《ふうび》する」というような場合は、「いっせい」と読む。

「一世」を「いっせ」と読むか「いっせい」と読むかは、はっきりした法則はないようで、長い間の慣わしによるものと思われる。「せ」と「せい」の読み分けについて、以下参考までに例を示しておく。中にはどちらの読みもある場合がある。

「せい」……「永世」「厭世」「隔世」「後世」「時世」「処世」「絶世」「治世」「当世」「渡世」「乱世」

「せ」……「世界」「世間」「世相」「世俗」「現世(「げんせい」とも)」「前世(「ぜんせい」とも)」「来世」「末世」「俗世」「出世」

今際の際

× いまわのさい
× いまぎわのきわ
○ いまわのきわ

死ぬまぎわ、臨終の時、の意。「今際」は、「今となっては」の意味で、古くは「今は」と書いた。「は」は助詞で、「際」は当て字である。従って、「いまぎわ」とは読まない。後の「際(きわ)」は、その時、の意で、「さい」とは読まない。

因縁を付ける

× いんえんを付ける
○ いんねんを付ける

言いがかりを付けること。「因縁」を「いんねん」と読むのは、「因(いん)」の「ん」と「縁(えん)」の「え」が連結して発音される、連声によるものである。「反応(はんのう)」「観音(かんのん)」なども同様の例である。

有象無象

× うしょうむしょう
× ゆうしょうむしょう
○ うぞうむぞう

仏教で、宇宙に存在する形のあるものとないもの、すべての物のこと。転じて、この世のどこにでもいる雑多なつまらない人々のこと。「有象無象のやから」「有象無象の言うことなど聞くな」のようにいやしめていう。「象」は形、の意で、「ぞう」と読むのは呉音。

心悲しい

× こころかなしい
○ **うらがなしい**

なんとなく悲しいさまをいう。「心(うら)」は「裏」と同語源で、人には見えない内側の心、気持ち、の意の古語で、接頭語として主に感情を表す形容詞や動詞に付くことばである。ほかに「うらさみしい」などがある。意味を知ると、仮名で「うら悲しい」と書かれると、「心悲しい」気がする。

運否天賦

× うんぴてんふ
○ **うんぷてんぷ**

運不運は人が決めるものではなく、天が決めるものである、運は天任せ、ということ。「こうなったら運否天賦で前進するしかない」のように用いる。「否」はふつう音読みでは「ひ」であるが、この場合は呉音の「ふ」の半濁音で「ぷ」と読む。

悦《えつ》に入る

× 悦にはいる
○ **悦にいる**

物事が思い通りになってうれしくなる、満足して心の中で喜ぶことをいい、「一人悦に入る」のように用いる。「入る」は、口語では「はいる」と読むが、「念が入る」「気に入る」など、文語的表現や漢語による慣用句では通常「いる」と読む。

横溢

× おうえき
○ **おういつ**

気力や体力などが、あふれるほど盛んなことをいい、「元気横溢」「横溢する創作意欲」のように用いる。「溢」はあふれる、の意。旁《つくり》から類推して、「えき」と読むのは間違い。

押捺

× おうな

× おしな

○ **おうなつ**

判や指紋を押すこと。「押」と同じく、「捺」も押す意。ちなみに、「捺印(なついん)」は印鑑を押すこと。「捺染(なっせん)」は染色で、型紙を使って布地に模様を染める、プリントすることをいう。「押」を「おし」と訓読みにしたり、「捺」を旁《つくり》から類推して「な」と読むのは間違い。

大事になる

× そんなことをしたらだいじになる

○ **そんなことをしたらおおごとになる**

「大事」は、大変なことになるという意味では、「おおごと」と読む。また、大切なことの意味で、同じく「大事」と書いて「だいじ」と読む場合がある。どちらの読みなのかは、文脈によって判断する必要がある。

大手を振る

× おおてを振る

○ **おおでを振る**

この「大手」は「おおで」と読み、両手を大きく振っていばって歩く、また、こそこそしないで堂々と事をするさまをいう。「おおて」は「大手商社」のように、同業の中の、代表的な大企業のことで、別語。

小暗い

× こぐらい

○ **おぐらい**

少し暗い、ほの暗い、の意で、やや古風な語。「小(お)」は接頭語で、「こ」とは読まない。

尾鰭が付く

× おびれが付く

○ **おひれが付く**

「尾鰭」と書いて、「おびれ」「おひれ」と二通りに読むが、それぞれ意味が違う。「おびれ」は魚の体の後部のひれのことで、「背鰭（せびれ）」「腹鰭（はらびれ）」というのと同じである。「おひれ」は魚の尾とひれのことで、転じて、本体に付け加わる余分なものの意味に用いる。従って、話が人から人へ伝わるうちに、どんどん余分なことまで付け加わっておおげさになることは「話におひれが付く」という。

怨念

× **えんねん**

○ **おんねん**

人を深くうらむ気持ちのことで、「おんねん」と読む。「怨」を「おん」と読むのは呉音で、仏教語に多く、「怨敵（おんてき）」「怨讐（おんしゅう）」「怨霊（おんりょう）」なども「おん」と読む。「えん」と読むのは漢音で、「怨恨（えんこん）」「仇怨（きゅうえん）」「私怨（しえん）」「宿怨（しゅくえん）」などがその例である。

風上

× **かぜかみ**

○ **かざかみ**

風の吹いてくる方角のこと。「風」を「かざ」と読むのは古形。「風穴（かざあな）」「風車（かざぐるま）」「風下（かざしも）」「風花（かざはな）」など、複合語に残っている。

荷重制限

× **におも制限**

○ **かじゅう制限**

トラックなどの荷物の重さを制限することで、「かじゅう」と読む。「におも」と読めば、荷物が重い、また、責任や負担が重いことで、別語。

上手に座る

× **うわてに座る**

○ **かみてに座る**

「上手（かみて）」は入り口から奥のほうの、上位の人が座る席のこと。また、舞台では、向かって右側をいう。「うわて」と読めば別語。「かみて」の反対は「下手（しもて）」である。

可哀相・可哀想

× **かあいそう**
○ **かわいそう**

気の毒なさまをいう。「可哀相」「可哀想」と書くのは、その意味合いからの当て字である。その当て字をそのまま読んで、「かあいそう」と言ってしまいそうになるが、そんなことばはない。

完遂

× **かんつい**
○ **かんすい**

完全にやりとげること。ついにやったという意味合いから勘違いして、「遂」を訓で「つい」と読むのは間違い。

間髪を容《い》れず

× **かんぱつを容れず**
○ **かん（ ）はつを容れず**

少しの間もおかずに、即座に、ということ。あいだに髪の毛一本もいれない、の意からで、「かん（ ）はつをいれず」と読む。「間髪」を一語扱いにして「かんぱつをいれず」と読むのは間違い。パソコンの日本語ソフトでは「かんはつをいれず」では正しく漢字変換されず、「かんぱつ」で「間髪」と出るが、正しく対応してほしいものである。

旗幟鮮明《せんめい》

× **きしょく鮮明**
○ **きし鮮明**

「旗幟」は昔戦場で自分の存在を示すために目印とした旗と幟（のぼり）のこと。転じて、あることに対する自分の立場や態度の意味となり、それをはっきりさせることを「旗幟鮮明」という。「旗幟」を「きしょく」と読み違えたり、その音からの連想で「旗色」のことと勘違いし、「旗色鮮明」と言ったりする例をよく見かけるが間違いである。「旗色」は「はたいろ」と読んで、「きしょく」と読むことはない。

気息《きそく》奄奄

× 気息あんあん

○ **気息えんえん**

息も絶え絶えのようすをいう。「奄(えん)」はおおう、の意。いおりの「庵」と字形が似ているところから勘違いして、「あん」と読むのは間違い。

気っ風

× きっぷう

○ **きっぷ**

「気っ風がいい」といえば、度量が広く思い切りがよいこと。「気風(きふう)」が話し言葉として音変化したもので、「きっぷ」と読む。

気骨が折れる

× きこつが折れる

○ **きぼねが折れる**

気を遣って疲れる、気疲れすることをいう。この場合の「気骨」は「きぼね」と読んで、気遣い、気苦労、の意。「きこつ」と読めば、困難や障害に屈せず、信念を最後まで貫き通す強い心のことで、「気骨のある人」のように用い、別語である。

侠客

× きょうきゃく

○ **きょうかく**

弱気を助け、強気をくじくという、男気をもって世の中を渡る人のこと。特に、昔の博徒などをいった。この場合の「客」は「…に長じた人」の意味で、「きゃく」ではなく、「かく」と読む。ちなみに、「剣客」「刺客」「食客」「論客」などは「かく」とも「きゃく」とも読む。

経師屋

× けいしや

○ **きょうじや**

書画や襖《ふすま》などを表装する人のこと。もとは経文（きょうもん）を書いた巻物を表装する人をいった。従って、「経」は「きょう」と読む。

行住坐《ざ》臥《が》

× こうじゅう坐臥

○ **ぎょうじゅう坐臥**

仏教語で、行くこと、とどまること、すわること、横になること、の意から、日常の立ち居振る舞いのこと。転じて、ふだん、つねづね、の意味で副詞的にも用い、「行住坐臥、感謝の気持ちを忘れない」のようにいう。「行」は呉音で「ぎょう」と読む。またこの四字熟語では、「坐」は「座」と書いてはいけない。本来、「坐」は動詞、「座」は名詞として区別して用いた。

興《きょう》に入る

× 興にはいる

○ **興にいる**

興味を感じて夢中になる、おもしろがることをいう。この場合の「入る」は「いる」と読む。「悦に入る」「佳境に入る」「堂に入る」などと同様、漢語による慣用句の場合には通常「いる」と読むが、漢文訓読の影響が残るものと思われる。

行年

× こうねん

○ **ぎょうねん**

人がこの世に生きた年数をいい、ふつう、「行年六十」のように、死んだときの年齢をあらわす数字の上に添えて用いる。「行」は経る、の意。「ぎょう」と読むのは呉音。同義の「享年（きょうねん）」は、（天から）享（う）けた年、の意である。

緊褌一番

× けんこん一番

○ **きんこん一番**

心を引き締め、決意を新たにがんばることを、「緊褌一番(きんこんいちばん)」という。「緊褌」はふんどしをかたく締める意味である。「けんこん」と読み違えてしまうのは、運命をかけて大勝負する意の「乾坤一擲(けんこんいってき)」と音が似ていることからの混乱が生じたものと思われる。

奇しくも

× きしくも

○ **くしくも**

偶然にも、の意。「奇しくも、彼と私は同じ学校の出身ということがわかった」のように用いる。「奇遇」「奇妙」といった意味合いに似た部分のある語や、慣用句の「奇《き》をてらう」の読み方に引かれて、「きしくも」と読みがちだが、この場合は「くしくも」と読む。もともと、「奇し(くし)」は、偶然、不思議である、という意の古語で、漢字は当てたもの。

件の如《ごと》し

× けんの如し

○ **くだんの如し**

前記のとおりである、の意で、「件」は「くだん」と読む。「その件(けん)で話がある」のように、「けん」と読めば別語。

下衆

× げしゅ

× げしゅう

○ **げす**

身分や素性の卑しい人のこと。また、品性のいやしいことや、そういう人のことをいう。「衆」は大勢の人、の意で、「す」と読むのは呉音。「下種」「下司」とも書く。

煙に巻く

× けむりに巻く
○ **けむに巻く**

大げさなことやわけのわからないことを言って、相手を戸惑わせること。漢字で書かれていると、「けむりにまく」と読みがちだが、この場合は口語で、「けむり」を「けむ」と言う。

元凶

× がんきょう
○ **げんきょう**

悪事を企てる中心人物のこと。また、悪い状況を作り出す根源、諸悪の根源の意味でも用いる。

言質

△ げんしつ
○ **げんち**

あとで証拠となる約束のことばのこと。「質」は抵当の意味では、「質屋」「人質」などのように「しち」、または「言質」のように「ち」と読む。「しち」も「ち」も呉音。慣用的に、「言質」を「げんしつ」と読むことがあるが、誤読によるもので、本来は誤り。

好事家

× こうじか
○ **こうずか**

一風変わったことを好む人、物好きな人、また、風流な人のことをいう。「事」は漢語では「じ」と読む例がほとんどだが、「好事家」については「ず」と読む。これは唐音といって、鎌倉時代から江戸時代にかけて伝えられた中国の音で、「行灯(あんどん)」の「あん」、「普請(ふしん)」の「しん」、「蒲団(ふとん)」の「とん」などの類である。ちなみに、「好事魔多し(よいことには邪魔がはいりやすいものだ)」の場合の「好事」は「こうじ」で、「こうず」とは読まない。

後生畏《おそ》るべし

× ごしょう畏るべし

○ **こうせい畏るべし**

この場合の「後生」は「こうせい」と読んで、あとから生まれてくる人、後進、後輩のこと。「後生畏るべし」とは、後進の者の能力は計り知れないからあなどってはいけない、ということで、『論語』からのことば。「ごしょう」と読めば、仏教語で、のちの世に生まれ変わること、また、来世の意味で、別語。「後生を願う（極楽往生を願う）」「後生大事にする（大切に持ち続ける）」「後生だから（お願いだから）」などは「ごしょう」と読む。

格天井

× かくてんじょう

○ **ごうてんじょう**

角材を方形に組んで板張りをした天井のこと。この場合の「格（こう）」は、方形に組んだ材木のことをいう。窓や戸などに使う、「格子（こうし）」ならなじみがあるだろう。「格天井」の場合の「格」は慣用的に「ごう」と濁って読む。

頭を回《めぐ》らす

× あたまを回らす

○ **こうべを回らす**

後ろを振り返って見る、また、過ぎ去ったことを回顧するという意味の慣用句で、「頭」は「こうべ」と読む。あたまを使う意味ではない。この場合の「こうべ」は「首」と書くこともある。

木陰

× きかげ

○ **こかげ**

木の陰であるが、「きかげ」とは読まない。「木の間」も同様に、「きのま」ではなく、「このま」と読む。↓木立（こだち）

股間

× またま
○ **こかん**

またのあいだ、またぐらのこと。野球で、「ゴロを取り損ねてボールが股間を抜けた」のようにいう。つい訓読みして「またま」と言いそうになるが、「こかん」である。一点差を争うような試合で、「またま」を抜けたとなれば、間抜けなこと甚だしい。

古刹

× こせつ
× こり
○ **こさつ**

古くて由緒ある寺のこと。「刹」は寺、の意で、「さつ」と読む。「刹那（せつな）」のように「せつ」と読んだり、旁《つくり》の部分から類推したり、「利」の字と勘違いして「り」と読むのは間違い。

極寒の地

× きょっかんの地
○ **ごっかんの地**

「極寒」はきわめて寒いことで、「ごっかん」と読む。「ごっ」は「ごく」が音便化したもの。「極」を「ごく」と読むのは呉音で、「極悪」「極秘」「至極」なども同様に読む。ちなみに、「きょく」と読むのは漢音。

木立

× きだち
○ **こだち**

「木」を「こ」と読むのは古形。複合語にはこの読みが残っており、「こだち」と読むのはこの例。また、「木の葉（きのは・このは）」「木の芽（きのめ・このめ）」のように、「き」と「こ」と、どちらにも読む場合もある。音の響きのやさしさから、文芸では「このは」「このめ」と読む場合が多い傾向にある。→木陰（こかげ）

後手に回る

× うしろでに回る

○ **ごてに回る**

相手に先を越されて、受け身になる、また、迅速にすべき対応や対策が遅れがちになる、の意。「政府の災害への対策が後手に回って、被害が拡大した」のように用いる。もとは囲碁・将棋の用語で、相手のあとに打つ［指す］ことで、反対は「先手を打つ」という。「うしろで」は両手を背中に回すことをいい、また、後方の意味でも用いる。ただし、その場合は「後ろ手に縛る」「後ろ手に回る」のように、「後ろ手」と「ろ」を送って表記するのがふつう。仮に、「後手」とあって、「ごて」か「うしろで」で迷う場合は、文脈の意味内容をよく読み取れば区別がつく。

細細と世話を焼く

× ほそぼそと世話を焼く

○ **こまごまと世話を焼く**

この場合の「細細」は、こまかいところまで行き届くさまのことで、「こまごま」と読む。「ほそぼそ」と読めば、どうにかこうにか続いているさまのことで、「細細と暮らす」のように用いる。どちらの読みなのかは、文脈で判断する。「細やか」の場合も同様で、「こまやか」と「ささやか」の読みの区別は文脈で判断するほかない。

ご利益

× ごりえき

○ **ごりやく**

神仏からの恩恵のこと。「益」を「やく」と読むのは呉音。呉音は仏教語に多い。「利益」を「りえき」と読めば、もうけ、ためになること、の意で、別語である。

言語道断《どうだん》

× げんご道断

○ **ごんご道断**

「言語道断」はもとは仏教語で、「ごんごどうだん」と読み、奥深い真理はことばでは言い表せないという意味。それが一般に、ことばでは言い表せないことをいうようになり、さらに転じて、もってのほか、とんでもないことの意味に使われるようになった。ちなみに、「言」を「げん」と読むのは漢音で、「ごん」は呉音。仏教語ではこのように呉音で読まれるものが多い。老若(ろうにゃく)の「にゃく」、灯明(とうみょう)の「みょう」なども呉音である。

金堂

× きんどう

○ こんどう

寺院で、本尊を安置する建物のこと。「金」を「こん」と読むのは呉音。仏教語に多く、ほかに「金色(こんじき)」「金剛(こんごう)」などもその例である。

最期

× さいき

○ さいご

人の死ぬ間際、臨終のこと。「期」を「ご」と読むのは呉音。「末期(まつご)」や「この期に及んで」の場合も「ご」と読む。呉音は仏教語に多い。

雑魚寝

× ざつぎょね

○ ざこね

雑魚のように、大勢の人が入り混じって寝ること。「雑居寝」とも書くが、その場合も「ざこね」で、「ざっきょね」とは読まない。

茶飯事

× ちゃはんじ

○ さはんじ

日常ふつうにあること。お茶を飲んだりご飯を食べたりするようなありふれたこと、の意からで、「けんかは日常茶飯事だ」のようにいう。「茶」は「ちゃ」ではなく、唐音で「さ」と読む。

三界

× さんかい

○ さんがい

「三界」は仏教語で、「さんがい」と読み、欲界・色界・無色界、また、過去・現在・未来のこと。「女は三界に家無し」とは、女は家にいるときは親に従い、嫁しては夫に従い、老いては子に従うもので、どこにも安住する場所はないということ。「子は三界の首枷《くびかせ》」とは、子を思う心のために親は生涯束縛されることのたとえ。

参内

× さんない

○ さんだい

内裏(だいり)、すなわち宮中に参上することであるから、「さんだい」と読む。「さんない」は誤り。ちなみに、「内」を「だい」と読むのは漢音で、「ない」と読むのは呉音である。

直筆の手紙

× ちょくひつの手紙

○ じきひつの手紙

本人が直接書くことで、「じきひつ」と読む。「ちょくひつ」と読むと、事実をありのまま書くことで、別語。

市井

× しい

○ しせい

人家の集まっている所、市中、の意。井戸がある所には人が集まり、やがて市ができたことからいう。「井」は「せい」と読む。「井蛙(せいあ)」と言えば、井戸の中のかえるのこと。

舌鼓を打つ

× したづつみを打つ

○ したつづみを打つ

おいしい物を食べたときに、鼓をポンと打つように思わず舌を鳴らすことをいう。実際に舌を鳴らさなくても、「手料理に舌鼓を打つ」のように、おいしく味わう意味にも用いる。さて、この「舌鼓」、「したづつみ」と言いがちで、慣用として許容する辞書もある。これは日本語の特徴で、語と語がつながって発音するとき、下の語の頭が濁るという現象によるものと考えられる。たとえば、「風呂敷」と「包み」を続けると「風呂敷づつみ」となる類である。この方式に従えば、「したづづみ」となるはずだが、さすがにそれでは言いにくい。ここは「鼓(つづみ)」をはっきり認識して、「したつづみ」と言うしかない。

仕舞屋

× しまいや
○ しもたや

町中にあって、商家ではなく、普通の民家のこと。商売をやめて店をしまった家、「しもうたや(仕舞うた屋)」が詰まって、「しもたや」となったもの。「仕舞」は字のとおり「しまい」とは読まない。

斜に構える

× ななめに構える
○ しゃに構える

刀をななめに構えることから、転じて、物事にまともに対応しようとせず、皮肉な態度をとることをいう。剣道からきたことばで、「斜」は「ななめ」とは読まない。

十指に余る

× じゅっしに余る
○ じっしに余る

「十指」は「じっし」と読むのが正しい。「十」は多くは呉音で「じゅう」と読むが、慣用音で「じっ」と読む場合がある。ほかに、「十戒」は「じっかい」、「十進法」は「じっしんほう」、「十中八九」は「じっちゅうはっく」、「十干十二支」は「じっかんじゅうにし」と読むなど、読み方に注意が必要である。

手動式

× てどう式

○ **しゅどう式**

人の手で操作するやりかたのこと。「手」を「て」、「動」を「どう」と読む、いわゆる湯桶《ゆとう》読みで「てどうしき」としがちだが、漢語の熟語として「しゅどうしき」と読むのが正しい。

順風《じゅんぷう》満帆

× 順風まんぽ

○ **順風まんぱん**

船が帆に追い風を受けて順調に進むこと。転じて、物事が非常に順調に進むことのたとえにいう。「満帆」を「まんぽ」と読みがちだが、正しくは「まんぱん」である。「帆」を「はん」と読むのは音読みで、ほかに「帆船《はんせん》」「出帆《しゅっぱん》」「帆布《はんぷ》」などがある。「ほ」は訓読みで、「帆を上げる」「帆がふくらむ」のようにいう。

上《じょう》意《い》下達

× 上意げたつ

○ **上意かたつ**

上に立つ者の考えや命令を下位の者に伝えること。「上下(じょうげ)」の連想から、「下達」を「げたつ」と読むのは間違い。

精進する

× せいしんする

○ **しょうじんする**

身を清め行いを慎むこと。また、一つのことに心を打ち込んで励むことで、「画業に精進する」のようにいう。もとは仏教語で、一心に仏道の修行をすることで、「精」を「しょう」と読むのは呉音。呉音は漢音が日本に伝わる前に、朝鮮を経て伝えられた中国南方系の音で、仏教語に多い。ちなみに、「精進」は、仏教の戒律で殺生を禁じたことから、肉食を避けて菜食することもいう。

定石

✕ ていせき
〇 **じょうせき**

囲碁で、基本の型とされる石の打ち方のこと。転じて、「定石通りに事を運ぶ」のように、物事を処理するときの決まったやり方、筋が通っていて最善の方法の意味で用いる。「ていせき」と読むのは間違い。

精霊流し

✕ せいれい流し
〇 **しょうりょう流し**

「精霊(しょうりょう)」は仏教で、死者の魂のこと。「精霊流し」は盂蘭盆会《うらぼんえ》に迎えた精霊をあの世に送り返す行事で、わらなどで作った舟に供物や灯籠を飾って川や海に流してやる。「精霊」を「せいれい」と読むと、死者の魂の意味のほか、山川草木などの自然に宿る霊のこともいう。

性悪な人

✕ せいあくな人
〇 **しょうわるな人**

性格が悪いことで、「しょうわる」と読む。「性悪説」のように、「せいあく」とは読まない。

身上を潰《つぶ》す

✕ しんじょうを潰す
〇 **しんしょうを潰す**

財産を無くす、破産することで、「しんしょう」と読む。「しんじょう」と読めば、一身にかかわることで、「身上調査」のように用い、別語。

心中を察する

✕ しんじゅうを察する
〇 **しんちゅうを察する**

心の中をおしはかることで、「しんちゅう」と読む。「しんじゅう」と読めば、情死のことで、別語。

進捗

× しんしょう

○ **しんちょく**

物事が進みはかどること。「捗」ははかどる意味で、「ちょく」と読み、「工事の進捗状況を報告する」のように用いる。「交渉」の「渉」と字形が似ていることから勘違いして、「しんしょう」と読むのは間違い。

真面目を発揮する

× まじめを発揮する

○ **しんめんもくを発揮する**

この場合の「真面目」はそのものの本来の姿や力、真価、本領の意味で、「しんめんもく」または「しんめんぼく」とも読む。「まじめ」と読めば、真剣であること、誠実であることの意味で、別語。「まじめを発揮する」とはいわない。

清清しい

× せいせいしい

× きよきよしい

○ **すがすがしい**

漢字で「清清しい」とあると、一瞬とまどい、つい「せいせいしい」などと読んでしまう。「すがすがしい」は和語で、「清」はその意味を汲んで当てたものである。

数寄屋造《づく》り

× すうきや造り

○ **すきや造り**

茶室風の、装飾を廃した簡素な造りの建物のこと。「数寄」は「すき」と読んで、風流・風雅を好むこと。「好き」と同語源で、「数寄」と書くのは当て字である。また、「数奇」とも当てて書くが、「すうき」と読むと全くの別語で、「数奇な運命をたどる」は、運命がはげしく変化することをいう。この場合の「数」は運命、「奇」は思いがけない、の意である。

清拭

× せいしょく

○ **せいしき**

入浴できない病人などの体をふいてきれいにすることで、主に看護の場面で用いることばである。きれいにぬぐい去る意の、「払拭（ふっしょく）」ということばが思い浮かぶところから、「せいしょく」と読みがちだが、正しくは「せいしき」である。「しき」と読むのは呉音。↓払拭（ふっしょく）

脆弱

× きじゃく

○ **ぜいじゃく**

もろくてよわいさまをいう。「脆」はもろい、こわれやすい、の意。旁《つくり》の「危」から類推して「き」と読むのは間違い。

西南の役

× 西南のやく

○ **西南のえき**

一八七七年、西郷隆盛らが起こした反乱。西南戦争ともいう。「役（えき）」は、戦争、の意。「やく」と読めば、務め、任務、受け持ち、などの意で別語。

殺生

× せっせい

○ **せっしょう**

仏教語で、生き物を殺すこと。「生」を「しょう」と読むのは呉音。「生者」「生類」「後生」「畜生」なども「しょう」と読む。

漸次

× ざんじ

○ **ぜんじ**

だんだん、次第に、の意。「景気は漸次回復しつつある」のように用いる。「ざんじ」と読み間違えるのは、字形が似ていて、同じく三音の「暫時（ざんじ）」と混同してしまうからのようである。「暫時」はしばらくの間、の意である。

相好を崩す

× そうこうを崩す
○ **そうごうを崩す**

硬い表情から一転、にこにこすることをいう。「相好」は顔つき、表情のことで、「そうごう」と読む。もとは仏教語で、仏のすぐれた姿をいう。

造作ない

× ぞうさくない
○ **ぞうさない**

この場合の「造作」は「ぞうさ」と読み、「造作ない」は「そんなことは造作ないことだ」のように、手間がかからない、たやすいさまをいう。「ぞうさく」と読むと建物を建てること、建物の内部の仕上げ、また、顔のつくりのことで、別語となる。

相殺

× そうさつ
○ **そうさい**

貸し借りや損得など、相反するものを互いに差し引いて帳消しにすること。この場合の「殺」は減らすという意味で、「さい」と読む。同様の例で、「減殺」も「げんさい」と読む。

遡行

× さくこう
○ **そこう**

「遡」は流れをさかのぼる、の意。旁《つくり》の「朔」から類推して「さく」と読むのは間違い。船で川をさかのぼることは「遡航」と書く。ちなみに、法律や規則などが過去のある時までさかのぼって影響や効力を及ぼすことを「遡及（そきゅう）」という。

外面のいい人

×がいめんのいい人
○**そとづらのいい人**

外部の人に対する態度がいい人ということ。この場合の「外面」は和語で、「そとづら」と読む。「がいめん」と読めば別の意味となり、「がいめんのいい人」とはいわない。

素封家

×すほうか
○**そほうか**

古くから代々続いた資産家、大金持ちのこと。「封」は領地の意。「素封」とは、官位や領地がなくても、その富が領地を持った諸侯と等しいことをいう。「素」は漢音で「そ」と読む。

大人の風格

×おとなの風格
○**たいじんの風格**

「大人（たいじん）」は、徳の高い立派な人、人格者のこと。反対語は小人（しょうじん）。「おとな」と読めば、成人、また分別のある人、の意で、反対語は子供（こども）。風格があるのは「たいじん」である。

大勢が決まる

×おおぜいが決まる
○**たいせいが決まる**

おおかたの形勢が決まることで、「大勢」は「たいせい」と読む。「おおぜい」と読めば、人が多いことで、別語。

台頭

×だいとう
○**たいとう**

新しいものが勢力を増してくること。本来は「擡頭」と書く。「擡」はもたげる意味で、「台」は代用漢字である。従って、この「台」はものを置く台のことではないので、「だいとう」とは読まない。

大事件《だいじけん》が出来する

× 大事件ができする
○ 大事件がしゅったいする

「出来」は思いがけない事件が起こることで、「しゅったい」と読む。「でき」と読めば別語。また、「できする」ということばはない。

逐次

× ついじ
○ ちくじ

順を追って、の意。「この件に関しては逐次ご報告します」のように用いる。よく似た字に「遂(つい)に」の「遂」があり、ついつい「ついじ」と読み誤りそうになるので要注意。ちなみに「逐」の熟語には、順を追うの意味では、「逐一(ちくいち)」「逐語訳(ちくごやく)」、追い払うの意味では「駆逐(くちく)」「放逐(ほうちく)」などがある。

嫡子

× てきし
○ ちゃくし

家を継ぐ人、跡継ぎのこと。男性の場合は「嫡男(ちゃくなん)」という。「嫡」が「適」「摘」などと字形が似ていることから、「てき」と読み間違いやすい。

長広舌

× ながこうぜつ
× ちょうこうした
○ ちょうこうぜつ

長々としゃべりたてること。「長舌」でおしゃべりのこと。それよりさらにしゃべる意味で、「長広舌」という。漢語なので、訓読みを混ぜたりしない。

凋落

× しゅうらく

○ **ちょうらく**

落ちぶれることで、「凋落の一途をたどる」のようにいう。「凋」を旁《つくり》の「周」から類推して、「しゅう」と読むのは間違い。

追従を言う

× ついじゅうを言う

○ **ついしょうを言う**

人にこびへつらって、おべっかをいうこと。「追従」を「ついじゅう」と読めば、人のあとに従う、の意で、別語である。

築山

× ちくやま

○ **つきやま**

日本庭園で、土砂や石で造った人工の小山のこと。古語で、きずくことを「築く(つく)」といい、その連用形「つき」から、「つきやま」と読む。「築」を「ちく」と音読みにはしない。

釣瓶落とし

× つりべ落とし

○ **つるべ落とし**

「釣瓶」は「つるべ」と読む。井戸の水を汲むための、竿や縄の先につけた桶のこと。井戸の中に釣瓶がすとんと早く落ちるようすから、秋の日が暮れやすいことのたとえにいう。

手紙を認める

× 手紙をみとめる

○ **手紙をしたためる**

「したためる」は、書き記す意味で、古風な語。「みとめる」と読めば別語。

敵愾心

× てっきしん

○ **てきがいしん**

相手に対する憤りや反発などからくる、強い闘争心のことで、「敵愾心を燃やす」のようにいう。「愾」はいきどおる、の意で、「がい」と読む。旁《つくり》の「氣」から類推して、「き」と読むのは間違い。

手練手管

× しゅれんしゅかん

× てだれてくだ

○ **てれんてくだ**

人をだましたり操ったりする腕前のことで、「手練手管にたけた人」のようにいう。「手練」を「しゅれん」または「てだれ」と読めば、熟練した腕前の意味で、別語。「手練」も「手管」も同じ意味で、重ねていうことで更に意味を強めたもの。

伝播

× でんばん

× でんぱん

○ **でんぱ**

伝わって広まること。「播(は)」は種をまく、の意。「でんぱん」と読んだり、旁《つくり》の「番」の音から類推して、「でんばん」と読むのは間違い。ちなみに慣用音で、旧国名播磨《はりま》の別称「播州《ばんしゅう》」など「ばん」と読む例もある。↓播種(はしゅ)

堂に入る

× 堂にはいる

○ **堂にいる**

学問や技芸などがその道の奥深くにまで到達していること。また、物事や役割にすっかり慣れて、すぐれていることをいう。「堂」は大きく立派な建物のことで、「堂にのぼり室に入る」ことから、物事の奥義を究める意になったもの。単に、建物の中に入る（はいる）ということではない。「悦に入る」「興に入る」と同様、「入る」は「いる」と読む。

床につく

× ゆかにつく

○ とこにつく

寝ること、就寝することをいう。この場合の「床」は「とこ」と読んで、寝る場所、寝床のこと。「ゆか」と読めば、建物の内部で、歩いたり座ったりする板張りの部分のことで、別語。ちなみに、「床上げ（とこあげ）」は、病気が治って、寝床を片付けること、また、その祝いのことで、「ゆかあげ」とは読まない。

貪欲

× ひんよく

○ どんよく

非常に欲が深いこと。「貪」はむさぼる、の意。まずしいの「貧」と字形が似ているので読み間違えないように注意。

なす術がない

× なすじゅつがない

○ なすすべがない

「術」は手段、方法、の意で、この場合は慣用句として「すべ」と読む。同様の意味で「世渡りの術」、策略、魔術の意味で「術を弄する」「術にかかる」などの場合は、「じゅつ」と読む。

名代の店

× みょうだいの店

○ なだいの店

世間に名が知られている、有名、の意で、「名代」は「なだい」と読む。「みょうだい」と読めば、人の代わり、代理、の意で別語。「父親の名代を務める」のように用いる。

生兵法

✕ なまへいほう

〇 **なまびょうほう**

生半可に兵法を知っていること。転じて、中途半端な知識や技術を持っていることをいい、「生兵法はけがのもと」はよく知られたことわざ。単に「兵法」なら、「へいほう」と読むが、この場合は「なまびょうほう」と読む。「兵」を「ひょう」と読むのは呉音で、「兵糧（ひょうろう）」「雑兵（ぞうひょう）」などがその例である。

習い性となる

✕ 習いしょうとなる

〇 **習い（、）せいとなる**

習慣がたび重なると、生まれつきの性質のようになってしまうこと。「習い」が「性となる」ということで、「ならい（、）せいとなる」と読む。「性」を「しょう」と読んだり、「習い性」で一語扱いにするのは間違い。

如実

✕ じょじつ

〇 **にょじつ**

実際のとおりであること、の意で、「真相を如実に物語る」のように用いる。本来は仏教語で、絶対不変の真実をいう。「如」を「にょ」と読むのは呉音。「手元不如意」「如意棒」「如意輪観音」などの例がある。呉音は漢音が日本に伝わる前に朝鮮を経て伝えられた中国南方系の音で、仏教語に多い。

呪いをかける

✕ まじないをかける

〇 **のろいをかける**

かけるのは「のろい」である。「呪い」を「まじない」と読めば、神仏などの神秘的な力によって、災いを与えたり取り除いたりする術やそのためのことばのことで、別語。その場合には「試験で上がらないようにおまじないをする」「おまじないを唱える」のようにいう。

背筋を鍛《きた》える

× せすじを鍛える
○ **はいきんを鍛える**

鍛えるのは、体の背部の筋で、「はいきん」と読む。「せすじ」と読めば、「背筋を伸ばす」というように、背中の中心線のことで、別語。

背馳

× はいた
○ **はいち**

そむくこと。「背」は後ろ向きになる、「馳」は速く走る、の意。「馳」を旁《つくり》から類推して「た」と読むのは間違い。

方舟

× かたぶね
○ **はこぶね**

四角形の舟のこと。「方舟」の「方」は当て字で、「箱舟」と書くこともある。「方」は四角の、意。「水は方円《ほうえん》の器に従う」の「方円」は、四角と丸のことである。

白砂青松

× しらすなあおまつ
○ **はくしゃ［はくさ］せいしょう**

白い砂浜と青い松原が続く、海岸の美しい風景の形容である。「白」「砂」「青」「松」をそれぞれ訓で読むことはしない。

播種

× ばんしゅ
× はんしゅ
○ **はしゅ**

種をまくこと。「播(は)」はまく、の意。「はんしゅ」と読んだり、旁《つくり》の「番」の音から類推して「ばんしゅ」と読むのは間違い。↓伝播(でんぱ)

端数

× はしすう

○ **はすう**

十・百・千など、切りのいい単位で数えるときの、余った数のことで、たとえば、二〇五八を千の単位で切れば端数は五八である。この「端」は、はんぱ、はした、の意で、「はし」ではなく「は」と読む。ちなみに、布の「端切れ」も「はしぎれ」ではなく、「はぎれ」と読む。

罰が当たる

× ばつが当たる

○ **ばちが当たる**

「罰」は「ばち」とも「ばつ」とも読むが、悪事に対する、こらしめとしての神仏からの報いは「ばち」で、「物を粗末にしたらばちが当たる」のようにいう。「ばつ」は罪や過ちに科するこらしめのこと。「罰を受ける」「遅刻した罰に校庭を三周させる」の「罰」は「ばつ」である。

歯に衣着せぬ

× 歯にころも着せぬ

○ **歯にきぬ着せぬ**

思ったことを率直に言うことのたとえ。「衣」は「きぬ」と読み、「ころも」ではない。また、「絹」の意でもない。

端役

× はしやく

○ **はやく**

芝居で、重要でない役、ちょっとした役のこと。この「端」は中心から離れた、はしっこ、の意で、「はし」ではなく「は」と読む。

腸が煮え繰り返る

× ちょうが煮え繰り返る

○ **はらわたが煮え繰り返る**

激しい怒りが抑えられない様子をいう。「腸」は内臓のことで、「ちょう」ではなく「はらわた」と読む。ほかに、「はらわた」と読む慣用句に、「腸が腐る（精神が堕落する）」「腸がちぎれるよう（悲しみやつらさに耐えられないさまの形容）」などがある。

罵詈《ばり》雑言

× 罵詈ぞうげん
○ **罵詈ぞうごん**

ひどい悪口をいうこと。「雑言」は「ぞうげん」ではなく、「ぞうごん」と読む。「言」を「ごん」と読むのは呉音。ほかに「他言（たごん）」「遺言（ゆいごん）」などの例がある。

万全

× まんぜん
○ **ばんぜん**

すべてにおいて完全であること。「万国」「万事」「万能」など、「万」を「ばん」と読むのは漢音で、すべて、の意。「まん」と読むのは呉音で、数の名のほか、数が多い、の意で、「一万人」「万病」などがその例。音による意味の違いを認識すれば、読み間違いは防げる。

凡例

× ぼんれい
○ **はんれい**

辞書などの始めに、編集方針や使い方、記号の説明などを箇条書きで記した部分。この「凡」はおおよそ、の意で、「はん」と読む。「平凡」「凡人」などにならって、「ぼん」と読むのは間違い。

一方ならぬ

× いっぽうならぬ
○ **ひとかたならぬ**

この場合の「一方」は、一通りの意味で、「ひとかた」と読む。一つの方向の「いっぽう」ではない。「一方ならぬ世話になった」といえば、一通りではない、大変な世話になったということ。

人気のない静かな部屋

× にんきのない静かな部屋
○ **ひとけのない静かな部屋**

人がいそうにない、人のいる気配がない、という意味で、「人気」は「ひとけ」と読む。「にんき」と読めば、世間での評判の意味で、別語。

他人事

× たにんごと
○ **ひとごと**

自分には関係ないことをいう。この場合の「ひと」はほかの人の意で、「他人」と当てるところから、漢字をそのまま読んで「たにんごと」ということがあり、近年、よく耳にするが、本来は誤用。「ひとごととは思えない」「ひとごとではない」を「たにんごととは思えない」「たにんごとではない」と言い換えてみると、慣用表現としてもなじまないことがよく分かる。「人事」とも書くが、「じんじ」と読めて紛らわしい。

日和

× にちわ
× ひわ
○ **ひより**

「いいお日和ですね」といえば、天気がよいときのあいさつ。何かをするのにちょうどよい天気の意味では、「行楽日和」のようにいう。「日和」は、もとは「にわ」と読み、風がやんで、海が静かなことをいった。「ひより」ということばにも、もとは海上の天気がよいという意味があったところから、「日和」の字を借りて用いるようになったものである。

不世出

× ふよで
○ **ふせいしゅつ**

めったに世に現れないほど優れていること、の意で、「不世出の天才ピアニスト」のように用いる。漢文をそのまま読んだもので、「世」と「出」を訓読みにして、「ふよで」と読むのは間違い。

払拭

× **ふっしき**
○ **ふっしょく**

きれいにぬぐい去ること、の意で、「疑惑を払拭する」のように用いる。「拭」は、「清拭」のように「しき」と読む場合があって紛らわしい。「しょく」は漢音で、「しき」は仏教語に多い呉音である。→清拭（せいしき）

平生

× **へいせい**
○ **へいぜい**

常日頃、ふだん、の意で、「平生の心掛けが良い」のようにいう。「生」は「せい」ではなく、慣用的に濁音で「ぜい」と読む。

臍を嚙《か》む

× **へそを嚙む**
○ **ほぞを嚙む**

へそをかもうとしても口が届かないことから、くやしい思いをする、後悔することをいう。「臍」はへそのことだが、この場合は古い言い方で「ほぞ」と読む。

枚挙《まいきょ》に遑［暇］がない

× **枚挙にひまがない**
○ **枚挙にいとまがない**

数が多すぎていちいち数え上げたらきりがない、の意。この場合の「いとま」は何かをする時間の意で、古風な語。この慣用句については、本来は「遑」と書くが、常用外漢字のため、新聞などでは「暇」で代用する。そこから、「ひま」と読み間違える例が見られるようになった。同様の慣用表現で、「応接にいとまがない」というが、この場合も「ひま」とはいわない。

幕間に弁当を食べる

× まくまに弁当を食べる

○ **まくあいに弁当を食べる**

芝居で、一幕が終わって、次の幕が開くまでの間を「幕間（まくあい）」という。「まくま」とは読まない。ちなみに、その間に食べたところから、その弁当を「幕の内弁当」という。食べやすいように、小さなお結びとおかずを詰め合わせたもので、芝居見物以外にもその形が広まっていった。

股座

× こざ

○ **またぐら**

両ももの間のこと。「股間」を「またま」ではなく「こかん」と読むところから、同様に音読みで「こざ」と読むのは間違い。この場合は「またぐら」である。「座（くら）」は人や動物がのる台の意味の古語である。

末期の水

× まっきの水

○ **まつごの水**

死に際の人に水を飲ませることを「末期の水を取る」という。この場合の「末期」は死に際のことで「まつご」と読む。「まっき」と読めば、終わりの時期の意で、別語。「末期のがん」など、似たような場面で使うことがあるので誤りやすい。

目の当たりにする

× めの当たりにする

○ **まの当たりにする**

「目の当たり」は目の前、眼前、の意。「目の辺り」とも書くが、目の周辺ということではない。「目」を「ま」と読むのは古形で、「目庇（まびさし）」「目縁（まぶち）」「帽子を目深（まぶか）にかぶる」など、ほかの語について複合語の形で用いられる。

目深

× めぶか
○ **まぶか**

帽子などを目が隠れるほど、深くかぶるようすをいう。「目」は「ま」と読む。↓目(ま)の当たりにする

微塵

× びじん
○ **みじん**

細かいちり、の意。転じて、物が砕けて非常に細かくなることや極めて微細なもの、ほんのわずかであることをいい、「木っ端微塵(こっぱみじん)」「粉微塵(こなみじん)」「微塵切りにする」「そんな気持ちは微塵もない」のように用いる。「微」は「微細」「微小」「微動」のように、漢音で「び」と読む場合が多いが、「微塵」についていえば、仏教語に由来し、呉音で「み」と読む。

自ら態度で示す

× おのずから態度で示す
○ **みずから態度で示す**

自分から、の意味で、「自ら」は「みずから」と読む。自然と、の意味の「おのずから」との区別が難しい場合があるが、文脈から判断できる。「おのずから」は「自ずから」と「ずか」を送って書く。

身を粉にする

× 身をこなにする
○ **身をこにする**

苦労をいとわず一心に働くことのたとえ。「粉」は慣用的に「こ」と読む。「こな」より古い言い方。

黙示録

× もくじろく
○ **もくしろく**

キリストの再来や神の国の出現を説く、新約聖書「ヨハネの黙示録」がよく知られる。表示、掲示など、熟語では「示」を「じ」と読むことが多いが、「黙示録」については清音で「し」と読む。

最中を食べる

× さいちゅうを食べる

○ もなかを食べる

これは和菓子の「最中」のことで、「もなか」とわかっていて読まないとなかなか読めないものである。昭和天皇が地方に行幸の折、看板に「起き上がり最中」とあるのをご覧になって、「起き上がりさいちゅう」とはどういうことかとお尋ねになったという逸話がある。もちろんこれは菓子の名前である。

物心がつく

× ぶっしんがつく

○ ものごころがつく

幼児期を過ぎて、世の中のことが理解できるようになることをいう。「ぶっしん」と読めば、物質と精神、の意で別語。その場合は、「物心両面で支援する」のように用いる。

役所をわきまえる

× やくしょをわきまえる

○ やくどころをわきまえる

この「役所」は「やくどころ」と読む。「役所をわきまえる」とは自分に与えられた役割を心得るということ。「やくしょ」は、行政事務を行うところ、官公庁のことで、別語。

野に下《くだ》る

× のに下る

○ やに下る

公職を退いて、民間人となることで、「下野《げや》する」ともいう。「野」は権力の座にいない、民間、の意。「在野（ざいや）」「野党（やとう）」の「や」である。野原に行くことではない。

夭逝

× ようせつ

○ **ようせい**

「夭」はおさない、若い、の意で、「夭逝」は若くして死ぬこと。同義で「夭折（ようせつ）」ということばがあり、また、「逝」の字の中に「折」が含まれることから類推して、「逝」を「せつ」と読むのは間違い。

凌駕

× しゅんが

○ **りょうが**

能力が他の者を追い越して、その上に出ること。「凌」はしのぐ、の意で、「りょう」と読む。すぐれているという意味の「俊（しゅん）」と字形が似ていて、読み間違いやすい。

老若男女

× ろうじゃくだんじょ

× おいわかだんじょ

○ **ろうにゃくなんにょ**

老いも若きも男も女もということで、年齢・性別関係なくあらゆる人のことをいう。舌がもつれそうになるが、「ろうにゃくなんにょ」と読む。「若」を「にゃく」、「男」を「なん」、「女」を「にょ」と読むのは呉音で、仏教語からきたことば。

【難読語一覧】

欠伸（あくび）
胡坐（あぐら）
数多（あまた）
塩梅（あんばい）
許嫁（いいなずけ）
漁火（いさりび）
無花果（いちじく）
所謂（いわゆる）
転寝（うたたね）
似非（えせ）
鷹揚（おうよう）

嗚咽（おえつ）
白粉（おしろい）
御神酒（おみき）
万年青（おもと）
界隈（かいわい）
杜若（かきつばた）
陽炎（かげろう）
帷子（かたびら）
固唾（かたず）
剃刀（かみそり）
窮鼠（きゅうそ）
水鶏（くいな）
蜘蛛（くも）
健気（けなげ）

還俗（げんぞく）
絢爛（けんらん）
鼓吹（こすい）
独楽（こま）
流石（さすが）
白湯（さゆ）
時雨（しぐれ）
時化（しけ）
竹刀（しない）
注連縄（しめなわ）
辛辣（しんらつ）
誰何（すいか）
杜撰（ずさん）
発条（ぜんまい）

雀斑（そばかす）
松明（たいまつ）
山車（だし）
手水（ちょうず）
提灯（ちょうちん）
旋毛（つむじ）
氷柱（つらら）
木偶（でく）
心太（ところてん）
蜻蛉（とんぼ）
乃至（ないし）
就中（なかんずく）
長閑（のどか）
海苔（のり）

祝詞（のりと）
刷毛（はけ）
法被（はっぴ）
囃子（はやし）
海星（ひとで）
河豚（ふぐ）
黒子（ほくろ）
反故（ほご）
小火（ぼや）
鳩尾（みぞおち）
百足（むかで）
猛者（もさ）
流鏑馬（やぶさめ）
所以（ゆえん）

第7章 漢字の書き間違い

漢字の書き間違いで一番多いのが、同音異義語の場合です。昨今、特にパソコンで文章を書くケースが多く、漢字変換のミスが原因の一つにもなっていますが、使いたいことばとそれに相当する漢字の両方の意味内容をしっかり把握すれば間違いは防げます。

あいみ互い

× 相見互い

○ **相身互い**

同じ境遇にある者同士なら、お互いに助け合うものだということ。「武士は相身互い」のようにいう。「相身」はお互いの身の上、といった意味合いで、「相見」とは書かない。

あくたいをつく

× 悪体をつく

○ **悪態をつく**

「悪態」は悪口、憎まれ口のこと。「態」は様子、の意。「悪体」と書くのは間違い。

あいことば

× 相言葉

○ **合言葉**

前もって決めておく合図の言葉なので、「合言葉」が正しい。「合い言葉」とも書く。

あげあしを取る

× 上げ足を取る

○ **揚げ足を取る**

「揚げ足」は相撲や柔道で、技をかけようとして揚げた足のこと。その技の様子から、相手のことばじりや言い間違いをとらえて、なじったり批判することをたとえて、「揚げ足を取る」という。「上げ足」は取引で相場が上がっていくことをいい、別語。

あとつぎを決める

× 社長の跡継ぎ（○後継ぎ）を決める

× 家の後継ぎ（○跡継ぎ）を決める

前任者の地位や仕事を受け継ぐ人は「後継ぎ」、家督を継ぐ人は「跡継ぎ」と書き分ける。従って正しくは、「社長の後継ぎを決める」「家の跡継ぎを決める」となる。

あぶらが乗る

× 油が乗る
○ **脂が乗る**

魚などに脂肪分が増して味がよくなること。また、人が調子が出て仕事がはかどる、絶好調になることをいう。この「あぶら」は動物に含まれるもので「脂」と書く。植物や鉱物からとる、常温で液体のものは「油」と書く。

あやまった判断

× 過った判断
○ **誤った判断**

間違っている、正しくない、という意味で、「誤った」と書く。「過ち（あやまち）」「過失」の「過」ではない。

あわよくば

× 泡良くば合格するかもしれない
○ **あわよくば合格するかもしれない**

古語の「間（あは）よし」からで、間（ま）がよければ、運がよければ、うまくいけば、の意。ふつう、仮名書きする。「あわ」をかすかな望みを抱くというような意味合いで「泡」と思い込み、「泡良くば」と書くのは誤り。

あんのじょう

× 案の条
× 案の上
○ **案の定**

「案」は予想、「定」はきまり、の意。思っていたとおり、予想通りということで、「じょう」は「条」でも「上」でもない。

いがいな結末を迎える

× 以外な結末を迎える
○ **意外な結末を迎える**

思いもしない、の意で、「意外」と書く。「以外」はそれよりほか、の意で、書き間違えようがないように思えるが、パソコンの漢字変換の際のうっかりミスは意外と多い。

いかんなく実力を発揮する

× 如何なく実力を発揮する
○ 遺憾なく実力を発揮する

心残りなく存分に、の意で、「遺憾なく」と書く。「遺」はのこる、「憾」は残念に思う、の意。「如何」はどのようであるか、の意で、「理由の如何を問わず」「如何ともしがたい(どうにもしようがない)」のように用いる。

息せき切る

× 息咳切る
× 息堰切る
○ 息急き切る

非常に急いで、はあはあと息遣いを荒くすることで、「息せき切って駆けつける」のように用いる。「せき」は急いでの意味なので、「急き」と書く。同音で、息との関連から「咳」を思い浮かべ、「息咳切る」とするのは間違い。息は切れても、咳は切れない。また、押さえていたものがどっとあふれ出る意の「堰《せき》を切る」からの連想が働いて、「息堰切る」と理解したり、書いたりするのも間違い。

息のねを止める

× 息の音を止める
○ 息の根を止める

相手の命を奪う、殺す、また、徹底的にやっつけること。「息の根」は呼吸、命、の意。呼吸する音を止めることではない。

いき巻く

× 意気巻く
○ 息巻く

「不正は絶対に許せないといき巻く」「今度こそ優勝するぞといき巻く」の「いき巻く」は激しい態度や語調で怒りをあらわしたり、気炎をあげること。「息遣いを荒くする」ことが原義で、「息巻く」と書く。意気込んで言う場面が多いが、「意気巻く」とは書かない。

いぎを唱える

× 異義を唱える
○ 異議を唱える

他の人と違った意見を言うのは「異議」。「異義」は意味が違うこと、また、異なった意味、のことで、「科学と化学は同音異義語だ」のように用いる。

いさいを放つ

× 異才を放つ
○ 異彩を放つ

才能や技量がほかとは違ってきわだっているという意味では「異彩」と書く。「異才」は特別優れた才能、また、その人、の意。「彼は文壇の異才だ」のように用いる。「異彩」と「異才」は同音で、意味内容に似た部分があり間違えやすい。

いさぎよい

× いさぎ良い
× 潔よい
○ 潔い

「勇清し（いさきよし）」の意で、字義から「潔」を当てたもの。単独で「いさぎ」ということばはない。「いさぎがよい人だ」のような表現が使われることがあるが、語法としても間違い。

いそがしい

× 急がしい
○ 忙しい

「いそぐ」を「急ぐ」と書くことから、「いそがしい」も「急がしい」と書いてしまいがちになるが間違い。もともと「いそがしい」は動詞「いそぐ」が形容詞化した語。「忙しいので急ぐ仕事は引き受けられない」のように、関連した場面で用いることも多く、勘違いが生じやすい。

いたれり尽くせり

× 到れり尽くせり
○ 至れり尽くせり

心遣いなどがすみずみまで至っている（行き届いている）、の意で、「いたれり」は「至れり」と書く。ちなみに、「光栄のいたり」の場合も「至り」と書く。

いちどうに会する

× 一同に会する
○ 一堂に会する

多くの人が同じ場所に集まることをいい、「世界各国の経済学者が一堂に会した」のように用いる。「一堂」は一つの堂の意で、転じて、同じ建物、同じ場所をいう。全員がそろうという意味では、「一同顔をそろえる」という言い方があり、そこから「一同に会する」という勘違いが起こるのかもしれないが、場所を念頭におけば間違いは防げる。

いっかんの終わり

× 一貫の終わり
○ 一巻の終わり

続いてきたことが悪い形で一挙に終わることをいう。また、「こんな崖から落ちたら一巻の終わりだ」のように、死ぬ意味でも用いる。もとは無声映画の弁士が終わりに言ったことばとされる。すべてやり終えたという意味合いから、「終始一貫」「一貫作業」などを連想し、「一貫」と書くのは間違い。

いっさいならず忠告する

× 一切ならず忠告したにもかかわらず
○ 一再ならず忠告したにもかかわらず

一度や二度ではなく、の意で、「一再ならず」と書く。「一切」は全くの意で、「（…することは）一切、ならず」といった構文ならあるかもしれないが、続けて「一切ならず」という言い方はない。

いっしょにする

× **一諸にする**

○ **一緒にする**

一つにまとまる、行動をともにすることで、「一緒」と書く。「緒」は糸のように長く続くつながり、の意。「諸」はもろもろ、の意。字形と音が似ていてまぎらわしいが、「一諸」と書くのは間違い。

いっしん同体

× **一身同体**

○ **一心同体**

二人の人が、心も体も一つであるかのように強く結びついていることをいい、「一心同体」と書くのが正しい。「一身」は自分一人、また、自分一人の体の意味で、「一身上の都合」とか「責任を一身に背負う」のように用いる。「一身同体」では意味が重なるだけで、語として成り立たない。

いってん張り

× **一天張り**

○ **一点張り**

ただ一つのことだけを押し通すことで、「何を聞いても知らないの一点張りだ」のように用いる。博打で同じところ(一点)にばかり賭けることからいうもの。「一天」は空一面、の意。慣用表現で、「一天にわかにかき曇る」のようにいう。

いっとうちを抜く

× **一等地を抜く**

○ **一頭地を抜く**

ほかより一段と優れていることは「一頭地を抜く」と書く。「一頭」は頭一つの意で、「地」は漢文で副詞を作る助辞。頭一つ分、ほかより出ている意味で、「彼は数学ではクラスで一頭地を抜く」のように用いる。一番良い土地の「一等地」とは無関係である。

意にかいする

× 意に解する
○ **意に介する**

気にする、気にかける、の意味では「意に介する」と書き、「人にどう思われようと意に介さない」のように用いる。「介する」は間に何かを置く、仲介する、の意。「意に」の気持ちの部分に引かれて、同音で、理解する意の「解する」と書くのは間違い。

いはつを継ぐ

× 遺髪を継ぐ
○ **衣鉢を継ぐ**

前人の偉業を継ぐことで、「衣鉢を継ぐ」と書く。「衣鉢」は仏教で、師の僧が弟子に法を伝える証しとして与える袈裟《けさ》と鉢のこと。転じて、仏教の奥義をいう。また、一般に師から弟子に伝える奥義や前人の偉業の意味に用いる。従って、亡くなった人の髪、「遺髪」のことではない。

いまだ完成せず

× 今だ完成せず
○ **未だ完成せず**

まだ完成という段階に達していない、ということで、「未だ」と書く。たった今、現在、の意味ではないので、「今だ」と書くのは間違い。

意味しんちょう

× 意味慎重な発言
○ **意味深長な発言**

表には出ない、深い意味が含まれている発言ということ。つつしみ深いという意味ではないので「意味慎重」と書くのは間違い。

いやが上にも

× 嫌が上にも
○ **弥が上にも**

「祭気分はいやが上にも盛り上がった」の「いや」は、ますます、いよいよ、の意の副詞で、「弥」と書く。「弥が上にも」で、さらにますます、と強調した言い方となる。「嫌が上にも」と書くのは間違い。

いやしくも

× 卑しくも
○ 苟も

かりそめにも、の意で、「いやしくも人の上に立つ者は誰に対しても公平であるべきである」のように用いる。「苟も」と書くのは、もと漢文訓読で、「苟」を「いやしくも」と読んだことによるもので、「卑しくも」と書くのは間違い。

いんそつする

× 引卒する
○ 引率する

「生徒を引率する」のように、大勢の人を引き連れていくこと。「卒」を「率」の略字と勘違いしたり、代用して、「引卒」と書くのは間違い。

うけおいで仕事をする

× 受け負いで仕事をする
○ 請負で仕事をする

いろいろ条件を決めて仕事をする意味で、「請負」と書く。「請ける」と「受ける」とは同語源だが、引き受ける意では「土木工事を請ける」のように書く。

うけに入る

× 受けに入る
○ 有卦に入る

巡り合わせがよく幸運が続くことをいい、「商品が爆発的に売れて有卦に入った」のように用いる。「有卦」とは、陰陽道で幸運が七年間続く年回りのこと。評判がよい意味で「受けがいい」というところから連想が働いて、「受けに入る」と書くのは間違い。

後ろだて

× **後ろ立て**

○ **後ろ盾**

後ろから支える人、後援者の意味で、「後ろ盾」または表外字で「後ろ楯」と書く。もともとは、背後からの攻撃を防ぐための盾のこと。後ろに立つ意味ではないので、「後ろ立て」とは書かない。

うそぶく

× **嘘吹く**

○ **嘯く**

とぼけて知らないふりをする、偉そうな態度でおおげさなことを言う、などの意味で、「嘯く」と書く。「嘯」は口をすぼめて声を出す、の意で、古くは詩歌を低い声で口ずさむことをいった。「うそぶく」にほらを吹く意味合いがあることから、「嘘を吹く」ことと思い、「嘘吹く」と書くのは間違い。

うそもほうべん

× **うそも方弁**

○ **うそも方便**

（だますためではなく）目的をとげるための手段として、うそをつくことも時によっては必要である、ということ。便宜的な手段という意味で、「方便」と書く。ときに弁舌さわやかにうそを言うかもしれないが、「方弁」などと書くのは間違い。

うちでの小《こ》槌《づち》

× **打ち手の小槌**

○ **打ち出の小槌**

昔話の「一寸法師」などに出てくる、打ち振ればなんでも望みのものが出てくるという小さな槌のこと。「打てば出る」ことから、「打ち出」と書く。手を使って打つからといって「打ち手」と書くのは間違い。

うちょうてんになる

× **有頂点になる**
○ **有頂天になる**

喜びや得意の絶頂にあるようすをいう。「有頂天」は仏教語で、欲界、色界、無色界の三界の上にある天のこと。気持ちが頂点に達することから連想が働いて、「有頂点」と書くのは間違い。

うるさがた

× **あの人はうるさ方だ**
× **あの人はうるさ形だ**
○ **あの人はうるさ型だ**

なんにでも口を出して、うるさく文句をいう人のこと。人のタイプであるから「うるさ型」と書く。「お偉方」「まかない方」のような、人を意味する「方」ではない。また、かたちや形式の意味でもないので「うるさ形」とは書かない。

えいきを養う

× **鋭気を養う**
○ **英気を養う**

何かをやろうとする気力、の意で、「英気」と書く。「鋭気」はするどい気性、気勢、の意で、「敵の鋭気をくじく」のように用いる。

えぼし

× **鳥帽子**
○ **烏帽子**

昔、元服した男性がかぶったもの。黒塗りで烏(からす)の羽色の帽子という意味である。「え」は「烏」の古音。「烏(とり)」と書くのは間違い。

おうじをしのぶ

× **往事を忍ぶ**
○ **往時を偲ぶ**

過ぎ去った昔をなつかしく思う、の意で、「往時」と書く。「往事」は昔の出来事、の意。また、この場合の「しのぶ」は「偲ぶ」で、「忍ぶ」とは書かない。「忍ぶ」は耐える、人に知られないようにする意で、別語。

おおいに盛り上がる

× 多いに盛り上がる
○ 大いに盛り上がる

たいへん、非常に、の意で、「大いに」と書く。数量ではなく、程度の問題なので、「多いに」とは書かないし、また、そういうことばもない。

おおみえを切る

× 大見栄を切る
○ 大見得を切る

歌舞伎役者が感情の盛り上がりを示すために、動きを止めて目立った姿勢や顔つきをすることをいう。そこから転じて、ことさら自分を誇示し、自信たっぷりの態度を示すことをいう。この場合は「見得」と書く。「見栄」はうわべを飾る意味で、「見栄を張る」「見栄を気にする」のように用いる。

おかしら付き

× 御頭付き
○ 尾頭付き

神事の供え物や祝いの席などに供される魚は「尾頭付き」である。これは頭から尾まで付いた、まるまる一匹の魚のことで、祝事には「めでたい」という語呂合わせもあって、鯛《たい》が用いられることが多い。いくらめでたいからといって、魚の「頭」に「御」を付けていうことはないだろう。

おくびにも出さない

× お首にも出さない
○ 噯にも出さない

口に出して言わなければ、そぶりにも見せないことをたとえていう。「おくび」はげっぷのことで、「噯」と書く。口やのどに近いからと「首」を連想しがちだが、「お首」ではない。

おしきせ

× **押し着せ**
○ **お仕着せ**

制服、ユニフォームのこと。主人から奉公人に季節ごとに衣服を与えることで、かつては「四季施」とも書いた。転じて、「お仕着せの旅行」のように、上から一方的に与えられることをいうが、原義からわかるように、上から押し付けられて着るという意味ではないので、「押し着せ」と書くのは間違い。

おして知るべし

× **押して知るべし**
○ **推して知るべし**

言われなくても推測すればわかるだろう、の意で、「怠けていれば結果は推して知るべし」のようにいう。ただ「押して」も何もわからない。

おどり上がって喜ぶ

× **踊り上がって喜ぶ**
○ **躍り上がって喜ぶ**

ピョンピョンと飛び跳ねて喜ぶ、の意では、「躍り上がる」と書く。踊っているわけではないので、「踊り上がる」は間違い。ほかに、胸がわくわくする意でも「胸が躍る」と書き、「胸が踊る」ではない。「小躍りして喜ぶ」も同様である。

思いをいたす

× **思いを至す**
○ **思いを致す**

心がそこに届くようにする、思いやる、の意で、「祖国に思いを致す」のようにいう。「至る」の他動詞形、「至らせる」の意からできた語だが、表記は「致す」と書く。

おもわくが外れる

× **思枠が外れる**
○ **思惑が外れる**

「おもわく」は、古語の「思ふ」の未然形「おもは」に接尾語「く」が付いて名詞化したもので、思うこと、の意。歴史的仮名遣いでは「おもはく」と書く。「惑」と書くのは字義からの当て字である。「思いの枠」の意味ではないので、「枠」とは書かない。

おんこうな人

× **温好な人**
○ **温厚な人**

性格がおだやかで人情に厚い人は、人から好もしく思われる。そこで、好もしいからといって「温好」と書くのは間違い。「厚」と「好」は音が同じなので、その点でも勘違いが起こりやすい。

おんわな気候

× **穏和な気候**
○ **温和な気候**

気候が暖かくおだやかな、という意味では「温和」と書く。性格がおだやかでやさしい、の意味では、「温和」とも「穏和」とも書く。

かいきえんを上げる

× **快気炎を上げる**
○ **怪気炎を上げる**

あやしげなことを言って、意気込むことをいう。従って、「怪気炎」と書く。いくらそれが気持ちがよいことでも、「快気炎」とは書かない。

がいこう的な性格

× **外交的な性格**
○ **外向的な性格**

性格で、積極的に自分を外に出す傾向をいうときは、「外向的」と書く。反対は「内向的」である。「外交」は外国、あるいは外部との交際や交渉のことなので、性格について「外交的」という形容はしない。人付き合いが上手なという意味では、「社交的な人」という。

かいころくを書く

× 懐古録を書く
○ 回顧録を書く

「回顧」は過去の出来事をあれこれと振り返ること。「懐古」は昔をなつかしむこと。どちらも過去に関連するが、単になつかしむのではなく、過去を思い出しながら記録に留めるという意味では「回顧録」と書く。

かいしんの作

× 改心の作
○ 会心の作

思ったとおりで満足する、の意で、「会心」と書く。「会心の笑みを浮べる」といえば、満足そうにほほえむ様子をいう。「改心」は悪い心を改めること。

かいそうサラダ

× 海草サラダ
○ 海藻サラダ

「海藻」はワカメ・コンブ・テングサなどの、藻類のこと。「海草」はアマモ・イトモなどの、種子植物のこと。どちらも海中に生えるが、サラダにして食べるのは「海藻」である。

かいとうを待つ

× 解答を待つ
○ 回答を待つ

質問や要求などの返答を待つのは「回答」で、「会社からの正式回答を待つ」のようにいう。また、アンケートに答えるのも「回答」である。「解答」は問題を解いて答えること、また、その答えをいう。

かいほう感に浸る

× **開放感に浸る**
○ **解放感に浸る**

心が解き放たれるのは「解放感」。「解放」は束縛を解いて自由にすることで、「人質を解放する」のように用いる。一方、「開放」は窓や門などを開けたままにしておくことで、転じて、制限を解いて出入りを自由にすること。「開放的な校風」「庭園を一般の人に開放する」のように用いる。

かえ玉

× **代え玉**
○ **替え玉**

他の人と入れ替わって、本物になりすますこと。「入れ替わる」という意味なので、「替え玉」と書く。「代わり」や「代理」をすることではないので、「代え玉」とは書かない。

かがみとなる

× **人の鏡となる**
○ **人の鑑となる**

人の手本・模範の意味では「鑑」と書く。「鏡」は顔や姿を映すもので、「鑑」と同語源。

かきいれ時

× **掻き入れ時**
○ **書き入れ時**

商売などが繁盛して忙しい時期のこと。帳簿に書き入れるのに忙しいというところからいったもので、「書き入れ時」と書く。お客を店に掻き入れる(?)のに忙しいというわけではない。

かくうの動物

× **仮空の動物**
○ **架空の動物**

実際に存在するのではなく、想像で作り出されることで、「架空」と書く。「架空」は、物、たとえばケーブルを空中にかけわたすことで、転じて、根拠のないこと、また、想像をめぐらして作るという意味に用いる。本物ではないという意味で「仮空」もありそうだが、そのようなことばも表記もない。

かげが薄い

×陰が薄い
○**影が薄い**

人の存在感があまりない意では「影が薄い」と書く。「影」は、「影が長く伸びる」「影を踏む」のように、光をさえぎった人や物の後ろにできる暗い部分のこと。また、「影も形もない」のように、目にうつる物の姿・形などをいう。一方、「陰」は、「戸の陰に隠れる」「陰でうわさする」のように、物にさえぎられて見えない後方の場所や人目につかない場所をいう。また比喩的に、「陰ながら応援する」「陰のある人」のように用いる。

影が障子にうつる

×影が障子に写る
○**影が障子に映る**

光の反射で影が現れるのは「映る」と書く。「写る」は物の姿・形がそのままほかの物に現われる、また、透けて見える、の意で、「写真に写る」「紙が薄くて下の絵が写る」のように用いる。

かげで操る

×影で操る
○**陰で操る**

裏に隠れて見えない所で人を操る意では「陰」と書く。「陰で糸を引く」も同義。「影」では人を操れない。

かげ武者

×陰武者
○**影武者**

敵をあざむくために仕立てる、大将など主要人物に似せた武者のこと。人の姿に似せることなので、「影武者」と書く。転じて、陰であやつる人の意味にも用いるが、「陰武者」とは書かない。

かさに懸かる

× **笠に懸かる**
○ **嵩に懸かる**

勢いに乗って攻撃にでる。また、相手に威圧的な態度をとる、の意。「嵩」は物の大きさや分量のことで、量的な威圧感を与えるという意味合いから、「嵩に懸かる」と書く。「笠」は頭にかぶるものである。

かさに着る

× **嵩に着る**
○ **笠に着る**

「笠」は頭にかぶる物だが、比喩的に、ある人を保護する物を意味する。従って、権力や地位のある者を頼んで大きな態度をとるのは、「笠に着る」と書く。「嵩」は物の大きさや分量のことである。

かしだす

× **本を借し出す**
○ **本を貸し出す**

「貸す」と「借りる」は正反対のことばであるが、書くとき一瞬迷う漢字である。「貸し借り」ということばが示すように、両行為は常に一対をなしており、また、語頭がどちらも同じ「か」で始まることも混乱の一因かもしれない。

かしょう評価

× **過少評価**
○ **過小評価**

実際より低く評価する意では「過小」と書く。「過小」は実際より小さすぎることで、「過大」の反対。「過少」は少なすぎることで、反対は「過多」。

かしょう申告

× 過小申告
○ 過少申告

より少なく申告することで、「過少申告」と書く。大小の問題ではないので、「過小申告」とは書かない。

かた苦しい

× 肩苦しい
○ 堅苦しい

形式張っていて、気詰まりなようすをいう。そういう場では肩がこるかもしれないが、だからといって「肩苦しい」とは書かない。

かたみが狭い

× 片身が狭い
○ 肩身が狭い

世間に対してはずかしい、の意。「肩身」は肩と身、すなわち、人としての世間に対する面目をいう。「片身」は体の半分、また、洋服の身頃の片方のこと。

かちゅうの人

× 火中の人
○ 渦中の人

もめごとなどの只中にいる人の意では「渦中」と書く。比喩として、「火中」でもよさそうだが、いかになんでも燃え盛る火の中にはいられない。

かつを入れる

× 喝を入れる
○ 活を入れる

元気や気力のない人を励ますこと。もとは気絶した人の息を吹き返らせることなので、「活を入れる」と書く。「喝」は禅宗で、迷ったり間違ったときにそれをただすために発する掛け声。また、「一喝」「恫喝《どうかつ》」など、大声で叱る意味があるので紛らわしいが、「喝を入れる」とは書かない。

かぶんにして知らない

× 過分にして知らない
○ 寡聞にして知らない

知識や見聞が少なく、知らないということで、謙遜していうことば。「寡聞」の「寡」はすくない、の意。「過分」は身の程を過ぎることで、「過分な謝礼」「過分のおほめをいただく」のように用いる。

かまを掛ける

× 釜を掛ける
○ 鎌を掛ける

相手から本音を引き出そうと、たくみにことばで誘いをかけることをいう。かまきりが鎌で誘うようにして獲物を獲ろうとする様子に似ているからとも、火打ちで、火打ち石と打ち合わせる金具を「鎌」といい、石と鎌を打ち合わせて火をおこす様子からともいう。諸説あるが、煮炊きする釜を火に掛けることからではない。

かり集める

× 参加者を刈り集める
○ 参加者を駆り集める

「駆る」は馬を速く走らせる、の意。そのようにして人や物を急いで集める意味で、「駆り集める」と書く。「刈る」ははさみや鎌などで切り取ること。「青田刈り」のように、比喩的に人を採用する意味で用いることがあることから連想が働くのかもしれないが、「刈り集める」と書くのは間違い。

かり住まい

× 今の所は月十万円の借り住まいだ
○ 今の所は仮住まいで、いずれ引っ越すつもりだ

一時的に住むことを「仮住まい」という。「かり」は「仮」であって、「借り」ではない。家賃を払って家を借りて住むという意味なら、「借家住まい」という。

…感[観、勘]

× 優越観(○優越感)に浸る
× 先入感(○先入観)に左右される
× 犯人は土地観(○土地勘)のある人だ

「感」「観」「勘」は、それぞれ音が同じで、ニュアンスが微妙に似た部分があるため、取り違える例を多く見かける。右の例の場合、「優越感」「先入観」「土地勘[鑑]」と書くのが正しい。「感」は感じ、気持ちの意で、「使命感」「満足感」「臨場感」「安心感」など。「観」は見方、考え方の意で、「人生観」「歴史観」「無常観」「価値観」など。「勘」は直感的な心の働き、第六感の意。「土地勘」については、勘が働くという意味合いで書かれるようになったもので、本来は、その土地に精通しているという意味で「土地鑑」と書く。それぞれを単独で用いる場合にも、「隔世の感(×観)がある」「別人の観(×感)がある」「勘(×感)がいい」など、紛らわしいが、字義を正しく理解すれば、間違いは防げる。

かんいっぱつ

× 間一発
○ 間一髪

すんでのところで、の意。「髪の毛一本ほどの間」ということで、「間一髪」と書く。瞬間という意味合いから、「一発勝負」や「一発で決める」といった連想が働いて、「間一発」と書くのは間違い。「危機一髪」も同様に、「危機一発」と書くのは間違い。ちなみに、すぐさまの意で、「間《かん》、髪《はっ》を容《い》れず」という慣用句がある。

かんしんに堪えない

× 関心に堪えない
○ 寒心に堪えない

心配でたまらないの意味で、「寒心に堪えない」と書く。「寒心」はぞっとする気持ちをいい、「犯罪の低年齢化を考えると寒心に堪えない」のように用いる。関心事には違いないが、「関心に堪えない」ではない。

かんしんを買う

× 関心を買う
○ **歓心を買う**

人の機嫌を取って、気に入られようとすることで、「歓心を買う」と書く。「歓心」は(相手が自分によくしてくれたことに)うれしいと思う気持ちのこと。また、この場合の「買う」はあることを身に受ける意味で、「恨みを買う」「ひんしゅくを買う」というのと同じ。「関心」は心があることに向くことで、意味からも、また、慣用表現としても「関心を買う」とはいわない。ちなみに、興味を覚えさせる意味では、「関心を引く」という。

かん高い声

× 感高い声
× 癇高い声
○ **甲高い声**

高くて鋭い声のこと。「甲」は邦楽で、高い音域の音をいう。興奮したり、ヒステリックになったときに高い声を出すことがあるかもしれないが、「感」でも「癇」でもない。

かん違い

× あれは私の感違いだった
○ **あれは私の勘違いだった**

「勘違い」は思い違いすること。「思う」の語義から「感じる」を連想し、そこから「感違い」と間違って書いてしまいがち。「勘」は直感的な心の働きをいい、「感」は感じ、気持ちの意。

きいた風《ふう》

× 聞いた風
○ **利いた風**

わかってもいないのに、わかったような態度をとることで、「利いた風なことをいうもんじゃない」のようにいう。「利く」は十分な働きを発揮する意味で、「気が利く」「鼻が利く」のようにいう。人から聞いて知っているふりをするという意味に取って、「聞いた風」と書くのは間違い。

きき迫る形相

× 危機迫る形相
○ 鬼気迫る形相

「鬼気」とはこの世のものとも思えない恐ろしさをいう。「犯人を追い詰める刑事の演技には鬼気迫るものがあった」のように用いる。この場合は危険な状態が迫ることではないので、「危機迫る」とは書かない。

きげんがいい

× 気嫌がいい
○ 機嫌がいい

「きげんがいい〔悪い〕」の「きげん」は「機嫌」と書く。気持ちや気分に関係するところからか、「気嫌」と書く例をかなりの頻度で見かけるが、誤記である。もともとは「譏嫌」と書き、そしりきらう意の仏教語。

木ではなをくくる

× 木で花をくくる
○ 木で鼻をくくる

相手に対して、無愛想でつっけんどんな態度をとることをたとえていう。「くくる(括る)」は、こする意味の「こくる」が変化したもの。木で鼻をしばるということではなく、また、「花」をくくることでも、もちろんない。

きぬ擦れ

× 絹擦れ
○ 衣擦れ

「きぬずれの音をさせる」の「きぬずれ」は衣服が動くたびに擦れ合うことをいう。従って、「衣擦れ」と書く。絹が擦れ合う意と勘違いして、「絹擦れ」と書くのは誤り。「衣」を「きぬ」と読ませる例には、「濡れ衣《ぎぬ》」「歯に衣着せぬ」などがある。

きまじめな人

× 気真面目な人

○ 生真面目な人

融通がきかず、どこまでもまじめな、という意味で、「きまじめ」の「き」は「生」と書く。気性に関連するところから勘違いして、「気真面目」と書くのは間違い。「生」を用いたことばには、「生一本」「生粋」などがある。

きめがあらい

× きめが荒い

○ きめが粗い

肌や物の表面などがざらざらしている意味で「粗い」と書く。荒っぽいわけではないので「荒い」とは書かない。

肝いり

× 肝入り

○ 肝煎り

中に立って世話をすることで、「叔父の肝煎りで就職先が決まった」のように用いる。肝を煎る、つまり、いろいろと心を使うことで、「肝入り」ではない。

肝にめいずる

× 肝に命ずる

○ 肝に銘ずる

心にしっかりと刻んで忘れないこと。「銘ずる」は刻み付けること。命令するわけではないので「命ずる」と書くのは間違い。

ぎゃくてん勝ち

× 逆点勝ち

○ 逆転勝ち

負けていたところをひっくり返して勝つこと。特に、野球やサッカーなど、点を入れて勝つことから連想が働いて、「逆点勝ち」と書くのは間違い。「逆転」はもともとは、今までと逆方向に回転することをいい、転じて、それまでの立場や形勢などがそれまでと逆になる意味が生じたもの。

気やすめを言う

× **気安めを言う**
○ **気休めを言う**

一時的に安心したり慰めになることを言うこと。気持ちを休める、の意で、「気休め」と書く。安心、安らぎといった意味内容から類推して、「気安め」と書くのは間違い。

きゅうきゅうとしている

× **保身に吸吸としている**
× **保身に窮窮としている**
○ **保身に汲汲としている**

一つのことにこだわって、ゆとりがなくあくせくすることをいう。「汲」はせわしい、の意。同音で字形が似ていて紛らわしいが、「すう」の「吸」ではない。また、困窮していることでもないので、「窮窮」と書くのも間違いである。

旧態《きゅうたい》いぜん

× **旧態以前**
○ **旧態依然**

相変わらず古いままで、何の進歩も変化もないこと。もとのままの意味で「依然」と書く。「旧態以前」では意味をなさない。

きょうはく観念

× **脅迫観念**
○ **強迫観念**

いくら考えまいとしても、絶えず心に強くまとわりついて払いのけることができない考えのこと。自分の心の中で何かが強く迫ってくる意味で、「強迫」と書く。「脅迫」は他人にあることをさせようとおどすことで、意味が異なる。

興味しんしん

× 興味深深
○ **興味津津**

次々と興味がわくようすをいう。「津津」はわきでる、の意。「深深」はひっそりしたさま、の意で、「深深と夜がふける」「深深と雪が降る」のようにいう。

きを一《いっ》にする

× 気を一にする
○ **軌を一にする**

「軌」は車のわだちのこと。同じ車輪のあとをたどる、の意で、やり方・考え方を同じにすることをいう。気持ちを一つにすることではない。

くじゅうの選択をする

× 苦汁の選択をする
○ **苦渋の選択をする**

「苦渋」はにがくてしぶい、の意。転じて、悩み苦しむことをいう。悩み苦しんだ上での選択をするということで、「苦渋」と書く。「苦汁」はにがい汁、の意。それを飲まされたようなつらい経験をすることを「苦汁を嘗《な》める」という。

くせもの

× 癖者
○ **曲者**

怪しい者、ひとくせあって油断できない人、の意。「曲」は正しくない、かたよっている、の意。古くは「癖者」とも書いたようだが、現在は「曲者」と書く。

口をきく

× 口を聞く
○ **口を利く**

ものを言う、話す、また、仲介することで、「口を利く」と書き、「なまいきな口を利く」「友人に仕事の口を利いてもらう」のようにいう。この場合の「利く」はあるものを機能させる意味で、「口を利く」は口を働かせる、すなわち、話をするということになる。「聞く」は耳で感じ取ることなので、「話を聞く」「うわさを聞く」のようにはいうが、「口を聞く」では意味をなさない。

くどくを施す

× **功得を施す**

○ **功徳を施す**

神仏から果報が得られるような、善い行いをすること。仏教語で、「功徳」と書く。「得」になることをすることと勘違いして、「功得」と書くのは間違い。

位じんしんを極める

× **位人身を極める**

○ **位人臣を極める**

臣下として、最高の地位につくこと。「人臣」は君主に仕える人、の意。「人身」は人の体、また、身分や身の上、の意。この場合は地位を極めるという意味なので「人臣」と書き、「人身」ではない。

くわえる

× **指を食わえる**

○ **指を銜える〔咥える〕**

口に物をはさむことで、「銜える」または「咥える」と書く。表外字のために仮名で「くわえる」と書くことが多い。口に関係し、その動作からも、「食う」の連想が働き、「食わえる」と書くのは間違い。

けいこう薬

× **径口薬**

○ **経口薬**

口から服用する薬のこと。口を経るという意味で、「経口」と書く。同音で字形が似ていることから、「径口」と書き誤りやすいが、「径」はさしわたし（「直径」「半径」）、小道（「小径」）、の意。

げきやく

× 激薬

○ **劇薬**

使用量を間違えると死ぬような極めて危険な薬のこと。「劇」は、はげしい、の意。同義だが、この場合は「激」とは書かない。

けぎらいする

× 気嫌いする

○ **毛嫌いする**

なんとなく嫌うこと。鳥獣が相手の毛並みによって好き嫌いをすることからいうもの。気持ちが関連することから連想が働いて、「気嫌い」と書くのは間違い。

けっしんする

× 裁判が決審する

○ **裁判が結審する**

裁判で、すべての審理が終わること。おさまりがついて終わる、終結するという意味で「結審」と書く。決定する意味ではないので、「決審」と書くのは間違い。

けっせん投票

× 決戦投票

○ **決選投票**

最終的に当選者を決めるための投票のこと。「決戦」は最終的な勝敗を決めるための戦いなので、「決戦投票」では意味をなさない。

げねつ剤

× 下熱剤

○ **解熱剤**

熱を下げる薬であるが、「下熱剤」とは書かない。発熱の状態を解除するという意味から、「解熱剤」と書く。ちなみに、同様の語に、毒の働きを無効にするという意味の「解毒」がある。

げんかしょうきゃく

× 原価消却
○ **減価償却**

経済用語で、時間の経過や使用により生じた固定資産の減少分を、決算期ごとに商品の販売額の中から回収していく、会計上の手続きのこと。「減価」は価値が下がること。「償却」はつぐない返すこと。仕入れ価格の「原価」のことでも、消し去る、返済する意味の「消却」でもない。

げんたん政策

× 減田政策
○ **減反政策**

米などの作付け面積を減らすこと。「反」は、尺貫法で、土地の面積を表す単位。結果として田んぼを減らすことになるが、「減田」と書いたり、また、それを「げんたん」と読ませることはない。

げんに戒める

× 現に戒める
○ **厳に戒める**

きびしく、厳重に、の意で、「厳に」と書く。「現に」は、うそではなく現実に、実際に、の意で、「現に見たことがある」のように用いる。

厚顔むち

× 厚顔無知
○ **厚顔無恥**

顔の面が厚くて恥を知らない、あつかましい、ずうずうしいことをいう。従って、何も知らない「無知」ではなく、恥知らずの「無恥」と書く。

こうせい畏《おそ》るべし

× 後世畏るべし
○ **後生畏るべし**

「後生」はあとから生まれてくる人、後進、後輩のこと。そうした人たちは、大きな可能性が秘められており、敬意をもって扱うべきで決してあなどってはいけないという、『論語』からのことば。「後世」はのちの世の意味で、「後世に名を残す」「後世に業績の偉大さを伝える」のように用いる。

こうとう試問

✕ 口答試問
○ **口頭試問**

質問応答の形で行う試験、口述試験のこと。「口頭」は口で話すことで、「口頭で伝える」「口頭弁論」のように用いる。単に、口で答える意味の「口答」と書くのは間違い。

こおどりして喜ぶ

✕ 小踊りして喜ぶ
○ **小躍りして喜ぶ**

飛んだり跳ねたりして喜ぶことで、「小躍り」と書く。踊るわけではないので「小踊り」とは書かない。ちなみに、スズメがチュンチュンと跳ねるようすに似ていることから「雀躍《こ》り」と書くこともある。

こけら落とし

✕ 柿落とし
○ **柹落とし**

「こけら」は材木の切りくずのこと。新築や改築のあと、それを払い落としたことから、落成祝いの興行の意味になった。この「こけら」の字であるが、「柿(かき)」と似ているので要注意。活字では見分けがつきにくいが、「柹(こけら)」の旁は四画、「柿(かき)」の旁は五画で、別字である。

こころよい

✕ 心良い
○ **快い**

気持ちが良いさまで、「こころよい」は一語で形容詞。「快い」の「快」は、漢字の意味からの借り字である。語義から「心良い」と書いてしまって、間違いに気づかないことがある。同様の例に、「潔い」(×いさぎ良い)」がある。

腰がすわる

× 腰が座る
○ 腰が据わる

ある場所に落ち着いて動かない、また、一つのことに落ち着いて集中する、の意で、「据わる」と書く。腰をかける、席につく意ではないので、「座る」と書くのは間違い。

ご紹介にあずかる

× ご紹介に預かる
○ ご紹介に与る

ご紹介いただく意味の「あずかる」は「与る」と書く。ほかに「与る」は、関係する、の意では、「私の与り知らぬこと」のように用いる。また、好意や恩恵を受ける、の意では、「おほめに与る」「ご招待に与る」「分け前に与る」のように用いる。一方、「預かる」は他の人や所有物を頼まれて保護したり保管する、あることを任せられる、保留する、などの意味で、「子どもを預かる」「留守を預かる」「けんかを預かる」のように用いる。「与る」と「預かる」は同語源で紛らわしいが、使い分けに注意が必要。

ごたぶんに漏れず

× ご多聞に漏れず
× ご他聞に漏れず
○ ご多分に漏れず

ほかの多くのものと同様に、例外ではなく、の意では、「ご多分に漏れず」と書く。ふつう、良い意味には用いず、「この町もご多分に漏れず高齢化が進んでいる」のようにいう。同音の「多聞」は多くを聞き知る、の意。また、「他聞」は他人に聞かれる、の意で、「他聞をはばかる(他人に聞かれては都合が悪い)」のようにいう。

こと切れる

× 言切れる
○ **事切れる**

息を引き取る、死ぬこと。「急を聞いて駆けつけたが、すでに事切れていた」のように用いる。「事」は人間としての行為、この場合は呼吸を意味するもので、ことばの「言」ではない。

ことのほか

× 事の外
× 殊の他
○ **殊の外**

実際は予想とは違って、思いのほか、また、予想以上にはなはだしい、といった意味。「殊の外喜ぶ」とか「今年の冬は殊の外厳しい」のように用いる。「こと」は特殊の「殊」で、「事」ではない。また、「ほか」は以外の「外」で、「他」とは書かない。

ごはさんにする

× ご破産にする
○ **ご破算にする**

それまでのことを一切ないものとして、もとの状態に戻すことで、「約束はご破算にしよう」のように用いる。「ごわさんにする」ともいう。そろばんの用語から出た語で、「ご破算で願いましては」というのは、珠を零の状態に戻して、新しく計算できるようにすることである。財産をすべて失うことではないので、「破産」と書くのは間違い。

こべつ訪問

× 個別訪問
○ **戸別訪問**

家を一軒一軒回ることで、「戸別訪問」と書く。「戸」は家の意。「個別」は一つ一つ別にすることで、「個別指導を受ける」「個別に面談する」のように用いる。

こんりんざい

× 今輪際

○ **金輪際**

絶対に、断じて、の意。「金輪」は仏教で、地下にあって大地を支える、金輪・水輪・風輪の三輪の一つで、最上層にある。すぐ下の水輪と接する部分が「金輪際」で、大地の最下底をいう。物事の極限という意味から展開して、絶対に、断じて、の意味が生まれた。あとには打ち消しのことばを伴う。「金輪際口をきかない」のように、ことばを発する状況から、「今からは」「今後」といったニュアンスがあることや、音が同じであることから勘違いして、「金」を「今」と書くのは間違い。

さいごを看取る

× 父の最後を看取る

○ **父の最期を看取る**

人の死に際、臨終の意味では「最期」と書く。「期」を「ご」と読むのは呉音で、「末期(まつご)」も同様である。呉音は仏教語に多い。いちばん終わりの意味の「最後」とは、同音で似通った意味合いから、うっかり書き間違えることがあるので注意。

さいだい漏らさず

× 最大漏らさず

○ **細大漏らさず**

どんなに大きなことも小さなことも漏らさずに、一部始終、の意で、「細大漏らさず」と書く。「最大」では意味をなさない。

さいはての地

× 際果ての地

○ **最果ての地**

もっとも果ての地で、「さい」は「最」である。行けども行けども際限がないほど遠い、といった意味合いだが、「際果て」とは書かない。

さげすむ

× 下げすむ
○ **蔑む**

他の人を自分より劣った者として見下げること。漢字の「蔑」の字義から借りて、「蔑む」と書く。もとは、材木に墨で印を付けることで、転じて、人を推量することをいった、「下墨」ということばが語源のようだが、「下げすむ」とは書かない。

さんはんきかん

× 三半器官
○ **三半規管**

内耳の平衡感覚をつかさどる器官の一つで、回転や加速度の刺激を感じる役目を果たす。「三つ」の「半規管(半円形の管の部分)」からなっていることからいう。従って、ことばの成り立ち、意味内容からも、「三半器官」と書くのは間違いとわかる。

じが自賛

× 自我自賛
○ **自画自賛**

自分で自分をほめることで、「我ながらよくできたと自画自賛する」のようにいう。自分が書いた絵にみずから賛をすることからいうもので、「自画」を「自我」と書くのは間違い。「自画自讃」とも書く。

獅子しんちゅうの虫

× 獅子心中の虫
○ **獅子身中の虫**

内部にいて恩恵を受けていながら、組織に害をなすもののたとえ。獅子の体の中にすむ虫が、獅子の肉を食べて害を与えることからいうもので、仏教に由来することば。獅子の体の中なので「身中」と書く。そのような存在に心の中がおだやかではないかもしれないが、「心中」とは書かない。

じぜんの策を取る

× 事前の策を取る
○ 次善の策を取る

一番良いというわけではないが、それに次ぐ手段・方法を取ることで、「次善の策を取る」と書く。前もって対策する意味と勘違いして、「事前の策を取る」と書くのは誤り。

しそう堅固

× 思想堅固
○ 志操堅固

「志操」は主義や主張、信念をかたく守り、容易に変えない意志をいい、「あの人は志操堅固だ」のように用いる。考えや見解といった意味合いから連想が働いたり、同音であることも手伝って、「思想」と書き誤りやすいので注意。

しちゅうに活を求める

× 市中に活を求める
○ 死中に活を求める

ほとんど死ぬばかりの絶望的な状況にあっても、なお生きる道を見つけようとすること。町の中に生活の場を求める意味ではない。

至難のわざ

× 至難の技
○ 至難の業

「業」は何かをすること、所業、また、仕事、の意。「三連覇するのは至難の業だ」のようにいう。「技」は技術、技能のこと。「わざをみがく」の場合は「技」と書く。

しにもの狂い

× 死に者狂い
○ 死に物狂い

死んでもよいくらいの気持ちでがんばる、必死になること。「死に」＋「物狂い」からなることばで、「物」は接頭語。死んだ者、「死に者」が狂うということではない。

しのぎを削る

× 凌ぎを削る

○ **鎬を削る**

お互いに激しく争うことで、「鎬を削る」と書く。「鎬」は刀身の峰と刃の間を縦に走って、山の稜線のように高くなった部分のこと。そこが削れるほど激しく斬り合うことからいう。「鎬」が表外字のため、「しのぎ」と書くことが多いが、しのぐことを意味する「凌ぎ」と書くのは間違いである。

しまつにおえない

× 始末に終えない

× 仕末に負えない

○ **始末に負えない**

どうにも処理できないことをいう。「おえない」は、引き受けられないという意味で、「負えない」と書く。終えることができないということではない。また、「始末」を「仕末」と書くのは間違い。

じゃっかん二十歳

× 若冠二十歳

○ **弱冠二十歳**

男子二十歳の異称。昔、中国では、二十歳を「弱」と称し、元服して「冠」をつけたことからいう。「弱冠二十歳」は、同じ意味のことばを重ねた言い方になるが、「今まさに二十歳」といった意味合いで、慣用句的に用いられる。また、年が若い意味にも用いるが、「若冠」と書くのは間違い。

しゃれを言う

× 酒落を言う

○ **洒落を言う**

気の利いたことを言うこと。「しゃれ」の「しゃ」は「洒」で、「酒(さけ)」ではない。字形が似ていて、音も同じサ行であることから、勘違いして「酒落」と書くのは間違い。「洒落」は他の意味で、「お洒落をする」「洒落たレストラン」のように用いる。仮名書きする場合も多いが、漢字表記の際は注意が必要。

衆人かんし

× 衆人監視
○ 衆人環視

大勢の人が周りを取り囲んで見ていること。「環視」の「環」は輪になる、ぐるっと取り囲む、の意。監督し見張ることではないので「監視」と書くのは間違い。

しゅうちの事実

× 衆知の事実
○ 周知の事実

「周知」は広く知れ渡ること。だれもが知っているという意味で、「それは周知の事実だ」のようにいう。「衆知」は多くの人々の知恵の意味で、大勢の人が知恵を出し合う場合に「衆知を集めて問題の解決をはかる」のようにいう。

しゅこうを凝らす

× 趣好を凝らす
○ 趣向を凝らす

おもむきやおもしろみを出すために工夫する意味で、「趣向を凝らす」と書く。自分の好きなようにおもしろく、の意味と思い、「趣好」と書くのは間違い。

じゅしょうしきに出席する

× 受賞式に出席する
○ 授賞式に出席する

「授賞」は賞をさずけること。「受賞」は賞を受けること。賞を授けるための式であるから、「授賞式」と書く。音が同じで、同じ場面で使われるので紛らわしいが、「授」

と「受」は立場が逆となる。

じゅんしんな気持ち

× **純心な気持ち**

○ **純真な気持ち**

邪念がなく、心が清らか、という意味の形容動詞で、「純真」と書く。「純心」は汚れのない心、純な心、の意味の造語で、形容動詞としての用法はない。

しょうこりもなく

× **性凝りもなく**

○ **性懲りもなく**

心の底からこりることなく、の意。「こり」は「懲りる」の「懲り」で、肩のこりなどの「凝り」ではない。

じょうきを逸する

× **条規を逸する**

○ **常軌を逸する**

常識はずれの言動をすること。「常軌」は常識に適ったやり方、の意。「軌」は車輪のあと、また、レールのことで、転じて、物事の筋道をいう。条文や法令の規定をはずれることではない。

しょきの目的を達成する

× **初期の目的を達成する**

○ **所期の目的を達成する**

そうしようと思っていた目的を達成するという意味では、「所期」と書く。「所期」は期待するところ、「初期」は初めの時期、の意。それぞれの「期」の意味が違うことを認識すれば間違いは防げる。

しんき一転

× **心気一転**

○ **心機一転**

「心機」は心の働きのこと。「心機一転」はあることをきっかけとしてすっかり気持ちを入れ替えることで、「心機一転がんばる」「心機一転して仕事に励む」のように用いる。「心気」は〈心待ち、気持ちの意味で、「心気を砕く〈いろいろと心を労する〉」のように用いる。

しんきまき直し

× 新規巻き直し
× 新期蒔き直し
○ **新規蒔き直し**

今までのことを改めて、新たにやり直すことで、「新規蒔き直し」と書く。種を蒔き直すことからいうもので、巻いていたものを再度巻き直す意味ではない。また、「新規」を「新期」と書くのも間違い。

しんきょうの変化

× 心況の変化
○ **心境の変化**

心の状態、境地、の意で、「心境」と書く。状況という意味合いから類推して、「心況」と書くのは間違い。

しんぎを確かめる

× 真疑を確かめる
× 信偽を確かめる
○ **真偽を確かめる**

本当かうそかを確かめるのであるから、「真偽」と書くのが正しい。音が同じで、意味合いからも紛らわしいが、「真疑」「信偽」などと書くのは間違い。

人事いどう

× 人事移動
○ **人事異動**

職場で地位や職務が変わる意味では「異動」と書く。単に人や物の位置が移り変わる意味の「移動」ではない。

人跡みとうの地

× 人跡未到の地
○ **人跡未踏の地**

まだ人が足を踏み入れていない、誰も行ったことがないということ。「未到」はまだ到達していない、の意で、「前人未到の偉業をなしとげる」のように用いる。

しんやく聖書

× 新訳聖書
○ 新約聖書

キリスト教の聖典の一つ。イエス・キリストの生涯と復活、その弟子達の伝道や書簡、黙示録などを含む。キリストを介してなされた神と民との新しい契約の意なので、「新約」であって「新訳」ではない。ユダヤ教の聖典で、イエス・キリストの出現を預言し、キリスト教徒にも受け継がれた旧約聖書に対していう。

すが入る

× 巣が入る
× 素が入る
○ 鬆が入る

大根やごぼうなどの芯に隙間ができること。また、豆腐などを煮すぎて細かい穴ができることをいう。すが入ってしまった野菜や豆腐はおいしくない。「す」は「鬆」と書くが、これは日本での読み方と意味で、漢語では「そう」「しょう」と読み、髪が乱れているさまや、しまりがない、ゆるいといった意味である。難しい字なので仮名書きすることが多いが、「巣」でも「素」でもない。

すくう

× 巣食う
○ 巣くう

鳥が巣を作ること。また、好ましくないものが住みつく意味にも用いる。鳥が材料を口にくわえて巣を作るところから「巣くう」というもので、「巣食う」ではない。

鈴なりになる

× 鈴鳴りになる
○ 鈴生りになる

神楽の鈴が小さな鈴をたくさんつけているように、実がたくさん生《な》っていることをいう。また、大勢の人がずらっと連なっているようすにもいう。鈴が鳴っているわけではないので、「鈴鳴りになる」と書くのは間違い。

ずに乗る

× 頭に乗る
○ 図に乗る

思い通りに事が運んで、調子に乗ってつけあがること。この場合の「図」は仏教の声明《しょうみょう》での転調のこと。吟誦の途中で転調がうまくいくことを「図に乗る」といい、転じて、調子付くの意味になったもの。いい気になるからといって、「頭に乗る」とは書かない。

せいこんを込める

× 精根を込める
○ 精魂を込める

「精魂」はたましい、精神のこと。「精根」は何かをやり遂げようとする、精力と根気のこと。従って、込めるのはたましい、「精魂」である。また、「精魂を傾ける」のようにもいう。「精根」は「精根が尽きる」「精根を使い果たす」などという。

せいさんする

× 運賃を清算（○精算）する
× 過去を精算（○清算）する

「精算」は料金などの過不足を正すこと。「清算」は今までの貸し借りや過去を整理して、きれいに片をつけること。同音で、字形も似ていて紛らわしいが、「精」はくわしい、「清」はきよめる、の意であることを理解すれば間違いは防げる。

せいしん誠意

× 精神誠意
○ 誠心誠意

「誠心」も「誠意」も真心、の意。「誠心誠意を尽くす」は真心の限りを尽くすこと。「精神」では真心の意味にはならない。

せいてんの霹靂《へきれき》

× **晴天の霹靂**
○ **青天の霹靂**

突然の事変や大事件、また、その衝撃をいうもので、「監督の突然の辞任はまさに青天の霹靂だった」のように用いる。澄んだ青空に突然鳴る雷、の意からで、「青天」と書く。出典は中国南宋の詩人、陸游《りくゆう》の詩である。似たようなことばだが「晴天」とは書かない。

せいらいの怠け者

× **性来の怠け者**
○ **生来の怠け者**

生まれながらの、ということで、「生来」と書く。性格について用いることが多いので勘違いしがちだが、「性来」と書くのは間違い。

是《ぜ》かひか

× **是か否か**
○ **是か非か**

正しいか正しくないか、是であるか非であるか、ということ。「是」と「非」は反対語の関係にある。是であるか否か、ということではない。

責任てんか

× **責任転化**
○ **責任転嫁**

責任を人になすりつけることで、「転嫁」と書く。「転化」は他の状態に変化すること。

ぜったい絶命

× **絶対絶命**
○ **絶体絶命**

追い詰められて窮地の状態にあることをいう。陰陽道の九星で、「絶体」も「絶命」も凶星であることからいう。「絶対」と書くのは誤り。

せつを曲げる

× 説を曲げる
○ **節を曲げる**

自分の信念や信条を変える意味で、「節を曲げる」と書く。「節」は木や竹のふしのことで、本来まっすぐのものを曲げる意からいうもの。「自説を曲げる」という言い方があるので紛らわしいが、「説」は論理的に組み立てられた意見や考えのことで、人の心のありように関わる「節」とはその点で異なる。

ぜんごさくを講じる

× 前後策を講じる
○ **善後策を講じる**

うまく後始末をする方策の意味で、「善後策」と書く。あとさきのことを考えてする方策の意味ではないので、「前後策」と書くのは誤り。

せんざいを入れる

× 洗済を入れる
○ **洗剤を入れる**

衣類や食器などの汚れを落とす薬剤は「洗剤」と書く。「剤」は調合した薬、の意。字形が似ており、また、偏が三水《さんずい》で水にかかわることからか、「済」とよく書き間違える。「済」はすむ、の意。

前代みもん

× 前代未問
× 前代未門
○ **前代未聞**

いまだかつて聞いたことがない、の意で、「前代未聞」と書く。「聞」を「もん」と読むのは呉音で、ほかには「相聞(そうもん)」「聴聞(ちょうもん)」などがある。同音の「問」や「門」を当てて書くのは間違い。

せんにゅうかんを持つ

× 先入**感**を持つ

○ **先入観を持つ**

当初からの思い込みは、「先入観」と書く。「観」は見方、考え方、の意。「感」は心の働きで、「緊張感」「圧迫感」など、「…の感じ」の意味で用いる。

せんもん家

× 専**問**家

○ **専門家**

「門」は分野、の意。一つの分野をもっぱら研究し担当することで、「専門」と書く。学問との関係が深いことから連想して、「専問」と書くのは間違い。

そういない

× 彼のしわざに相**異**ない

○ 彼のしわざに**相違ない**

「…に違いない」という意味で、「相違ない」と書く。「違」と「異」は音が同じで、字義も共通する部分があってまぎらわしいが、「相異ない」と書くのは間違い。「異」は「同」の対語で、同じでない、変わっている、という意味で、「違」とはニュアンスが違う。

そうそうたるメンバー

× **蒼蒼**たるメンバー

× **壮壮**たるメンバー

○ **錚錚たるメンバー**

「錚錚」は多くのなかで特にすぐれた、の意で、「錚錚たるメンバーが顔をそろえた」のように用いる。「蒼蒼」は青々しているさま、の意。「壮」は盛んなさま、立派なさま、の意だが、「壮壮」ということばはない。

底をつく

× 底を**尽**く

○ **底を突く**

蓄えがなくなること。なくなる、すなわち、「尽きる」ことで、「尽く」としたいところだが、物を蓄えておく入れ物が空っぽで、底が突ける状態になることをいうので、「突く」と書くのが正しい。

そっこく

× **速刻退場を命じる**
○ **即刻退場を命じる**

時間をおかずに即、ただちに、ということで、「即刻」と書く。意味合いから「速く」と受け取って、「速刻」と書くのは間違い。

そっせんして行う

× **卒先して行う**
○ **率先して行う**

人の先に立って物事をするのは「率先」。音が同じこともあり、「率」の略字と勘違いして、「卒先」と書くのは間違い。

そらんじる

× **詩を空んじる**
○ **詩を諳んじる**

書いたものを見ないで、空で言うことだが、「空んじる」とは書かない。「諳」はその字義から借りて書く。「暗誦（あんしょう）」の「誦」である。

たいかなく勤め上げる

× **大禍なく勤め上げる**
○ **大過なく勤め上げる**

大きな失敗もなく、ということで、「大過なく」と書く。「過」はあやまち、失敗、の意。「禍」はわざわい、の意。同音で字形も似ていてまぎらわしいが、別字である。

大同しょうい

× **大同小違**
○ **大同小異**

細かいところでは違いはあるが、全体としては同じであること。「同」に対する反対語は「異」で、「大同小異」と書く。音が同じで、意味に共通部分があるが、「違」とは書かない。

たいへいよう

× **大平洋**

○ **太平洋**

ポルトガルの航海者、マゼランが初めて太平洋を航海したとき、波が静かで穏やかであったことから、「穏やかな(Pacific)海」と名付けたことによる。つまり、「太平な海＝太平洋」であって、「大きな海＝大平洋」ではない。

たかが知れている

× **多寡が知れている**

○ **高が知れている**

たいしたことではないということ。「たか」は値打ち、程度の意味で「高」と書き、多いか少ないかの「多寡」ではない。「子どもの食べる分くらい、高(×多寡)が知れている」のように、量に関する内容では特に、間違って「多寡」と書きがちである。物事を軽く評価して、みくびることを「高をくくる」というが、「多寡をくくる」とは書かない。

たかねの花

× **高値の花**

○ **高嶺の花**

遠くから眺めるだけで、手の届かない人や物のたとえ。高い山に咲く花、の意で、「高根の花」とも書く。値段が高くて買えない花のことではない。

たかみの見物

× **高見の見物**

○ **高みの見物**

高いところから見物することで、「たかみ」は「高み」と書く。「み」は場所を表す接尾語。従って、「高見」と書くのは間違い。

たちうちできない

× 立ち打ちできない
○ 太刀打ちできない

相手のほうが数段まさっていて、まともには張り合えないことをいう。「太刀打ち」は本来、太刀で打ち合って戦うこと。転じて、立ち向かって勝負する意となり、ふつう、「太刀打ちできない」の形で用いる。「立ち打ち」と書くのは間違い。

立つせがない

× 立つ背がない
○ 立つ瀬がない

立場がないことをいう。「瀬」は川の浅くて、歩いてわたれるところをいう。そこには立つことができることから、立場の意味が生まれた。立つだけの背丈がない、ということではない。

だびに付す

× 荼昆に付す
○ 荼毘に付す

火葬にすること。「荼毘」は梵語の音訳。「荼」は「茶（ちゃ）」と字形が似ているので、書き間違えないように注意。

たんてきに言う

× 短的に言う
○ 端的に言う

手っ取り早く、簡単に言うのは「端的」。結果として手短に言うことになることから類推して、「短的」と書くのは間違い。

たんとう直入

× 短刀直入
○ 単刀直入

前置きしたり回りくどい言い方をしたりせず、ずばりと本題に入ることをいう。たった一人で一振りの刀（単刀）をもって、敵陣に切り込む意で、「単刀直入」と書く。短刀で切り込むということではない。

ちなみに

× 困みに
○ **因みに**

参考までにいえば、ついでにいえば、ということ。「因みに」の「因」は縁、ゆかり、関係、の意。「困難」や「困窮」などの、「こまる」意の「困」ではない。字形が似ているので注意が必要。

ちょうだの列

× 長打の列
○ **長蛇の列**

えんえんと長く続く列のこと。蛇のように長いということで、「長蛇」と書く。「長打」は野球で、ロングヒットのこと。

ちらつく

× 小雪が散らつく
○ **小雪がちらつく**

ちらちらする、という擬態語からできた語。細かいものが舞い降りるさまをいい、ほかに、光が明滅する（「街のネオンがちらつく」）、目の前にあるものが見えたり消えたりする、また、そのように感じる（「目の前にごちそうがちらつく」）、といった意味で用いる。散ることではないので、「散らつく」と書くのは間違い。

ちりばめる

× 宝石を散りばめる
○ **宝石を鏤める**

あちこちに散らしてはめ込むことだが、意味から類推して、「散りばめる」と書くのは間違い。「鏤」は彫って金銀・宝玉などをはめ込む、が原義。表外字なので、平仮名で書くことが多い。

つち音が響く

× 復興の土音が響く
○ 復興の槌音が響く

「つち音」の「つち」は、物を打ちたたく道具、いわゆるハンマーのことで、「槌」と書く。「槌音が響く」とは、建設工事の音がすること。「槌」が表外字のため、「つち音」と書かれて、「土音」と誤記が生じてしまったようである。

つばぜり合いを演じる

× 鍔競り合いを演じる
× 唾迫り合いを演じる
○ 鍔迫り合いを演じる

互いに激しく勝負を争うこと。互いの刀をつばもとで受け止め、押し合って戦うことからいうようになったもの。押し合う意味なので「迫り合い」と書く。競争する意味の「競り合い」ではない。また、「つば」はいくら接近するからといっても、「唾」のことではない。

爪《つま》びく

× ギターを爪引く
○ ギターを爪弾く

弦楽器の弦を指先ではじいて鳴らすことで、「爪弾く」と書く。引くわけではないので、「爪引く」とは書かない。

つらぬく

× 初志をつら抜く
○ 初志を貫く

始めから終わりまでやりとおすことで、「貫く」と書く。「貫」はその字義から借りたもの。原義は「連ね抜く(つらねぬく)」だが、「つら抜く」とは書かない。

てんぴで干す

× 魚を天火で干す
○ 魚を天日で干す

太陽に当てて魚を干すことで、「天日」と書く。「天火」

はオープンのこと。

とう椅子

× 藤椅子
○ 籐椅子

つる性植物の籐の茎で編んだ椅子のこと。音が同じで、字形が似ているので紛らわしいが、この「とう」は「藤(ふじ)」のことではない。竹冠と草冠の違いをしっかり認識したい。

とうか親しむ

× 灯下親しむ
○ 灯火親しむ

「灯火」は電灯やろうそくなどの明かり、ともしびのこと。「灯火親しむ候」といえば、手紙などで用いる秋の時候のあいさつで、涼しくなって、夜、明かりのもとで読書をするのに適した季節になりました、の意。「灯下」はともしびの下のことなので、「灯下親しむ」では意味をなさない。

とうじょう券

× 塔乗券
○ 搭乗券

飛行機や船に乗ることを「搭乗」という。「搭」も「乗」も、「のる」の意味である。「塔」は細く高くそびえ立つ建造物のことで、もとは土で作ったことから土偏を書く。「搭」と「塔」は字形が似ているので間違えやすいが、「搭載」の場合も「搭載」と書いてはいけない。

どうせいを探る

× 動勢を探る
○ 動静を探る

人や物事の動き、ようすを探ること。活動しているか静止しているかという意味合いから、「動静」と書く。動いている勢い、の意味と理解して、「動勢」と書くのは間違い。

灯台もと暗し

× 灯台元暗し
○ **灯台下暗し**

灯台は昔の照明器具で、油をともして明かりとする灯明台のこと。そのすぐ下は暗いように、身近なことは気付きにくいというたとえ。「もと」は「下」で、手元などの「元」ではない。

とうたする

× 陶汰する
○ **淘汰する**

不必要、あるいは不適当なものを取り除くこと。「淘」は水にひたして余分なものを取り除く意。「汰」も選び分ける意である。字形が似ているので、「陶汰」と書き間違えやすいが、「陶」はやきもの(「陶器」)、教え導く(「薫陶」)、うっとりする(「陶酔」)などの意。字は正しく選別すべきである。

とおざかる

× 遠去かる
○ **遠ざかる**

遠くに離れる、遠のくことで、「足音が遠ざかる」「学問から遠ざかる」のように用いる。「さかる」は古語で、離れる、の意。「離る」と書くが、表外訓のため、ふつう、仮名書きにする。遠くに去ることではないので、「遠去かる」と書くのは間違い。

とおざける

× 遠避ける
○ **遠ざける**

遠くに離れさせることで、「悪い仲間を遠ざける」のように用いる。「さける」は古語で、離れさせる、の意。「離ける」と書くが、表外訓のため、ふつう仮名書きにする。遠くに避けることではないので、「遠避ける」と書くのは間違い。

泥じあいを演じる

× 泥試合を演じる

○ **泥仕合を演じる**

互いに相手の欠点を言い合うなどして、みにくく争うことをいう。もともとは歌舞伎で、泥の中で立ちまわりをすることをいい、「泥仕合」と書く。「仕合」は互いにし合う、の意である。従って、泥の中で試合をすることではないので、「泥試合」と書くのは誤り。

とんぼがえりする

× とんぼ帰りする

○ **とんぼ返りする**

宙返りすること、また、目的地に行って用事をすませるとすぐもとの所に戻ること。出張してその日のうちに帰るからといって、「とんぼ帰り」とは書かない。トンボが飛んでいるときに、すばやく方向転換する習性から出たことば。

なかを取り持つ

× 二人の中を取り持つ

○ **二人の仲を取り持つ**

人と人の間柄は、人偏に中を書いて「仲」。「中」は空間的・時間的に、二者の中間をいう。従って、「二人の中に割って入って仲を取り持つ」ことはできる。

なかば強制的に

× 中ば強制的に

○ **半ば強制的に**

「なかば」は半分程度、の意で、「半ば」と書く。中間といった意味合いではないので、「中ば」と書くのは間違いで、このようなことばもない。

なげやりになる

× 投げ槍になる

○ **投げ遣りになる**

物事を途中でやめてしまったり、いい加減で無責任な態度をとったりすることをいう。いくらやる気がないからといって、槍を投げられたのではたまらない。「遣り」は仮名で「やり」と書くことも多いので、勘違いが起こるのかもしれない。ただし、陸上競技の「槍り投げ」はあっても、「投げ槍」ということばはない。

なしのつぶて

× 無しのつぶて
○ 梨のつぶて

「つぶて(礫)」は投げた小石のこと。投げた石は戻ってこないことから、手紙を出しても何の返事もないことをいう。「梨(なし)」に「無し」をかけていうもので、「梨のつぶて」と書く。意味通り、「無しのつぶて」とは書かない。

名はたいを表す

× 名は態を表す
○ 名は体を表す

名前はそのものの本質、実体を表すということで、「体」と書く。様子、ありさまの「態」ではない。

なりを潜める

× 形を潜める
○ 鳴りを潜める

物音を立てずに静かにすること、また、目立たないようにじっとしていること。この「なり」は「鳴り」と書き、「しばらく鳴りを潜めて様子を見る」のように用いる。姿を隠す意と理解して、「なり」を体格、身なりの「形」と書くのは間違い。

にっしん月歩

× 日新月歩
○ 日進月歩

日ごとに、月ごとに、絶え間なく進歩することをいう。進歩することは新しくなることでもあるが、「日新」とは書かない。

にんじょう沙汰

× 人情沙汰

○ 刃傷沙汰

刃物で人を傷つけることを「刃傷」という。「刃傷沙汰に及ぶ」といえば、そういう事件を起こすこと。人間関係のトラブルから起こることが多いことから、思い違いして「人情」と書くのは間違い。ちなみに、「刃」を「にん」と読むのは呉音。

にんずる

× 正直者をもって認ずる

○ 正直者をもって任ずる

自分で自分をあることにふさわしいと思い込む、自任する、という意味で、「任ずる」と書く。この場合は、自分で認める、自認することではなく、また、「認ずる」ということばもない。ちなみに、「任ずる」は「任じる」ともいう。

ねむる

× 寝むる

○ 眠る

「昨日はよく眠った」「昨日はよく寝た」のように、「ねむる(眠る)」と「ねる(寝る)」は同義でも用いることから、「寝むる」と書き間違える例が結構見られる。「居眠り」を「居寝むり」とするのも間違い。

のるかそるか

× 乗るか反るかの大勝負

○ 伸るか反るかの大勝負

成功するかどうかわからないが、運を天に任せて思い切ってやってみるさまをいい、「一か八か」と同義である。竹で矢を作るとき、型にはめて矯正するが、取り出してみるまでまっすぐに伸びているかどうかわからないことからいうもので、「伸る」は長く伸びる、「反る」は後ろに曲がる、の意。「乗るか反るか」と書くのは間違い。

ばいばい契約

× 買売契約
○ **売買契約**

売り買いをするということで、「売買」と書く。「売る」のが先か、「買う」のが先かは、鶏と卵の関係と同じ。漢語では「買売」とも書くようだが、日本語としては「売買」と書く。

はじめまして

× 始めまして、山本と申します
○ **初めまして、山本と申します**

初対面の人に対するあいさつのことば。「お初にお目にかかります」ともいうように、最初の意味合いで、「初めまして」と書く。ちなみに、「初め」は時間の流れの中で用い、「始め」は事の起こりの意味合いで用いる。また、動詞としては、「始める」はあるが、「初める」ということばはない。

はっぱを掛ける

× 葉っぱを掛ける
○ **発破を掛ける**

気合を入れることをいう。「発破」は爆薬を仕掛けて岩石などを爆破することで、その爆薬のこともいう。人に「葉っぱ」をかけるくらいでは、到底気合を入れることにはならない。

はなも引っ掛けない

× 鼻も引っ掛けない
○ **洟も引っ掛けない**

無視して相手にしないこと。この「はな」は鼻水のことで、「洟」と書く。

花嫁しゅぎょう

× 花嫁修行
○ **花嫁修業**

結婚準備のために家事を覚えたり、さまざまな習い事をするのは「修業」である。「修行」は、「修行僧」「武者修行」のように、仏道や武道などで、苦行を重ね、自己を鍛錬することをいう。

はなを持たせる

× **華を持たせる**
○ **花を持たせる**

相手に功や名誉をゆずって面目を施させることをいう。世阿弥の『風姿花伝』に記された、「脇のしてに花をもたせて、あひしらひのように」によるもので、「花を持たせる」と書く。

はめを外す

× **派目を外す**
○ **羽目を外す**

調子に乗って度を越すことをいう。「羽目」は建物の壁などの側面に板を並べて打ちつけたり、はめこんだりした部分。その羽目板を外すほどという意味合いである。ちなみに、馬のくつわの「はみ」をはずすと暴れだすことからという説もある。派手に振る舞うからといって、「派目」とは書かない。

はらん万丈

△ **波乱万丈**
○ **波瀾万丈**

「波」は小波、「瀾」は大波、の意。「丈」は尺貫法の長さの単位で、一丈は約三・〇三メートル。「万丈」は一丈の一万倍で、非常に高いことの比喩に用いられる。「瀾」が表外字のために、しばしば代用で「波乱万丈」と書かれるが、本来は間違い。同音で、平穏ではないという意味合いを持つことから、「乱」の字が当てられたものと思われる。また、万丈を付けずに用いる場合は、「波乱に富んだ人生」「波乱含みの政局」のように「波乱」と書くことが多いが、できれば正しく「波瀾」としたいところである。

万事きゅうす

× 万事窮す
○ **万事休す**

すべてやりつくしてしまって一つとして方策が残っていない、もう終わりだということ。「休す」は終わる、おしまいになる、の意。万策尽きて行き詰って困る、困窮するといった意味ではないので、「窮す」と書くのは間違い。

ばんぜんを期す

× 万善を期す
○ **万全を期す**

あらゆることに手抜かりのないようにすること、すべてにおいて完全であるようにすることで、「万全」と書く。すべてにおいて善いという意味に取り、「万善」と書くのは間違い。「期す」は期待する、そうなるようにはかる、の意。

ひえしょうに悩む

× 冷え症に悩む
○ **冷え性に悩む**

血液の循環が悪くて、足腰などが冷えやすい体質のことで、「冷え性」と書く。病気の症状そのものではないので、「冷え症」とは書かない。ほかに、「性」と書くのは「脂《あぶら》性」「凝り性」など。「症」と書くのは「多汗症」「(神経)過敏症」「(薬物)依存症」など。

ひきいる

× チームを引きいる
○ **チームを率いる**

「ひきいる」は引き連れる、統率する、の意。もともとは、「引く」の連用形＋引き連れる意の古語「率《ゐ》る」から成る複合語。意味や語の成り立ちから、「引きいる」と書いてもよさそうに思うが、一語扱いとして、正しくは「率いる」と書く。

ひき逃げ

× 引き逃げ
○ **轢き逃げ**

車で人をひいて逃げるのは「轢き逃げ」と書く。「轢(れき)」は車でひく意で、和語の「ひく」に当てたもの。表外字のために、「ひき逃げ」と書くことが多いが、「引き逃げ」とは書かない。ちなみに、車にひかれて死ぬのは「轢死(れきし)」という。

ひとこま

× 歴史の一駒を見ているようだ
○ **歴史の一齣を見ているようだ**

この「ひとこま」は一場面の意で、「一齣」と書く。「齣」は映画フィルムの一画面のこと。将棋の「駒」のことではない。「齣」が表外字のために、「一こま」と書くことが多いことから誤解が生じやすい。また、「齣」は、場面や区切りを数える語として、「四齣漫画」「週三齣の講義」のように用いる。

ひとしお

× 喜びも一塩だ
○ **喜びも一入だ**

ひときわ、一層、の意で、感情がより深まるなど、程度がさらに増すようすをいう。染め物を染め汁に一回浸すたびに色が濃くなっていくことからの比喩で、「一入」と書く。「入(しお)」は染め物を染め液に入れる回数をいう接尾語である。一つまみの塩の意味からではないので「一塩」とは書かない。

ひとめ惚《ぼ》れ

× 人目惚れ
○ **一目惚れ**

一度見て好きになることで、「一目惚れ」と書く。「人目」は他人の目のことで、「人目に立つ」「人目を気にする」のように用いる。

ひのでの勢い

× **火の出の勢い**

○ **日の出の勢い**

昇る朝日のように勢いが盛んなことで、「日の出」と書く。燃え盛る火の勢いがよいということではない。

貧すればどんする

× **貧すれば貪する**

○ **貧すれば鈍する**

暮らしが貧しいと、頭の働きがにぶり、心まで卑しくなるということで、「鈍する」と書く。「貪」はむさぼる、欲張る、の意。音が「鈍」と同じなので間違いやすいが、ここは貧乏すると欲張りになるという意味ではない。

福利こうせい

× **福利更生**

○ **福利厚生**

「福利」は人々の幸福と利益、「厚生」は健康で豊かに暮らせるようにすること。同音の「更生」は生まれ変わることで、「福利更生」では意味をなさない。

ふたまたをかける

× **二又をかける**

○ **二股をかける**

同時に二つの方法を取ることで、「二股」と書く。「股」は、一つのものが二つに分かれるところをいう。「又」は、この次、今度、の意。同音で勘違いしやすい。

ふんする

× **殿様に粉する**

× **殿様に紛する**

○ **殿様に扮する**

ほかの人の身なりを装う、扮装することで、「扮する」と書く。同音でまぎらわしいが、「粉」はこな、「紛」はまぎれる、の意で、「粉する」「紛する」と書くのは間違い。

へいがいが生じる

× **幣害が生じる**
○ **弊害が生じる**

害となる悪いことの意味で、「弊害」と書く。「弊」はよくない、悪い、の意。ほかに、ぼろぼろになる（「弊衣」）、疲れる（「疲弊」）などの意味がある。字形が似ている「幣」は神に供える絹や紙のこと。また、それらの代わりに財貨を供えたことから、通貨の意味が生じた（「紙幣」「貨幣」）。「幣」の「巾」が布のことなので、「弊」と区別して覚える際の目安になる。

報道かんせいを敷く

× **報道官制を敷く**
○ **報道管制を敷く**

国家が報道に対して制限や管理をすることで、「管制」と書く。「官制」は行政機関における決まりのことで、別語。

ぼうけん

× **冒検**
○ **冒険**

あえて「危険」を「冒す」意なので、「冒険」と書く。「検」はしらべる意。

ほうまん経営

× **放慢経営**
○ **放漫経営**

でたらめで締まりがない、の意で、「放漫」と書く。「慢」はおこたる、あなどる、おごる、などの意。

ほうもんする

× **訪門する**
○ **訪問する**

「訪」も「問」も人をたずねる意味である。この意味での「問」はほかに、「慰問」「弔問」などがある。人の家の門をおとずれる、という意味ではないので、「訪門」と書くのは間違い。

ほうよう力がある

× 抱擁力がある
○ **包容力がある**

広い心で人を受け入れる力の意味で、「包容力」と書く。人をふんわり包み込むことで、動作として抱きしめることではない。

ほんけがえり

× 本家帰り
○ **本卦還り［帰り］**

「本卦」は生まれた年の干支のこと。「本卦還り［帰り］」は、生まれた年と同じ干支がめぐってくることで、数え年六十一歳になることをいう。いわゆる還暦のことで、本家に帰るという意味ではない。本来、「還り」と書くが、「還」が表外音のため「帰り」で代用する。

まことしやかに

× 誠しやかに
○ **実しやかに**
○ **真しやかに**

いかにも本当らしく、の意で、「実しやかにうそをつく」のようにいう。古語の形容詞「実し(まことし)」に、いかにも…らしいという意味の接尾語「やか」がついてできた語。「真しやか」とも書く。誠実そうという意味合いから連想して、「誠しやか」と書くのは間違い。

まぢかに見る

× 真近に見る
× 目近に見る
○ **間近に見る**

時間や距離が近いことで、「間近」と書く。真に近いの意味に取って「真近」としたり、目の前の意味に取って「目近」と書くのは間違い。

まの当たりにする

× 間の当たりにする
○ **目の当たりにする**

すぐ目の前で見ることで、「目の当たり」または「目の辺り」と書く。「目」が「ま」と読みづらく、また、「間近」や意味的に「瞬間」との連想が働いて、「間」と書きたくなるが、それは間違い。

まめに通う

× 豆に通う
○ **忠実に通う**

面倒がらずに、せっせと通うこと。「まめ」を「忠実」と書くのは、意味内容からの当て字で、仮名で「まめ」と書く場合も多い。せっせと歩けば足に豆ができるからといって、「豆」と書くのは間違い。ちなみに、身体が丈夫なことも「まめ」というが、この場合も「忠実」と当てて、「忠実に暮らす」のように用いる。

まんじょう一致

× 万場一致
○ **満場一致**

その場にいる人全員の意見が一致すること。場を満たす、の意で、「満場」と書く。「万」に数が多いの意味があることから勘違いして、「万場」と書くのは間違い。

みいりがいい

× 身入りがいい
○ **実入りがいい**

収入がいいことをいう。もとは、穀物などの実の入り具合からいうもので、人の身にとって入りがいいということではない。

みせいねん

× 未青年の飲酒を禁止する
○ **未成年の飲酒を禁止する**

二十歳以下の、大人になっていない人は「未成年」と書く。成年になっていない、の意。「青年」は若者のことで、「成年」のように厳格な年齢制限はなく、また、「未青年」ということばはない。

みぶるいする

× 身振るいする
○ 身震いする

寒さや恐怖などで、体がふるえること。体や物が小刻みに揺れ動くことで、振り動かすことではないので、「振るい」とは書かない。

みも蓋もない

× 実も蓋もない
○ 身も蓋もない

あまりに露骨すぎて、含みや潤いがないこと。容器の、物を入れる本体(身)もなければそれをおおう蓋もない、の意。器の中に汁の実もなければ、蓋もない、という意味ではない。

むぼう運転

× 無暴運転
○ 無謀運転

正しい状況判断もしないで、むちゃな運転をするのは「無謀運転」と書く。「無謀」は深く考えないこと。いくら乱暴な運転をするからといって、「無暴運転」と書くのは間違い。

もって

× 文書で持って報告する
○ 文書で以て報告する

…によって、の意で、「以て」と書く。「以」は手段・材料などを表す助字で、漢文訓読で「もって」と読むことからの語法。文書を持っていくわけではないので、「持って」とは書かない。ちなみに、「もっての外」「もって瞑すべし」の「もって」も「以て」である。

安うけあいをする

× 安受け合いをする

○ **安請け合いをする**

深く考えないで、気楽に引き受けること。責任を持って仕事を引き受ける、請け負う、の意味で「請け合い」と書く。

やすやすとだまされる

× 安安とだまされる

○ **易易とだまされる**

いとも簡単に、たやすく、の意味では「易易」と書く。「易」はたやすい、の意。「安安」はきわめて安楽なさまで、「安安と暮らす」のようにいう。

やっきになる

× 躍気になる

○ **躍起になる**

あせってむきになるのは「躍起」。原義はおどりたつ、おどりあがる、の意。気持ちが関係することから、「躍気」と書き間違えやすい。

ゆうしゅうの美を飾る

× 優秀の美を飾る

○ **有終の美を飾る**

最後までやりとげて立派な成果を残すことをいう。終わりをまっとうするの「有終」であって、すぐれているという意味の「優秀」ではない。

優柔ふだん

× 優柔普段

○ **優柔不断**

ぐずぐずして、態度がはっきりしないこと。この場合の「不断」は決定力が乏しい、にえきらない、の意。「普段」は、へいぜい、日ごろ、の意で、「普段の心がけ」のように用いる。

ゆうめいを馳せる

× 有名を馳せる
○ 勇名を馳せる

勇者としての名声をとどろかせるということ。「馳せる」は走らせることで、転じて、名声や評判などを広める意味にも用いる。有名はすでに名が広まっていることなので、「有名を馳せる」は表現として成り立たない。

用法ようりょうをお守りください

× 用法容量をお守りください
○ 用法用量をお守りください

医薬品の説明書に書かれている注意書きである。「用法」は薬の用い方。「用量」は薬を用いる際の一定の分量のこと。薬の容器の分量のことをいっているわけではないので、「容量」と書くのは間違い。「用量」と「容量」は同音なので注意が必要。

よこれんぼ

× 横恋棒
× 横恋坊
○ 横恋慕

人の妻あるいは恋人とわかっていながら恋をするのは、「横恋慕」である。「横恋棒」とか「横恋坊」と誤って書く例が見られるが、「よこれんぼう」とか「よこれんぼー」と伸ばして発音することがあり、「慕」を「棒」、あるいは人の意味の「坊」のことと勘違いしてしまったものと思われる。

より所を求める

× 心の寄り所を求める
○ 心の拠り所を求める

支えとするところ、頼るところ、の意で「拠り所」と書く。心を寄せるところという意味に取り、「寄り所」と書くのは間違い。

らいめいを天下に轟《とどろ》かす

× **雷鳴を天下に轟かす**
○ **雷名を天下に轟かす**

「雷名」は広く世間に鳴りひびいている名声のことで、相手の名声を敬っていうこともある。「雷鳴」はかみなりの音。天下に広く知れ渡るのは「雷名」のほうである。

りゅういんを下げる

× **留飲を下げる**
○ **溜飲を下げる**

「溜飲」は胃が消化不良を起こし、酸っぱい胃液がのどまで上がってくること。それが下がればすっきりするように、それまでの恨みや不平不満を解消して気分をすっきりさせることを「溜飲を下げる」という。「りゅう」は溜めるの「溜」で、留めるの「留」ではない。「溜」が表外字のため、新聞などでは「留」を代用することがあるが本来は間違い。

ろうかく

× **桜閣**
○ **楼閣**

高い建物のことで、「砂上の楼閣」といえば、基礎が弱いためにくずれやすいこと、また、実現不可能なことのたとえにいう。「楼」も「閣」も、高い建物、の意。「楼」は「桜（さくら）」と字形が似ているので、書き間違いをしないように注意。

論をまたない

× **論を待たない**
○ **論を俟たない**

議論するまでもなく明らか、ということ。「俟つ」は、「論を俟たない」「言を俟たない」のように、否定形の「…を俟たない」の形で、…するまでもない、…する必要もない、の意に用いる。「待たない」と書くのは間違い。

【書き間違いやすい漢字一覧】

❶字形の類似・意味の類似・同音

＊（　）内は音（片仮名）と訓（平仮名）

哀（アイ・あわれ）哀歓　哀愁　悲哀
衰（スイ・おとろえる）衰弱　衰退　盛衰
遺（イ・ユイ・のこす）遺伝　遺産　遺言
遣（ケン・つかわす）派遣　遣唐使
筆遣い　小遣い
偉（イ・えらい）偉業　偉人　偉大
違（イ・ちがう）違反　違法　相違
委（イ・ゆだねる）委員　委託　委任
萎（イ・なえる・しぼむ）萎縮

因（イン・よる）因果　原因　要因
困（コン・こまる）困難　困窮　貧困
陰（イン・オン・かげ）陰影　陰謀
陰陽《おんよう》道
隠（イン・オン・かくす・かくれる）隠匿
隠蔽《いんぺい》　隠居　隠密《おんみつ》
穏（オン・おだやか）穏健　穏当　不穏
雲（ウン・くも）雲海　雲上
曇（ドン・くもり）曇天　曇り空
疫（エキ・ヤク）疫病　免疫　疫病《やくびょう》神
疾（シツ・はやい）疾患　疾病　疾走
欧（オウ）欧州　欧米　西欧
殴（オウ・なぐる）殴殺　殴打

億（オク）億万　巨億
憶（オク・おぼえる）記憶　憶測
臆（オク・おじる）臆病　臆面
過（カ・すぎる・あやまつ）過去　通過
過誤　過失
禍（カ・わざわい）禍根　禍福　災禍
嫁（カ・とつぐ・よめ）降嫁　転嫁
稼（カ・かせぐ）稼業　稼動
果（カ・はたす・はて）果実　結果　因果
菓（カ）菓子　製菓　銘菓
貨（カ）貨幣　硬貨　財貨
貸（タイ・かす）貸借　貸与　賃貸
賃（チン）賃金　運賃　家賃

科（カ・しな・とが）科目　理科　前科
料（リョウ・はかる）料理　料簡《りょうけん》　資料
快（カイ・こころよい）快感　快晴　爽快
怪（カイ・あやしい）怪談　奇怪　妖怪
懐（カイ・なつかしい・ふところ）懐古　懐疑
壊（カイ・こわす・こわれる）破壊　壊滅
塊（カイ・かたまり）塊根　金塊　団塊
魂（コン・たましい）魂胆　鎮魂　商魂
潰（カイ・ついえる）潰滅　胃潰瘍
漬（シ・つける）漬け物
悔（カイ・くやむ）悔恨　悔悛《かいしゅん》　後悔
侮（ブ・あなどる）侮辱　侮蔑　軽侮

概（ガイ・おおむね）概算　概要　一概
慨（ガイ・なげく）慨嘆　感慨　憤慨
既（キ・すでに）既刊　既成　既定
該（ガイ）該当　当該
劾（ガイ）弾劾
獲（カク・える）獲得　漁獲　捕獲
穫（カク）収穫
殻（カク・から）外殻　甲殻　地殻
穀（コク）穀物　雑穀　米穀
渇（カツ・かわく）渇水　渇望　枯渇
褐（カツ）褐色　褐炭
喝（カツ）喝采　一喝　恐喝
謁（エツ・まみえる）謁見　拝謁

滑（カツ・コツ・すべる）滑車　円滑　滑稽
猾（カツ・ずるい）狡猾《こうかつ》
巻（カン・ケン・まき）巻頭　圧巻　席巻《せっけん》
巷（コウ・ちまた）巷間　巷説　巷談
管（カン・くだ）血管　土管　管制　管理
菅（カン・すげ）菅笠《すげがさ》
歓（カン・よろこぶ）歓迎　歓声　歓待
勧（カン・すすめる）勧業　勧告　勧誘
喚（カン・よぶ）喚起　喚問　召喚　叫喚
換（カン・かえる）換気　換算　交換
環（カン・わ）環状線　環境　循環
還（カン・かえる）還元　帰還　生還

勘（カン）勘定　勘弁　勘当

堪（カン・タン・たえる）堪忍　堪能《たんのう》

鑑（カン・かがみ）鑑賞　鑑定　印鑑

艦（カン）艦隊　艦長　軍艦

監（カン・みる）監視　監督　監獄

藍（ラン・あい）出藍《しゅつらん》

奇（キ・くし）奇妙　奇抜　怪奇

寄（キ・よる・よせる）寄宿　寄生　寄付

記（キ・しるす）記事　記録　明記

紀（キ・のり）紀元　世紀　風紀

技（ギ・わざ）技巧　技術　競技

枝（シ・えだ）枝葉末節　連枝

季（キ・すえ）季節　四季　季刊

李（リ・すもも）李下　桃李

義（ギ）講義　定義　義務

議（ギ）議論　決議　提議

儀（ギ）儀式　公儀　礼儀

犠（ギ・いけにえ）犠牲　犠打

疑（ギ・うたがう）疑問　質疑　懐疑的

擬（ギ・なぞらえる）擬人法　擬声　模擬

凝（ギョウ・こる）凝固　凝視　凝縮

却（キャク・しりぞく）却下　棄却　退却

脚（キャク・キャ・あし）脚線　脚光　脚立

吸（キュウ・すう）吸引　吸収　呼吸

汲（キュウ・くむ）汲汲　汲水

挙（キョ・あげる）挙手　挙党　検挙

拳（ケン・こぶし）拳闘　拳銃　鉄拳

供（キョウ・ク・そなえる）供給　提供　供物《くもつ》　供養《くよう》

拱（キョウ・こまぬく）拱手

挟（キョウ・はさむ）挟撃

狭（キョウ・せまい）狭義　狭小　狭量

峡（キョウ）峡谷　海峡　山峡

侠（キョウ）侠客　侠気　義侠

享（キョウ・うける）享受　享年　享楽

亨（キョウ・コウ・とおる）亨運《こううん》

橋（キョウ・はし）橋梁　鉄橋　陸橋

稿（コウ）原稿　草稿　稿料

恭（キョウ・うやうやしい）恭賀　恭順

忝（テン）忝《かたじけな》い

斤（キン）一斤

斥（セキ・しりぞける）排斥　斥候《せっこう》

偶（グウ・たまたま）偶然　偶数　配偶者

遇（グウ・あう）境遇　遭遇　待遇

屈（クツ・かがむ）屈折　屈辱　退屈

窟（クツ・いわや）岩窟　巣窟　洞窟

掘（クツ・ほる）掘削　採掘　発掘

堀（クツ・ほり）内堀《うちぼり》　外堀《そとぼり》

郡（グン・こおり）郡部　福島県大沼郡

群（グン・むれる・むれ）群集　群生　大群

形（ケイ・ギョウ・かたち）形式　形態　形相《ぎょうそう》

型（ケイ・かた）原型　模型　典型

系（ケイ・つながり）系統　系列　体系

係（ケイ・かかる）係累　係数　関係

径（ケイ・みち）径路　口径　直径

経（ケイ・キョウ・へる）経過　経験　経典《きょうてん》

迎（ゲイ・むかえる）歓迎　送迎

仰（ギョウ・コウ・あおぐ）仰天　仰角　信仰

検（ケン・しらべる）検査　検索　探検

険（ケン・けわしい）危険　冒険　険悪

倹（ケン・つましい）倹約　勤倹

建（ケン・たてる）建設　建築　建国

健（ケン・すこやか）健康　壮健　保健

腱（ケン）腱鞘炎《けんしょうえん》　アキレス腱

減（ゲン・へる）減少　加減　半減

滅（メツ）滅亡　幻滅　破滅

幻（ゲン・まぼろし）幻影　幻覚　幻滅

幼（ヨウ・おさない）幼児　幼稚　幼虫

孤（コ）孤独　孤立　孤児

狐（コ・きつね）狐狸《こり》　白狐

弧（コ）弧状　円弧　弧を描く

己（コ・キ・おのれ）自己　克己《こっき》

已（イ・すでに）已然形

巳（シ・ジ・み）上巳《じょうし》　辰巳《たつみ》

護（ゴ・まもる）護衛　護憲　警護
譲（ジョウ・ゆずる）譲渡　譲歩　分譲

侯（コウ）王侯　諸侯　侯爵
候（コウ・そうろう）気候　兆候　伺候
喉（コウ・のど）喉頭　咽喉《いんこう》

功（コウ・いさお）功績　成功　奏功
攻（コウ・せめる）攻撃　攻防　先攻
巧（コウ・たくみ）巧妙　技巧　精巧

郊（コウ）郊外　近郊
効（コウ・きく）効果　効率　有効

坑（コウ・あな）炭坑　坑道
抗（コウ・あらがう）抗戦　対抗　反抗
杭（コウ・くい）棒杭《ぼうくい》

高（コウ・たかい）高所　高官　最高
喬（キョウ・たかい）喬木

項（コウ・うなじ）項目　事項
頃（ケイ・ころ）頃日《けいじつ》　日頃《ひごろ》

衡（コウ・はかり）均衡　平衡　度量衡
衝（ショウ・つく）衝撃　衝突　衝動

綱（コウ・つな）綱紀　綱領　要綱
網（モウ・あみ）網膜　漁網　連絡網

済（サイ・すむ・すくう）決済　返済　救済
剤（ザイ）洗剤　錠剤　薬剤師

裁（サイ・たつ・さばく）裁縫　裁断　裁判
栽（サイ・うえる）栽培　植栽　盆栽

砕（サイ・くだく）砕石　粉砕
粋（スイ・いき）純粋　粋人　抜粋

斎（サイ）斎宮　斎場　潔斎
斉（セイ・ひとしい）斉唱　一斉　均斉

載（サイ・のる・のせる）記載　掲載　積載
戴（タイ・いだたく）頂戴　戴冠式

察（サツ）察知　観察　警察
擦（サツ・する）擦過傷　摩擦

暫（ザン・しばらく）暫時　暫定
漸（ゼン・ようやく）漸次　漸進

師（シ）師匠　教師　師団
帥（スイ）元帥　総帥　統帥

施（シ・セ・ほどこす）施設　実施　施錠《せじょう》
旋（セン・めぐる）旋回　旋律　周旋

至（シ・いたる）至高　至極　夏至
致（チ・いたす）致命傷　一致　招致

刺（シ・さす・とげ）刺激　刺殺　風刺
有刺鉄線
剌（ラツ）溌剌《はつらつ》
辣（ラツ・からい）辣腕　悪辣　辛辣

字（ジ・あざ）字体　漢字　字幕
宇（ウ）宇宙　気宇《きう》

慈（ジ・いつくしむ）慈愛　慈善　慈悲
滋（ジ・しげる）滋味　滋養
磁（ジ）磁気　磁石　磁器

持（ジ・もつ）持参　支持　所持
待（タイ・まつ）待機　期待　接待
侍（ジ・さむらい・はべる）侍医　侍従

治（ジ・チ・おさめる・なおる）政治　統治
治療　完治
冶（ヤ）冶金　陶冶

酒（シュ・さけ）酒造　飲酒　洋酒
洒（シャ）洒落《しゃれ》　洒脱　瀟洒《しょうしゃ》

借（シャク・かりる）借金　借財　貸借
惜（セキ・おしい）惜敗　惜別　愛惜
措（ソ・おく）措置　措辞　挙措

拾（シュウ・ひろう）拾得　収拾　拾遺
捨（シャ・すてる）取捨選択　用捨

萩（シュウ・はぎ）萩焼《はぎやき》
荻（テキ・おぎ）荻窪《おぎくぼ》

住（ジュウ・すむ）住居　住所　居住
佳（カ・よい）佳境　佳作　佳人

従（ジュウ・したがう）従事　従属　服従
縦（ジュウ・たて）縦横　縦断　操縦

叔（シュク）叔父　叔母
淑（シュク・よい）淑女　貞淑　私淑

盾（ジュン・たて）矛盾
循（ジュン・めぐる）循環　因循

暑（ショ・あつい）暑気　暑中　残暑
署（ショ）署名　警察署

諸（ショ・もろもろ）諸君　諸国　諸派
緒（ショ・チョ・お）一緒　由緒　情緒

除（ジョ・ジ・のぞく）除去　排除　掃除
徐（ジョ・おもむろ）徐行　徐徐に

召（ショウ・めす）召集　召還　応召
招（ショウ・まねく）招集　招待　招致

衝（ショウ・つく）衝撃　衝動
衡（コウ・はかり）均衡　平衡

渉（ショウ・わたる）渉外　干渉　交渉
捗（チョク・はかどる）進捗

哨（ショウ）哨戒　哨兵　歩哨
悄（ショウ）悄悄　悄然

植（ショク・うえる）植物　植栽　入植
殖（ショク・ふえる・ふやす）殖産　増殖

侵（シン・おかす）侵害　侵入　侵略
浸（シン・ひたる・ひたす）浸水　浸透

神（シン・ジン・かみ・こう）神秘　神経
紳（シン）紳士　貴紳

慎（シン・つつしむ）慎重　謹慎
鎮（チン・しずめる）鎮火　鎮静

迅（ジン）迅速　迅雷
訊（ジン・きく）訊問

陣（ジン）陣営　陣地　退陣　陣痛
陳（チン・のべる）陳列　陳謝　陳述

遂（スイ・とげる・ついに）遂行　完遂　未遂
逐（チク・おう）逐一　逐次　逐電　駆逐

瑞（ズイ・みず）瑞雲　瑞鳥　瑞兆
喘（ゼン・あえぐ）喘息　喘鳴

随（ズイ・したがう）随行　付随　随筆
髄（ズイ）骨髄　脊髄　真髄
隋（ズイ）遣隋使

崇（スウ・あがめる）崇高　崇拝
祟（スウ・たたる）祟《たた》り目

性（セイ・ショウ・さが）性格　性別　性分《しょうぶん》
姓（セイ・ショウ・かばね）姓名　同姓　本姓　百姓《ひゃくしょう》

清（セイ・きよい）清潔　清掃　粛清
精（セイ・ショウ・くわしい）精算　精密
精進《しょうじん》
績（セキ）成績　功績　紡績
積（セキ・つむ・つもる）積載　積雪　体積
蹟（セキ）遺蹟　奇蹟
籍（セキ）書籍　戸籍　本籍
藉（セキ・シャ）狼藉《ろうぜき》
析（セキ）解析　透析　分析
折（セツ・おる）右折　曲折　骨折
晰（セキ）明晰
宣（セン・のたまう）宣告　宣誓　宣伝
宜（ギ・よろしい）時宜　適宜　便宜

潜（セン・ひそむ・もぐる）潜水　潜入
僭（セン・おごる）僭越　僭王
膳（ゼン）膳部　食膳　配膳
繕（ゼン・つくろう）営繕　修繕
爪（ソウ・つめ）爪痕
瓜（カ・うり）瓜田　西瓜
壮（ソウ・さかん）壮観　壮大　壮年
荘（ソウ）荘厳　山荘　別荘
相（ソウ・ショウ・あい）相談　首相
想（ソウ・ソ・おもい）想像　幻想　愛想
漕（ソウ・こぐ）漕艇《そうてい》　回漕
槽（ソウ・おけ）水槽　浴槽

操（ソウ・あやつる・みさお）操作　節操
燥（ソウ・かわく）乾燥　焦燥
繰（ソウ・くる）繰糸　繰り越し
躁（ソウ・さわぐ）躁鬱《そううつ》病
噪（ソウ・さわぐ）喧噪《けんそう》
喪（ソウ・も）喪失　喪心　喪主《もしゅ》
衷（チュウ・なか）苦衷　衷心　折衷
送（ソウ・おくる）送迎　送付　放送
迭（テツ・かわる）更迭
蔵（ゾウ・くら）蔵書　土蔵
臓（ゾウ・はらわた）心臓　内臓
促（ソク・うながす）促進　催促　督促
捉（ソク・とらえる）把捉　捕捉

卒（ソツ）卒業　卒倒　兵卒

率（ソツ・リツ・ひきいる）引率　軽率　確率《かくりつ》　比率《ひりつ》

堕（ダ・おちる）堕落　堕胎

墜（ツイ・おちる）墜落　撃墜　失墜

択（タク・えらぶ）択一　採択　選択

沢（タク・さわ）沢山　光沢　沼沢

拓（タク・ひらく）拓殖　開拓　干拓

奪（ダツ・うばう）奪還　争奪　略奪

奮（フン・ふるう）奮起　奮闘　興奮

雰（フン）雰囲気

短（タン・みじかい）短期　短縮　最短

矩（ク・さしがね・のり）矩形　規矩

坦（タン・たいら）平坦

担（タン・になう）担当　担任　分担

眈（タン・にらむ）虎視眈眈《こしたんたん》

耽（タン・ふける）耽溺《たんでき》　耽読　耽美

畜（チク）家畜　畜産　牧畜

蓄（チク・たくわえる）蓄積　貯蓄　含蓄

張（チョウ・はる）張力　拡張　緊張

帳（チョウ・とばり）開帳　帳面　通帳

鳥（チョウ・とり）鳥類　野鳥　探鳥

烏（ウ・からす）烏合《うごう》

提（テイ・さげる）提案　提議　提出

堤（テイ・つつみ）堤防　突堤

摘（テキ・つむ）摘出　摘要　指摘

滴（テキ・したたる・しずく）水滴　点滴

敵（テキ・かたき）敵意　敵視　強敵

適（テキ・かなう）適当　適任　最適

撤（テツ）撤回　撤去　撤収

徹（テツ・とおる）徹底　貫徹　徹頭徹尾

轍（テツ・わだち）前轍　途轍

到（トウ・いたる）到着　到達　殺到

倒（トウ・たおす）倒壊　圧倒　打倒

塔（トウ）鉄塔　管制塔

搭（トウ）搭載　搭乗

淘（トウ・とぐ）自然淘汰

陶（トウ・すえ）陶器　陶工　陶酔

騰（トウ・あがる）騰貴　高騰
謄（トウ・うつす）謄本　謄写

動（ドウ・うごく）動作　自動　作動
働（ドウ・はたらく）稼働　実働　労働

道（ドウ・みち）道路　道義　人道
導（ドウ・みちびく）導入　指導

脳（ノウ）大脳　頭脳　脳裏
悩（ノウ・なやむ）悩殺　苦悩　煩悩

排（ハイ）排除　排水　排斥
俳（ハイ）俳優　俳句　俳諧

背（ハイ・せ）背景　背後　背信
脊（セキ）脊髄　脊柱　脊椎《せきつい》

薄（ハク・うすい）薄幸　薄弱　肉薄
簿（ボ）簿記　帳簿

爆（バク・はぜる）爆弾　爆発
瀑（バク・たき）瀑布　飛瀑

帆（ハン・ほ）帆船　帆走　出帆
汎（ハン）汎論　汎米

板（ハン・いた）合板　看板　鉄板
版（ハン）版画　木版　版権

盤（バン）円盤　地盤　盤石
磐（バン・いわ）磐石

比（ヒ・くらべる）比較　比例　対比
批（ヒ）批判　批評　批准

被（ヒ・こうむる・かぶる）被害　被災
被服
披（ヒ・ひらく）披露　披瀝《ひれき》

貧（ヒン・まずしい）貧困　貧弱　貧乏
貪（ドン・むさぼる）貪欲　慳貪《けんどん》

複（フク）複数　複雑　重複　複製
復（フク・また）復活　往復　回復

幅（フク・はば）幅員　拡幅　振幅
福（フク・さいわい）福祉　幸福　祝福
副（フク・そえ）副業　副本　正副

粉（フン・こな）粉末　粉砕　粉飾
紛（フン・まぎれる）紛糾　紛争　紛失
扮（フン・よそおう）扮装　扮飾

噴（フン・ふく）噴火　噴出

憤（フン・いきどおる）憤慨　悲憤

幣（ヘイ・ぬさ）貨幣　御幣

弊（ヘイ・つかれる）弊害　語弊　疲弊

壁（ヘキ・かべ）壁画　壁面

璧（ヘキ・たま）完璧　双璧

偏（ヘン・かたよる）偏見　偏向　偏屈

遍（ヘン・あまねく）遍歴　遍路　普遍

補（ホ・おぎなう）補欠　補充　補足

捕（ホ・とる・つかまる）捕獲　捕球　逮捕

募（ボ・つのる）募金　募集　応募

慕（ボ・したう）慕情　思慕　恋慕

崩（ホウ・くずす・くずれる）崩壊　崩落　崩御

萌（ホウ・きざす・もえる）萌芽

防（ボウ・ふせぐ）防止　防犯　予防

妨（ボウ・さまたげる）妨害

坊（ボウ）宿坊　坊主

魔（マ）魔法　邪魔　悪魔

摩（マ・する・こする）摩擦　摩滅　研摩

磨（マ・みがく）切《せっ》磋《さ》琢《たく》磨《ま》　研磨

末（マツ・すえ）末端　期末　結末

未（ミ）未知　未熟　未来

抹（マツ）抹殺　抹消　抹茶　一抹

沫（マツ・あわ）飛沫　泡沫

慢（マン・おこたる・あなどる）慢性　怠慢　自慢

漫（マン・みだり・そぞろ）漫画　漫遊　散漫　放漫

味（ミ・あじ）味覚　賞味　趣味

昧（マイ）曖昧《あいまい》　愚昧　三昧

密（ミツ・ひそか・こまやか）密集　密接　秘密　綿密

蜜（ミツ）蜜蜂《みつばち》　蜜蠟《みつろう》　蜜月

矛（ム・ほこ）矛盾

予（ヨ・あらかじめ）予告　予想　予定

鳴（メイ・なく）共鳴　悲鳴

嗚（オ）嗚咽《おえつ》

門（モン・かど）門限　門前　専門　入門
問（モン・とう）問答　質問　問責　訪問
悶（モン・もだえる）悶絶　苦悶　煩悶
紋（モン）紋章　紋様　波紋
絞（コウ・しぼる・しめる）絞殺　絞首刑
輸（ユ）輸出　輸送　運輸
輪（リン・わ）輪郭　車輪　年輪
愉（ユ・たのしい）愉快　愉悦
諭（ユ・さとす）教諭　説諭　勅諭
喩（ユ・たとえる）比喩　隠喩
揺（ヨウ・ゆれる・ゆする）揺籃《ようらん》　動揺
遥（ヨウ・はるか）遥拝　逍遥《しょうよう》
謡（ヨウ・うたい・うたう）謡曲　民謡

揚（ヨウ・あげる）掲揚　抑揚
楊（ヨウ・やなぎ）楊枝　楊柳
羅（ラ）羅列　羅針盤
罹（リ・かかる）罹患　罹災
陸（リク）陸上　大陸
陛（ヘイ・きざはし）陛下
栗（リツ・くり）栗林《りつりん》
粟（ゾク・あわ）粟粒《ぞくりゅう》
緑（リョク・ロク・みどり）緑地　緑茶
新緑　緑青《ろくしょう》
縁（エン・えにし・ふち）縁故　由縁　縁側
禄（ロク）禄高　俸禄　家禄
録（ロク・しるす）録音　記録　目録

倫（リン）倫理　人倫　不倫
論（ロン・あげつらう）論理　議論　結論
塁（ルイ）土塁　盗塁　残塁
累（ルイ）累計　累積　係累
例（レイ・たとえる）例示　例外　先例
冽（レツ）清冽
烈（レツ・はげしい）烈火　烈風　強烈
裂（レツ・さく）裂傷　決裂　破裂
浪（ロウ・なみ）波浪　流浪　浪費
狼（ロウ・おおかみ）狼狽《ろうばい》　狼藉《ろうぜき》
郎（ロウ）郎党　新郎　野郎
朗（ロウ・ほがらか）朗報　明朗　朗読

❷四字熟語

唯唯諾諾《いいだくだく》（×**易易**諾諾）
意気軒昂《いきけんこう》（×意気**健康**）
意気衝天《いきしょうてん》（×意気**昇**天）
意気投合《いきとうごう》（×意気**統**合）
意気揚揚《いきようよう》（×意気**楊楊**）
異口同音《いくどうおん》（×異**句**同音）
意志薄弱《いしはくじゃく》（×意**思**薄弱）
意思表示《いしひょうじ》（×意**志**表示）
以心伝心《いしんでんしん》（×**意**心伝心）
一網打尽《いちもうだじん》（×一**綱**打尽）
一蓮托生《いちれんたくしょう》（×一蓮**拓**生）
一気呵成《いっきかせい》（×一気**化**成）

一騎当千《いっきとうせん》（×一騎当**選**）
一瀉千里《いっしゃせんり》（×一**射**千里）
一触即発《いっしょくそくはつ》（×一触**速**発）
一心同体《いっしんどうたい》（×一**身**同体）
一朝一夕《いっちょういっせき》（×一**鳥**一**石**）
意味深長《いみしんちょう》（×意味**慎重**）
隠忍自重《いんにんじちょう》（×**陰**忍自重）
有為転変《ういてんぺん》（×有為**天**変）
栄枯盛衰《えいこせいすい》（×栄枯盛**哀**）
外交辞令《がいこうじれい》（×外交辞**礼**）
快刀乱麻《かいとうらんま》（×快**投**乱麻）
偕老同穴《かいろうどうけつ》（×**階**老**洞**穴）
感慨無量《かんがいむりょう》（×感慨無**料**）
換骨奪胎《かんこつだったい》（×換骨**脱**胎）

緩衝地帯《かんしょうちたい》（×**干渉**地帯）
勧善懲悪《かんぜんちょうあく》（×勧善**徴**悪）
頑迷固陋《がんめいころう》（×頑迷**古老**）
器械体操《きかいたいそう》（×**機**械体操）
危機一髪《ききいっぱつ》（×危機一**発**）
起死回生《きしかいせい》（×起死**改正**）
喜色満面《きしょくまんめん》（×**気**色満面）
奇想天外《きそうてんがい》（×奇**相**天外）
旧態依然《きゅうたいいぜん》（×旧態**以前**）
急転直下《きゅうてんちょっか》（×急**天**直下）
狂喜乱舞《きょうきらんぶ》（×狂**気**乱舞）
強行採決《きょうこうさいけつ》（×強**硬**採決）
強迫観念《きょうはくかんねん》（×**脅**迫観念）
興味津津《きょうみしんしん》（×興味**深深**）

金科玉条《きんかぎょくじょう》（×金**貨**玉条）
群集心理《ぐんしゅうしんり》（×群**衆**心理）
群雄割拠《ぐんゆうかっきょ》（×群雄割**居**）
軽佻浮薄《けいちょうふはく》（×軽**重**浮薄）
決選投票《けっせんとうひょう》（×決**戦**投票）
源泉徴収《げんせんちょうしゅう》（×**原**泉徴収）
交感神経《こうかんしんけい》（×交**換**神経）
厚顔無恥《こうがんむち》（×厚顔無**知**）
綱紀粛正《こうきしゅくせい》（×綱紀粛**清**）
巧言令色《こうげんれいしょく》（×**広**言令色）
口頭試問《こうとうしもん》（×口**答**試問）
虎視眈眈《こしたんたん》（×虎視**耽耽**）
後生大事《ごしょうだいじ》（×**御**生大事）
故事来歴《こじらいれき》（×**古**事来歴）

戸籍謄本《こせきとうほん》（×戸籍**騰**本）
五里霧中《ごりむちゅう》（×五里**夢**中）
孤立無援《こりつむえん》（×孤立無**縁**）
才気煥発《さいきかんぱつ》（×才気**渙**発）
才色兼備《さいしょくけんび》（×才色兼**美**）
在留邦人《ざいりゅうほうじん》（×在留**法**人）
三位一体《さんみいったい》（×三**身**一体）
自画自賛《じがじさん》（×自**我**自賛）
時期尚早《じきしょうそう》（×時**機**尚早）
試行錯誤《しこうさくご》（×**思考**錯誤）
自然淘汰《しぜんとうた》（×自然**陶**汰）
事大主義《じだいしゅぎ》（×**時代**主義）
四通八達《しつうはったつ》（×四通**発**達）
弱肉強食《じゃくにくきょうしょく》（×弱肉**共**食）

縦横無尽《じゅうおうむじん》（×縦横無**人**）
自由競争《じゆうきょうそう》（×自由競**走**）
終始一貫《しゅうしいっかん》（×終始一**環**）
衆人環視《しゅうじんかんし》（×衆人**監**視）
出処進退《しゅっしょしんたい》（×出**所**進退）
首脳会談《しゅのうかいだん》（×**主**脳会談）
首尾一貫《しゅびいっかん》（×首尾一**環**）
順風満帆《じゅんぷうまんぱん》（×順風**万**帆）
情状酌量《じょうじょうしゃくりょう》（×**状情**酌量）
正真正銘《しょうしんしょうめい》（×正真**証明**）
常套手段《じょうとうしゅだん》（×**上等**手段）
枝葉末節《しようまっせつ》（×**子**葉末節）
諸行無常《しょぎょうむじょう》（×諸行無**情**）
初志貫徹《しょしかんてつ》（×**所思**貫徹）

諸説紛紛《しょせつふんぷん》（×諸説**粉粉**）
心機一転《しんきいってん》（×心**気**一転）
人工呼吸《じんこうこきゅう》（×人**口**呼吸）
人事不省《じんじふせい》（×人事不**正**）
人事異動《じんじいどう》（×人事**移**動）
神出鬼没《しんしゅつきぼつ》（×**進**出鬼没）
針小棒大《しんしょうぼうだい》（×針**少膨**大）
心神喪失《しんしんそうしつ》（×心**身**喪失）
人跡未踏《じんせきみとう》（×人跡未**到**）
深謀遠慮《しんぼうえんりょ》（×**辛抱**遠慮）
酔生夢死《すいせいむし》（×酔生**無**死）
誠心誠意《せいしんせいい》（×**精神**誠意）
青天白日《せいてんはくじつ》（×**晴**天白日）
精力絶倫《せいりょくぜつりん》（×**勢**力絶倫）

責任転嫁《せきにんてんか》（×責任転**化**）
絶体絶命《ぜったいぜつめい》（×絶**対**絶命）
千客万来《せんきゃくばんらい》（×**先**客万**雷**）
潜在意識《せんざいいしき》（×**先**在意識）
千載一遇《せんざいいちぐう》（×千載一**隅**）
千差万別《せんさばんべつ》（×千差**満**別）
全身全霊《ぜんしんぜんれい》（×全**心**全霊）
戦戦兢兢《せんせんきょうきょう》（×戦戦**競競**）
前代未聞《ぜんだいみもん》（×前代未**問**）
促成栽培《そくせいさいばい》（×**速**成栽培）
速戦即決《そくせんそっけつ》（×速戦**速**決）
大器晩成《たいきばんせい》（×大器晩**生**）
大義名分《たいぎめいぶん》（×大義名**文**）
大言壮語《たいげんそうご》（×大言**荘**語）

大同小異《だいどうしょうい》（×大同小**違**）
単刀直入《たんとうちょくにゅう》（×**短**刀直入）
朝令暮改《ちょうれいぼかい》（×朝**礼**暮改）
直情径行《ちょくじょうけいこう》（×直情**経**行）
天衣無縫《てんいむほう》（×天衣無**法**）
天涯孤独《てんがいこどく》（×天**蓋**孤独）
電光石火《でんこうせっか》（×電光石**化**）
天真爛漫《てんしんらんまん》（×天**心**爛漫）
当意即妙《とういそくみょう》（×当**為則**妙）
同工異曲《どうこういきょく》（×同**巧**異曲）
独断専行《どくだんせんこう》（×独断**先**行）
難行苦行《なんぎょうくぎょう》（×難**業**苦行）
二者択一《にしゃたくいつ》（×二者**托**一）
日進月歩《にっしんげっぽ》（×日**新**月歩）

半信半疑《はんしんはんぎ》（×半**真**半疑）
半身不随《はんしんふずい》（×半身不**髄**）
風光明媚《ふうこうめいび》（×風光明**眉**）
不倶戴天《ふぐたいてん》（×不**具**戴天）
福利厚生《ふくりこうせい》（×福利**更**生）
不承不承《ふしょうぶしょう》（×不**精**不**精**）
不即不離《ふそくふり》（×不**則**不離）
不撓不屈《ふとうふくつ》（×不**倒**不屈）
不老不死《ふろうふし》（×不**労**不死）
付和雷同《ふわらいどう》（×**不**和雷同）
粉骨砕身《ふんこつさいしん》（×粉骨砕**心**）
文明開化《ぶんめいかいか》（×文明開**花**）
傍若無人《ぼうじゃくぶじん》（×**暴**若無人）
豊年満作《ほうねんまんさく》（×豊年**万**作）

満場一致《まんじょういっち》（×**万**場一致）
無我夢中《むがむちゅう》（×**夢**我夢中）
無知文盲《むちもんもう》（×無**恥**文盲）
無念無想《むねんむそう》（×無念**夢**想）
門戸開放《もんこかいほう》（×門戸**解**放）
優柔不断《ゆうじゅうふだん》（×優柔**普段**）
誘導尋問《ゆうどうじんもん》（×誘**道**尋問）
有名無実《ゆうめいむじつ》（×**勇**名無実）
落花狼藉《らっかろうぜき》（×落**下**狼藉）
流言飛語《りゅうげんひご》（×流言**卑**語）
粒粒辛苦《りゅうりゅうしんく》（×**流流**辛苦）
臨機応変《りんきおうへん》（×臨**期**応変）
連帯責任《れんたいせきにん》（×連**体**責任）
和気藹藹《わきあいあい》（×和気**愛愛**）

主な参考文献

『日本国語大辞典』（小学館）
『故事ことわざの辞典』（小学館）
『日本語源大辞典』前田富祺監修（小学館）
『岩波四字熟語辞典』（岩波書店）
『大漢語林』鎌田正・米山寅太郎著（大修館書店）
『間違い漢字・勘違いことば診断辞典』村石昭三監修（創拓社）
『言葉の作法辞典』（学習研究社）
『類語新辞典』中村明・芳賀綏・森田良行編（三省堂）
『語源大辞典』堀井令以知編（東京堂出版）

索引

＊［　］内は言い換え・書き換え、〔　〕は読みを示す

あ

哀歓――259
愛嬌を振りまく――52
合言葉――194
哀愁――259
愛惜――264
愛想――266
愛想がいい――52
愛想が悪い――52
愛想のない――52
相槌を打つ――52
合いの手を入れる――52
曖昧――269
相身互い――194
青田刈り――212
青は藍より出でて藍より青し――106
明るみに出る――52
明らかになる――52
アキレス腱――262
あくが強い――2
悪女の深情け――94
悪態をつく――194
欠伸〔あくび〕――192
悪評を被る――39
悪魔――269
胡坐〔あぐら〕――192
悪辣〔あくらつ〕――264
揚げ足を取る――194
挙げ句の果て――2
あごが落ちる――2
あごが外れる――2
あごを出す――2
浅め――121
足蹴にする――53
足繁く――3
足手まとい――53
足元を見られる――53
味わわせる――118
足をすくわれる――53
(私の)与り知らぬこと――223
(ご紹介に)与る――223
預かる――223
唖然とする――3
能う限り――118
頭越し――53
頭ごなし――53
頭に入れる――81
頭を丸める――54
あたら――3
当たり年――3
辺りを払う――4
圧巻――260
呆気に取られる――54、118
圧倒――267
圧倒的――4
圧迫感――236
当て所ない――154
後足で砂をかける――154
(もう)後がない――154
後継ぎ――194
跡継ぎ――194
後で悔やむ――136
後には引けない――154
後に引けない――54
後にも先にも行けぬ――54
後は野となれ山となれ――94
後を追う――154
あながち――4
脂が乗る――195
脂性――249
アベレージ――148
雨脚が激しい［弱まる］――54
雨脚が速い――54
数多〔あまた〕――192
余りある――55
阿弥陀に被る――4
雨が止む――55
過ち――195
誤った判断――195
(きめが)粗い――216
あり余る――55
ありうべからざる――119
ありうる――119
蟻の這い出るすきまもない――94
あわよくば――195
暗誦――237

安心感――213
行灯――165
案の定――195
塩梅――192

い

いい薬――4
イージーミス――139
唯唯諾諾――271
許嫁〔いいなずけ〕――192
委員――259
意外な――195
…以外の何物でもない――55
胃潰瘍――260
怒り心頭に発する――55
如何――196
如何ともしがたい――196
遺憾なく――5、196
異義――197
息が合う――5
意気軒昂――55、271
意気衝天――271
息急き切る――196
いぎたない――63
意気投合――271
息の根を止める――196
息巻く――196
偉業――259
意気揚揚――55、271
異議を唱える――197
意気地――154
異口同音――271
活魚料理――155
異才――197
異彩を放つ――197
いざ鎌倉――94
潔い――119、197、223
漁火――192
遺産――259
縊死〔いし〕――155
意志薄弱――271
意思表示――271
萎縮――259
意地を張る――87
偉人――259
以心伝心――271
遺蹟――266
已然形――262
依然として――5
忙しい――197
急ぐ――197
（薬物）依存症――249
偉大――259
委託――259
板に付く――5
至れり尽くせり――198
一概――260
一月一日の朝に――140
一か八か――246
一見さんお断り――155
無花果〔いちじく〕――192
一同顔をそろえる――198
一堂に会する――198
一任する――143
一番あと――136
一番終わり――136
一番初め――136
一姫二太郎――95
一病息災――95
一抹――269
一抹の不安を覚える――56
一万人――185
一網打尽――271
一縷〔いちる〕の望みを託す――56
一蓮托生――271
一喝――211、260
一貫作業――198
一巻の終わり――198
一気呵成――271
一騎当千――271
一斤――262
一見――155
一切――155、198
一切合切――156
一切衆生――156
一再ならず――198
一瀉〔いっしゃ〕千里――271
一生懸命――56
一将功なりて万骨枯る――95
一触即発――271
一所懸命――56
一緒にする――199
一矢を報いる――156
一身――199
一心同体――199、271
一炊の夢――95
一寸先は闇――156
一寸の虫にも五分の魂――96
一斉――263
一世一代――156
一世を風靡する――156
一致――264

一朝一夕——271
一手に握る——57
一手に引き受ける——56
一天にわかにかき曇る——199
一点張り——199
一等地——199
一頭地を抜く——199
一発勝負——213
一発で決める——213
一方——185
遺伝——259
移動——231
意に介する——200
意に添わない——57
委任——259
犬も歩けば棒に当たる——96
犬も食わない——6
居眠り——246
井の中の蛙［かわず］大海を知らず——96
遺髪——200
衣鉢を継ぐ——200
違反——259
違法——259
今こそわかれめ、いざさらば——6
未だ——200
今の状態を憂える——137
今際の際——157
意味深長——200、271
芋づる式——6
芋の煮えたも御存じない——96
慰問——252
弥が上にも——200
嫌気が差す——57
苟［いやしく］も——201
違和感がある——137
違和感を覚える——137
曰く——131
言わずもがな——6
所謂［いわゆる］——192
意を尽くす——7
陰影——259
因果——259
印鑑——261
隠居——259
咽喉——263
飲酒——264
因循——264
引率——267
引率する——201
隠匿——259
陰に陽に——57
隠忍自重——271
因縁を付ける——157
隠蔽——259
陰謀——259
隠喩——270
印を押す——146

う

有為転変——271
上には上がある——57
上を下へ——58
請負——201
受けがいい——201
有卦に入る——201
烏合［うごう］——267
右顧左眄［うこさべん］——7
雨後の筍——97
牛に引かれて善光寺参り——97
後ろ——154
後ろ足——154
後ろ髪を引かれる——7
後ろ盾［楯］——202
後ろ手——168
後ろへ下がる——137
薄紙を剥ぐよう——7
薄め——121
右折——266
有象無象——157
嘯［うそぶ］く——202
うそも方便——202
疑いを晴らす——73
転寝［うたたね］——192
打ち出の小槌——202
内堀——262
宇宙——264
有頂天になる——203
（碁を）打つ——69、72
（影が障子に）映る——209
写る——209
腕が立つ——44
腕に縒りをかける——58
腕を競う——68
うまうまと——45
馬が合う——5、7
心［うら］悲しい——158
うらさみしい——158
恨み骨髄に徹す——58
恨みを晴らす——61、91
恨みを買う——214
瓜の蔓に茄子はならぬ——97、99、110

うるさ型——203
憂い——120
憂える——120
うわさを聞く——219
上手——161
上前をはねる——8、58
雲海——259
雲上——259
薀蓄[うんちく]を傾ける——8、59
運賃——259
運否天賦[うんぷてんぷ]——158
運輸——270

え

鋭気——203
鋭気をくじく——203
英気を養う——203
栄枯盛衰——271
営繕——266
役[えき]——175
疫病——259
似非——192
謁見——260
悦に入る——158、163、181
烏帽子——203
笑みがこぼれる——59
選りすぐり——144
円滑——260
縁側——270
円弧——262
縁故——270
怨恨——160
炎天下——137
縁は異なもの——59
円盤——268

お

小[お]——159
(…から)お預かりします——122
追い込みをかける——142
(お体を)おいとい下さい——138
老いらく——131
横溢——158
王侯——263
殴殺——259
往事——204
欧州——259
応召——265
往時を偲ぶ——203
応接にいとまがない——187
殴打——259
押捺(する)——147、159
往年——8
往復——268
欧米——259
応募——269
鸚鵡[おうむ]返し——8
鷹揚[おうよう]——192
嗚咽[おえつ]——192、269
お偉方——203
大一番——60
大いに——204
大口をたたく——59
大事になる——159
大勢——177
大手を振る——159
大舞台——60
大舞台に強い——60
大風呂敷を広げる——59
大見得を切る——204
多め——121
大笑い(する)——129
尾頭付き——204
荻窪——264
置き去りにする——121
屋上屋を架す——60
憶測——259
噯[おくび]にも出さない——204
臆病——259
臆病風に吹かれる——60
臆病神につかれる——60
億万——259
臆面——259
小暗[おぐら]い——159
行ったこと——138
お先棒を担ぐ——9
おざなり——9
叔父——264
お仕着せ——205
推して知るべし——205
押しも押されもせぬ——60
お釈迦になる——9
お洒落をする——229
白粉——192
お裾分け——9
お膳立てをする——138
遅かりし由良之助——98
遅かれ早かれ——82
恐らく——10
恐らくは——131
お陀仏になる——9
おためごかし——10

落ち合う 10
お茶を濁す 11
お疲れ様 20
押っ取り刀 11
お手上げ 11
大人 177
躍り上がる 205
鬼の霍乱［かくらん］ 11
鬼も十八番茶も出花 113
自ずから 189
叔母 264
尾鰭［おひれ・おびれ］ 160
尾鰭［おひれ］が付く 159
お福分け 10
おぼつかない 121
おほめに与る 223
溺れる者は藁をも摑む 98
おまじないをする 182
おまじないを唱える 183
御神酒 192
汚名返上 61
汚名をそそぐ 61
汚名を返上する 61
思いがけないことが起きる 138
思いを致す 205
万年青［おもと］ 192

おもねらず 122
おもねる 122
おもむろに 12
思わく 131
思惑が外れる 206
お役御免になる 61
およそ 138
折り紙付き 12
おわれて(見たのはいつの日か) 12
穏健 259
温厚な人 206
怨讐 160
温床 12
穏当 259
女手一つ 61
女は三界に家無し 98、170
怨念 160
隠密 259
隠密裏 138
陰陽道 259
怨霊 160
穏和 206
温和な気候 206

か

買い漁る 12
外殻 260
快感 260
海岸沿い 137
怪奇 261
懐疑 260
怪気炎を上げる 206
懐疑的 261
海峡 261
回顧 207
懐古 207、260
外交 207
外交辞令 271
外向的な性格 206
回顧録 207
塊根 260
悔恨 260
快哉を叫ぶ 62
概算 260
悔悛［かいしゅん］ 260
改心 207
会心の笑みを浮べる 207
会心の作 207
快晴 260

解析 266
会席料理 13
懐石料理 13
海草 207
回漕 266
海藻サラダ 207
開拓 267
怪談 260
慨嘆 260
開帳 267
改定する 139
解答 207
該当 260
快刀乱麻 271
回答を待つ 207
回復 268
解放 208
開放 208
解放感に浸る 208
開放的 208
壊滅 260
潰滅 260
外面 177
概要 260
隗［かい］より始めよ 98
偕老同穴 271

禍福——259
過分——212
寡聞にして知らない——212
貨幣——252、259、269
鎌を掛ける——212
剃刀［かみそり］——192
上手——160
がむしゃらに——128
科目——260
借り——212
駆り集める——212
仮住まい——212
駆る——212
刈る——212
枯れ木も山の賑わい——101
家禄——270
かわいい子には旅をさせよ101
可哀相——161
可哀想——161
（ことばを）交わす——83
…感［観、勘］——213
間一髪——213
感慨——260
勘がいい——213
感慨無量——271
侃侃諤諤［かんかんがくがく］——67

喚起——260
換気——260
環境——260
勧業——260
岩窟——262
関係——262
歓迎——260、262
還元——260
勧告——260
監獄——261
換骨奪胎——15、271
観察——263
換算——260
環視——229
監視——229、261
漢字——264
感じ入る——15
元日の朝に——140
鑑賞——261
干渉——265
勘定——261
環状線——260
緩衝地帯——271
顔色［がんしょく］なし——15
歓心——214
関心——214

感心する——15
寒心に堪えない——213
歓心を買う——214
関心を引く——214
完遂——161、265
喚声——17
歓声——17、260
官製——252
管制——252、260
管制塔——267
頑是無い——16
勧善懲悪——271
乾燥——266
歓待——260
艦隊——261
甲高い声——214
干拓——267
簡単なミス——139
元旦に——140
邯鄲［かんたん］の枕——95
邯鄲の夢——95
完治——264
勘違い——214
含蓄——267
艦長——261
鑑定——261

貫徹——267
巻頭——260
勘当——261
監督——261
堪忍——261
観音——157
間髪を容れず——161、213
看板——268
完璧——269
勘弁——261
頑迷固陋［ころう］——271
喚問——260
勧誘——260
管理——260
棺を蓋［おお］いて事定まる——101

き

利いた風——214
生一本——216
気宇——264
記憶——259
気が合う——5
奇怪——260
器械体操——271

気が置けない——16
気が利く——214
気が回らない——18
既刊——260
帰還——260
季刊——261
危機一髪——213、271
鬼気迫る形相——215
危機的状況に面する——63
危機に瀕する——63
棄却——261
義侠——261
利く——214、219
聞く——219
規矩[きく]——267
奇遇——164
危険——262
紀元——261
機嫌がいい[悪い]——215
気候——263
技巧——261、263
気骨のある人——162
記載——263
記事——261
起死回生——271
儀式——261

旗幟[きし]鮮明——161
雉[きじ]も鳴かずば打たれまい——101
寄宿——261
技術——261
喜色満面——271
貴紳——265
擬人法——261
既成——260
寄生——261
犠牲——261
擬声——261
犠牲と[に]なる——63
奇蹟——266
季節——261
奇想天外——271
気息奄奄——162
犠打——261
期待——264
着た切り雀——16
生粋——216
狐につままれた——64
きっぱり——147
気っ風[ぷ]——162
既定——260
木で鼻をくくる——215

気に入らない——57
気に入る——158
気に食わない——57
木に竹を接ぐ——16
衣擦れ——215
気の置けない——16
木の葉——167
着の身着のまま——16
木の芽——167
奇抜——261
きびすを返す——17
寄付——261
気風——162
気骨が折れる——162
生真面目——216
期末——269
決まりがつく——141
奇妙——164、261
義務——261
肝煎り——216
肝が据わる——83
肝に銘ずる——216
疑問——261
客が来る——151
脚線——261
逆転勝ち——216

気休めを言う——217
脚立——261
却下——261
脚光——261
吸引——261
仇怨——160
汲汲——261
(保身に)汲汲としている——217
旧交を温める——140
救済——263
吸収——261
鳩首[きゅうしゅ]会談する——140
汲水——261
窮鼠——192
旧態依然——217、271
急転直下——271
恭賀——262
侠客——162、261
仰角——262
恐喝——260
叫喚——260
侠気——261
競技——261
狭義——261
供給——261
狂喜乱舞——271

胸襟を開く——27
境遇——262
教訓——17
挟撃——261
凝固——261
強行採決——271
峡谷——261
教師——263
凝視——261
経師屋［きょうじや］——163
拱手［きょうしゅ］——261
享受——261
行住坐臥——163
凝縮——261
恭順——262
狭小——261
嬌声——17
形相——262
強敵——267
経典——262
仰天——262
共同で所有する——140
興に入る——163、181
享年——163、261
行年——163
脅迫——217
強迫観念——217、271
喬木——263
興味津津——218、271
共鳴——269
教諭——270
共有する——140
享楽——261
狭量——261
橋梁——261
強烈——270
巨億——259
漁獲——260
極限に達する——140
曲折——266
挙手——261
居住——264
挙措——264
挙党——261
巨費を投じる——145
漁網——263
綺羅［きら］、星の如く——123
綺羅を飾る——123
綺羅を競う——123
切り札を出す——142
器量を下げる——17
記録——261、270
記録を出す——140
議論——261、270
軌を一にする——218
奇をてらう——164
金塊——260
金科玉条——271
勤倹——262
近郊——263
均衡——263、265
緊褌［きんこん］一番——164
謹慎——265
均斉——263
琴線に触れる——18
緊張——267
緊張感——236

く

水鶏［くいな］——192
偶数——262
偶然——262
釘を刺す——17
くくる——215
矩形——267
苦言を呈する——64
草木がなびく——64
草木も眠る——64
腐っても鯛——102
草葉の陰から見守る——18
奇しくも——164
櫛の歯が欠けたよう——64
苦渋の選択をする——218
苦汁を嘗める——218
曲者——218
件［くだん］の如し——164
口裏を合わせる——65
口が重い——65
口が軽い——65
駆逐——265
口車に乗せる——65
口車に乗る——65
口八丁手八丁——102
口火を切る——65
口も八丁手も八丁——102
苦衷——266
口を利く——218
口をつぐむ——65
掘削——262
屈辱——262
ぐっすりと眠る——140
屈折——262
功徳を施す——219

愚にもつかぬ事を言う——34
国破れて山河あり——102
苦悩——268
苦杯を喫する——66
苦杯を嘗める——66
首が回らない——18
首っ丈——66
首っ引き——66
首をかしげる——66
愚昧——269
蜘蛛〔くも〕——192
供物——261
蜘蛛の子を散らす——67
曇り空——259
苦悶——270
供養——261
位人臣を極める——219
くらます——124
繰り越し——266
玄人はだし——67
（指を）銜〔くわ〕える［咥〔くわ〕える］——219
軍艦——261
君子は豹変す——103
群集——262
群集心理——271
群生——262
薫陶——243
郡部——262
軍門に降る——18
群雄割拠——271

け

経過——262
経験——262
警護——263
経口薬——219
掲載——263
警察——263
警察署——264
形式——262
頃日——263
傾斜する——19
係数——262
軽率——267
形態——262
軽佻浮薄——271
傾倒する——19
系統——262
軽侮——260
敬服する——15、19
掲揚——270
係累——262、270
系列——262
径路——262
撃墜——267
劇薬——220
毛嫌いする——220
逆鱗に触れる——18、103
夏至——264
下衆〔げす〕——164
けちが付く——19
蹴散らす——80
けちを付ける——19
結果——259
血管——260
決議——261
血痕——141
決済——263
潔斎——263
結審する——220
血税——145
決選投票——220、271
決着する——141
結末——269
血涙を絞る——76
決裂——270
結論——270
解毒——220
健気——192
解熱剤——220
煙〔けむ〕に巻く——165
下野する——190
件——164
険悪——262
懸案事項——139
原因——259
幻影——262
嫌悪感を覚える——141
嫌悪感を抱く——141
減価——221
原価——221
剣客——162
幻覚——262
減価償却——221
けんかを預かる——223
検挙——261
元凶——165
嫌疑を晴らす——61
原型——262
喧喧囂囂〔けんけんごうごう〕——67
健康——262
原稿——261

建国——262
乾坤一擲〔けんこんいってき〕——164
検査——262
減殺——176
検索——262
拳銃——261
減少——262
腱鞘〔けんしょう〕炎——262
現状を憂える——137
元帥——263
遣隋使——265
建設——262
源泉徴収——271
喧噪——266
幻想——266
還俗——192
減反政策——221
言質——165
建築——262
拳闘——261
遣唐使——259
慳貪〔けんどん〕——268
厳に戒める——221
現に見たことがある——221
研摩——269
研磨——269
幻滅——262
倹約——262
絢爛〔けんらん〕——192
妍を競う——68
言を左右にする——19
言を俟〔ま〕たない——258

こ

ご…ください——125
濃いめ——121
行為——138
後遺症が出る——141
亨運〔こううん〕——261
光栄の至り——198
甲乙付けがたい——105
降嫁——259
硬貨——259
効果——263
後悔——260
郊外——263
後悔先に立たず——103
後悔する——136
甲殻——260
狡猾——260
巷間——260
交換——260
高官——263
交感神経——271
交換する——144
厚顔無恥——221、271
綱紀——263
講義——261
公儀——261
綱紀粛正——271
口径——262
攻撃——263
巧言令色——271
絞殺——270
公算が大きい——68
公算が大である——68
公算は小さい——68
格子——166
好事魔多し——103、165
侯爵——263
絞首刑——270
高所——263
交渉——265
好事家——165
後生——222
後世——222
厚生——251
更正——251
後生畏るべし——166、221
後世に…伝える——222
後世に名を残す——222
功績——263、266
巷説——260
抗戦——263
光沢——267
巷談——260
拘泥する——21
更迭——266
格〔ごう〕天井——166
口答——222
喉頭——263
高騰——268
坑道——263
口頭試問——222、271
口頭で伝える——222
口頭弁論——222
功成り名遂げる——68
合板——268
幸福——268
興奮——267
頭〔こうべ〕を回〔めぐ〕らす——166
攻防——263
巧妙——263

項目 263
合目的的 124
行楽日和 186
効率 263
稿料 261
綱領 263
護衛 263
呉越同舟 104
声を荒［あら］らげる 124
小躍りして喜ぶ 205、222
木陰 166
枯渇 260
股間 167、188
呼吸 261
極悪 167
極秘 167
小首をかしげる 66
穀物 260
ご苦労様 20
虎穴に入らずんば虎児を得ず 104
柿落とし 20、222
護憲 263
快い 222
心を射止める 68
心を鬼にする 20

古刹 167
孤児 262
腰が据わる 223
古式ゆかしく 69
虎視眈眈 267、271
五十歩百歩 105
五指に余る 20
五指に入る 20
弧状 262
後生 175
後生［ごしょう］大事（にする） 166、271
ご招待に与る 223
後生［ごしょう］だから 166
後生［ごしょう］を願う 166
故事来歴 271
腰を折る 82
鼓吹［こすい］ 192
戸籍 266
戸籍謄本 272
姑息 21
御託を並べる 69
木立 167
ご多分に漏れず 21、223
こだわる 21
小遣い 259

極寒の地 167
克己 262
滑稽 260
骨髄 265
骨折 266
木っ端微塵 189
後手に回る 168
ごと 148
事切れる 224
孤独 262
殊の外 224
言葉を濁す 11、69
子どもを預かる 223
粉微塵 189
この親にしてこの子あり 99
この期に及んで 21、169
木の葉 167
木の間 166
木の芽 167
子は三界の首枷 170
ご破算にする 224
小春日和 22
御幣 269
語弊 269
個別 224
戸別訪問 224

五本の指に入る 20
独楽［こま］ 192
駒 250
齣［こま］ 250
細細［こまごま］と世話を焼く 168
（手を）こまぬく 78
（手を）こまねく 78
ごまめの歯軋［ぎし］り 105
細やか 168
古来伝わる 141
コラムを担当する 141
狐狸 262
凝り性 249
孤立（する） 147、262
孤立無援 272
五里霧中 272
ご利益 168
懲りる 230
弧を描く 262
困窮 259
金剛 169
言語道断 168
金色 169
今昔の感に堪えない 70
魂胆 22、260
金堂 169

困難――259
金輪際――225

さ

…さ――128
才媛――22
災禍――259
財貨――259
才気煥発――272
斎宮――263
採掘――262
最後――136、225
最期――169
最高――263
最期を看取る――225
幸先――22
財産を残す――136
最初――136
斎場――263
才色兼備――272
最初に――149
砕石――263
催促――266
最速の――150
最大――225
細大漏らさず――225
採択――267
最短――267
裁断――263
最適――150、267
栽培――263
最果ての地――225
裁判――263
裁縫――263
在野――190
在留邦人――272
先が思いやられる――22
さくさく――23
策士策に溺れる――70
蔑む――226
酒を酌み交わす――70
雑魚寝――169
細[ささ]やか――168
さじ加減をする――142
砂上の楼閣――258
(将棋を)指す――69、72
流石[さすが]――192
(…を)させていただいて――132
(…を)させていただく――120、126
させる――126
擦過傷――263
雑穀――260
察知――263
殺到――267
作動――268
さばを読む――70
茶飯事――169
白湯[さゆ]――192
猿も木から落ちる――99
さわり――23
三界――170
山峡――261
暫時――176、263
残暑――264
三竦[すく]み――23
山荘――266
参内――170
暫定――263
三半規管――226
三昧――269
散漫――269
三位一体――272
残塁――270

し

自愛――138
慈愛――264
思案に余る――23
侍医――264
辞意を固める――142
私怨――160
刺客――162
自画自賛――226、272
歯牙にも掛けない――24
鹿を逐[お]う者は山を見ず――105
四季――261
磁気――264
磁器――264
時宜――266
敷居が高い――24
時期尚早――71、149、272
時宜に適う――71
指揮する――72
直筆――170
指揮棒を振る――72
指揮を執る――72
忸怩[じくじ]たる思い――24
時雨[しぐれ]――192
時化[しけ]――192

刺激——264
自己——262
伺候——263
至高——264
事項——263
試行錯誤——272
至極——167、264
刺殺——264
持参——264
支持——264
獅子身中の虫——226
磁石——264
侍従——264
私淑（する）——24、264
師匠——263
（全大臣が）辞職する——144
辞職の意向を固める——142
市井——170
施設——264
自説を曲げる——235
事前——142
慈善——264
自然淘汰——267、272
次善の策を取る——227
思想——227
志操堅固——227

児孫のために美田を買わず——106
…次第——126
字体——264
事大主義——272
したこと——138
舌先三寸——71、89
舌触り——88
（手紙を）認〔したた〕める——179
舌鼓を打つ——25、170
下にも置かぬ——25
舌の根の乾かぬうちに——71
舌を鳴らす——25
師団——263
地団太を踏む——25
質屋——165
死中に活を求める——227
四通八達——272
十戒——171
疾患——259
十干十二支——171
質疑——261
実施——264
十指に余る——20、25、171
十進法——171
疾走——259
十中八九——171

失墜——267
実働——268
疾病——259
しっぽを巻いて逃げる——28
質問——270
指摘——267
指導——268
自動——268
仕留める——69
竹刀——192
至難の業——127、227
死に物狂い——227
鎬〔しのぎ〕を削る——25、228
地盤——268
慈悲——264
渋皮が剝ける——26
紙幣——252
思慕——269
字幕——264
始末（する）——26
始末書——26
始末に負えない——26、228
始末屋——26
自慢——269
滋味——264
使命感——213

注連縄〔しめなわ〕——192
しめやかに——26
仕舞屋〔しもたや〕——171
下手——161
車間距離——141
借財——264
弱肉強食——272
借家住まい——212
弱よく強を制す——106
社交的な人——207
車掌——148
洒脱——264
弱冠二十歳——228
借金——264
射程内に入る——143
…じゃないですか——127
斜に構える——171
しゃにむに——128
邪魔——269
車輪——270
洒落——264
洒落た——229
洒落を言う——228
拾遺——264
縦横——264
縦横無尽——272

収穫――260
住居――264
自由競争――272
秀才ぞろい――22
従事――264
終始一貫――198、272
収拾――264
蒐集［しゅうしゅう］する――13
住所――264
宗旨を変える――27
衆人環視――229、272
周旋――264
修繕――266
従属――264
縦断――264
衆知――229
周知の事実――229
衆知を集めて――229
拾得――264
愁眉を開く――27
柔よく剛を制す――106
従来――143
雌雄を決する――27
修業――248
修行――248
修行僧――248
珠玉――27
宿怨――160
淑女――264
熟睡する――140
粛清――266
祝福――268
宿坊――269
熟慮する――151
趣向を凝らす――229
取捨選択――264
首相――266
受賞――229
授賞――229
授賞式――229
酒造――264
出処進退――272
(大事件が)出来［しゅったい］する――178
術にかかる――181
出帆――172、268
出藍――261
出藍の誉れ――106
術を弄する――181
手動式――172
首脳会談――272
首尾一貫――272
趣味――269
首領――28
手練――180
瞬間――254
循環――260、264
春秋に富む――28
純真――230
純心――230
純粋――263
順風満帆――172、272
滋養――264
上意下達――172
哨戒［しょうかい］――265
渉外――265
召喚――260
召還――265
償却――221
消却――221
常軌を逸する――230
上下――172
小径――219
衝撃――263、265
性懲りもなく――230
商魂――260
錠剤――263
上巳――262
瀟洒［しょうしゃ］――264
生者――175
召集――265
招集――265
情緒――265
悄悄――265
情状酌量――272
小人［しょうじん］――177
精進――266
正真正銘――272
精進する――172
定石――173
悄然――265
焦燥――266
招待――265
沼沢――267
招致――264、265
譲渡――263
衝動――263、265
常套手段――272
衝突――263
性分――265
哨兵――265
譲歩――263
枝葉末節――261、272
賞味――269

逍遥——270
精霊流し——173
生類——175
性悪な人——173
所期——230
初期——230
暑気——264
除去——265
諸行無常——272
植栽——263、265
殖産——265
食事(を)する——143
食膳——266
植物——265
諸君——265
諸侯——263
徐行——265
諸国——265
所持——264
初志貫徹——272
徐徐に——265
書籍——266
諸説紛紛——272
暑中——264
助長する——28
食客——162

諸派——265
初歩から教える——143
署名——264
白川夜船——106
資料——260
尻をまくる——28
白い歯がこぼれる——59
代物——29
陣営——265
侵害——265
心気——231
真偽——231
心機一転——230、272
新規蒔き直し——231
心境の変化——231
心気を砕く——231
神経——265
心血を注ぐ——72
信仰——262
人工呼吸——272
人後に落ちない——29
人材——151
紳士——265
人事異動——231、272
人事不省——272
心中［しんじゅう］——173

神出鬼没——272
身上調査——173
針小棒大——272
身上を潰す——173
人臣——219
人身——219
心神喪失——272
深深と雪が降る——218
深深と夜がふける——218
浸水——265
真髄——265
人生観——213
人跡未踏——231、272
心臓——266
迅速——265
陣地——265
心中を察する——173
慎重——265
進捗——174、265
陣痛——265
死んで花実が咲く［なる］ものか——107
浸透——265
人道——268
侵入——265
心配無用——35

神秘——265
振幅——268
深謀遠慮——272
真面目［しんめんぼく・しんめんもく］を発揮する——174
訊問［じんもん］——265
新約聖書——232
迅雷——265
辛辣——192、264
侵略——265
新緑——270
人倫——270
新郎——270
陣を敷く——148

す

瑞雲——265
誰何［すいか］——192
西瓜——266
遂行——265
随行——265
衰弱——259
粋人——263
酔生夢死——272
水槽——266

衰退――259
瑞鳥――265
瑞兆――265
水滴――267
随筆――265
水泡に帰す――72
酸いも甘いも噛み分ける――73
数奇な運命をたどる――174
崇高――265
崇拝――265
清清[すがすが]しい――174
鬆[す]が入る――232
数寄屋造り――174
巣くう――232
菅笠[すげがさ]――260
すごくうれしい――128
凄みを利かせる――29
杜撰[ずさん]――192
涼しい顔をする――29
鈴生りになる――232
砂をかむよう――30
図に乗る――233
頭脳――268
すべからく――30
すべての道はローマに通ず――107
すべてを任せる――143

住めば都――107
…する――127
座る――223
寸暇を惜しむ――30
寸鉄人を刺す――107

せ

…性――128
井蛙[せいあ]――170
性悪説――173
誠意――233
青雲の志――73
西欧――259
製菓――259
性格――265
生還――260
世紀――261
清潔――266
成功――263
精巧――263
成功裏に――144
精根――233
精根が尽きる――233
精魂を傾ける――72、233
精魂を込める――233

精根を使い果たす――233
精算(する)――233、266
清算する――233
政治――264
清拭――175、187
脆弱[ぜいじゃく]――175
斉唱――263
誠心――233
精神――234
誠心誠意――233、272
誠心誠意を尽くす――233
盛衰――259
せいぜい――30
成績――266
精選――144
清掃――266
青天の霹靂[へきれき]――31、234
青天白日――272
西南の役――175
ぜい肉――151
青年――255
正副――268
性別――265
精密――266
姓名――265
生来の怠け者――234

青嵐――73
精力絶倫――272
精霊――173
清冽――270
是か非か――234
せがまれる――84
積載――263、266
昔日の面影もない――70
脊髄――265、268
積雪――266
脊柱――268
脊椎――268
責任転嫁――234、272
惜敗――264
惜別――264
堰を切る――196
世間ずれ――31
施錠――264
背筋を伸ばす――183
席巻――260
斥候――262
切磋琢磨――269
殺生――175
雪辱を果たす――73
節操――266
接待――264

絶体絶命 234、272
絶対に 34
折衷 266
刹那 167
説諭 270
節を曲げる 235
…せていただく 126
瀬戸際 31
背に腹は代えられない 73
背鰭〔せびれ〕 160
競り合い 241
せる 126
背を向ける 74
僭越 266
僭越ながら 31
僭王 266
前科 260
旋回 264
千客万来 272
戦局 144
先決 149
先攻 263
宣告 266
善後策を講じる 235
洗剤 263
潜在意識 272
千載一遇 272
洗剤を入れる 235
千差万別 272
漸次 175、263
前車の覆るは後車の戒め 108
前車の轍〔てつ〕を踏む 80、108
漸進 263
前進する 149
全身全霊 272
前人未到 232
潜水 266
宣誓 266
全然 129
戦戦兢兢〔きょうきょう〕 272
喘息 265
前代未聞 235、272
選択 267
船長 148
前轍 267
先手を打つ 74、168
宣伝 266
潜入 266
先入観 213、236
膳部 266
発条〔ぜんまい〕 192
喘鳴 265
専門 270
専門家 236
前門の虎、後門の狼 104
旋律 264
先例 270

そ

相違 259
相違ない 236
躁鬱〔そううつ〕病 266
爽快 260
壮観 266
創刊号 146
遭遇 262
巣窟 262
送迎 262、266
総毛立つ 36
壮健 262
草稿 261
奏功 263
糟糠の妻 31
相好を崩す 176
爪痕〔そうこん〕 266
荘厳 266
操作 266
相殺 176
造作〔ぞうさく〕 176
造作〔ぞうさ〕ない 176
繰糸 266
掃除 265
総辞職 144
喪失 266
操縦 264
蔵書 266
増殖 265
喪心 266
総帥 263
蒼蒼 236
想像 266
錚錚〔そうそう〕たる 236
壮大 266
争奪 267
相談 266
漕艇 266
壮年 266
早晩 82
雑兵〔ぞうひょう〕 182
送付 266
双璧 269
双璧をなす 32
相聞 235

総領の甚六——32
遡及——177
促進——266
促成栽培——272
速戦即決——272
粟粒［ぞくりゅう］——270
遡行——176
遡航——176
底を突く——236
措辞——264
措置——264
卒業——267
続行する——147
即効性がある——144
即刻——237
率先して——237
卒倒——267
卒倒する——145
ぞっとしない——32
そっぽを向く——74
袖振り合うも多生［他生］の縁——108
外面がいい——177
外堀——262
その手は食わない——88
雀斑［そばかす］——192
素封家——177
諳［そら］んじる——237

た

大過なく——237
戴冠式——263
対岸の火事——32
待機——264
大器晩成——272
大義名分——272
退却——261
待遇——262
退屈——262
大群——262
体系——262
大言壮語——272
対抗——263
大事——159
貸借——259、264
退陣——265
大人［たいじん］の風格——177
大勢が決まる——177
大盛況のうちに終わる——74
体積——266
台頭——177
大同小異——33、237、273
第…日——144
大脳——268
対比——268
太平洋——238
逮捕——269
松明［たいまつ］——192
怠慢——269
貸与——259
内裏——170
大陸——270
多寡——238
高が知れている——238
多額の費用を投じる——145
高嶺の花——238
高みの見物——238
高笑い（を）する——129
高をくくる——238
多汗症——249
択一——267
沢山——267
拓殖——267
竹を割ったような——16
多言を弄する——75
他言——185
他言は無用——74
他山の石——108
山車［だし］——192
堕胎——267
叩けよ、さらば開かれん——115
祟り目——265
太刀打ちできない——239
立つ——44
奪還——267
立つ瀬がない——239
辰巳——262
打倒——267
棚上げにする——75
棚に上げる——75
他人任せ——75
荼毘［だび］に付す——239
多分——10
多聞——223
他聞——223
他聞をはばかる——223
玉に瑕［きず］——109
玉の輿——77
玉の輿に乗る——33
駄目でもともと——33
為にする——33
駄目を押す——33
袂を分かつ——75

堕落 267
足らず 150
…たり…たりする 129
たわわに実る 76
団塊 260
弾劾 260
たんかを切る 87
短期 267
探検 262
断言する 147
炭坑 263
断固として 34
断じて 34
短縮 267
断然 129
探鳥 267
耽溺［たんでき］ 267
端的に言う 239
担当 267
単刀直入 239、273
耽読 267
担任 267
堪能 261
耽美 267

ち

地殻 260
逐一 178、265
逐語訳 178
畜産 267
逐次 178、265
畜生 175
蓄積 267
逐電 178、265
血と汗の結晶 76
因みに 240
血の跡 141
血の出るような 145
致命傷 264
血も涙もない 76
嫡子 178
嫡男 178
（ご）注意ください 125
注意を受ける 125
衷心 266
昼夜の別なく 91
兆候 263
長広舌 178
朝三暮四 109
手水［ちょうず］ 192
長舌 178
長打 240
頂戴 263
長蛇の列 240
提灯 192
重複 268
帳簿 268
帳面 267
聴聞 235
弔問 252
凋落［ちょうらく］ 179
張力 267
鳥類 267
朝令暮改 109、273
直情径行 273
直筆［ちょくひつ］ 170
勅諭 270
貯蓄 267
直径 219、262
（小雪が）ちらつく 240
鏤［ちりば］める 240
治療 264
鎮火（する） 139、265
賃金 259
鎮魂 260
陳謝 265
陳述 265
鎮静 265
賃貸 259
沈黙は金なり 109
陳列 265

つ

追従［ついじゅう］ 179
追従［ついしょう］を言う 179
遂に 178
墜落 267
通過 259
通帳 267
つかぬ事を伺いますが 34
築山 179
築く 179
漬け物 260
槌［つち］音が響く 241
つつがなしやともがき 34
続く 152
角を矯［た］めて牛を殺す 109
鍔［つば］迫り合いを演じる 241
粒がそろう 76
つぶて 245
つぶてを投げる 136

爪弾く――241
罪を犯す――147
旋毛［つむじ］――192
爪に火を灯す――34
(初志を)貫く――241
氷柱――192
釣瓶落とし――179

て

出会う――10
手当たり次第――76
提案――267
定義――261
提議――261、267
提供――261
貞淑――264
提出――267
(疑問、賛辞を)呈する――64
泥中の蓮――35
堤防――267
手が回らない――18
(…)的――132
出来――178
敵意――267
できうる限り――118
敵愾［てきがい］心――180
適宜――266
敵視――267
摘出――267
適当――267
適任――267
摘要――267
木偶［でく］――192
手触り――88
手塩にかける――77
手玉に取る――77
手練［てだれ］――180
撤回――267
撤去――267
鉄橋――261
鉄拳――261
撤収――267
徹底――267
鉄塔――267
徹頭徹尾――267
鉄板――268
手に負えない――77
手に手を取って――77
手の裏を返す――35
手の平を返す――17、35
…ではありませんか――127
…ではないですか――127
手ほどき(を)する――143、145
手元不如意――182
出る杭は打たれる――110
出る幕ではない――78
手練手管――180
天衣無縫――273
転化――234
転嫁――259
天涯孤独――273
伝家の宝刀――78
典型――262
電源を切る――145
電光石火――273
伝言する――145
天真爛漫――273
天地無用――35
点滴――267
伝播――180
天火――241
天日で干す――241

と

籐椅子――242
当意即妙――273
灯下――242
倒壊――267
当該――260
頭角を現す――78
灯火親しむ――242
恫喝［どうかつ］――211
陶器――243、267
騰貴――268
道義――268
洞窟――262
陶工――267
同工異曲――273
動作――268
搭載――242、267
謄写――268
搭乗――267
同床異夢――110
搭乗券――242
陶酔――243、267
統帥――263
同姓――265
動静を探る――242
透析――266
灯台下暗し――243
淘汰する――243
到達――267

統治——264
到着——267
堂に入る——163、180
導入——268
謄本——268
灯明——169
陶冶——264
動揺——270
桃李——261
盗塁——270
道路——268
当［とう］を得る——87
遠ざかる——243
遠ざける——243
…とか…とか——130
土管——260
毒気を抜かれる——35
読書する——148
督促——266
独断専行——273
床上げ——181
床につく——181
心太［ところてん］——192
（…）としては——132
年には勝てない——91
土蔵——266
土地勘［鑑］——213
突然倒れる——145
どっちもどっち——37
突堤——267
途轍——267
滞りなく——5
駑馬［どば］に鞭打つ——79
鳶が鷹を生む——97、110
飛ぶ鳥を落とす勢い——79
取り付く島もない——79
鳥肌が立つ——36、45
度量衡——263
土塁——270
徒労に終わる——150
泥仕合を演じる——244
ドン——28
どんぐりの背比べ——33、111
とんでもない——130
とんでもないことでございます——130
とんでもないことです——130
曇天——259
とんびが鷹——99
蜻蛉［とんぼ］——192
とんぼ返りする——244
貪欲——181、268

な

内向的——207
乃至［ないし］——192
内臓——266
内定する——146
泣いて馬謖［ばしょく］を切る——111
名うて——48
なおざり——9
長年の夢がかなう——46
半ば——244
流れに棹差す——111
仲を取り持つ——244
就中［なかんずく］——192
泣く子と地頭には勝てぬ——111
無くて七癖——112
投げ売り——121
投げ遣りになる——244
情けは人のためならず——112
なさぬ仲——36
梨のつぶて——245
なす術［すべ］がない——181
名代［なだい］の店——181
捺印（する）——146、159
捺染——159
何気ない——130
何気なく——131
名は体を表す——245
名前に傷を付ける——79
生兵法——182
波を蹴立てる——80
習い性となる——182
成り上がり——36
鳴りを潜める——245
名を上げる——68
名をけがす——79
難行苦行——273

に

煮え湯を飲まされる——36
荷重——160
苦虫を噛み潰す——80
肉薄——268
錦の御旗——37
錦を飾る——37
二束三文——273
似たり寄ったり——37
…日目——144
日進月歩——245、273
…になる——125
二の足を踏む——80

二の句が継げない――80
二の次――37
二の舞を演じる――80、146
入植――265
入門――270
如意棒――182
如意輪観音――182
如実――182
にわか――38
にわか仕込み――38
人気――186
人間至る所に青山あり――112
刃傷沙汰――246
任ずる――246

ぬ

糠に釘――48
盗人にも三分の理――96
濡れ衣――215
濡れ手で粟――112

ね

願わくは――131
寝首を掻く――81
ねじを巻く――58
熱に浮かされる――81
眠気が差す――57
眠る――246
寝る――246
念が入る――158
念頭に置く――81
年輪――270

の

悩殺――268
脳裏――268
軒を争う――26、113
軒を連ねる――26
軒を並べる[連ねる]――113
残り香を漂わせる――146
熨斗[のし]を付ける――38
長閑[のどか]――192
のべつ幕なし――81
海苔[のり]――192
乗りかかった船――38
祝詞[のりと]――192
伸るか反るか――246
のれんに腕押し――48
呪いをかける――182

は

拝謁――260
俳諧――268
排ガス――146
排気――146
背筋を鍛える――183
俳句――268
配偶者――262
敗軍の将、兵を語らず――113
背景――268
背後――268
輩出――138
排除――265、268
背信――268
排水――268
排斥――262、268
配膳――266
背馳[はいち]――183
敗に因りて功を為す――116
売買契約――247
俳優――268
破壊――260
羽交い絞めにする――137
歯が抜けたよう――65
萩焼――264
馬脚を現す――82
端切れ――184
薄弱――268
白砂青松――183
拍手喝采する――62
(好評を)博する――39
爆弾――268
爆発――268
瀑布――268
刷毛[はけ]――192
派遣――259
方舟[はこぶね]――183
破産――224
箸にも棒にもかからない――39
初め――247
始め――247
初めまして――247
始める――247
播種――183
馬上豊かに――69
端折る――82
端数――184
馳せる――151、257
把捉――266
旗色――162
罰が当たる――184

はっきり言う―147
バックする―137
発掘―262
薄幸―268
抜粋―263
（ことばを）発する―64
抜擢する―39
発破を掛ける―247
法被〔はっぴ〕―192
八方美人―39
溌剌〔はつらつ〕―264
罰を受ける―184
鳩が豆鉄砲を食う―88
鼻息が荒い―40
鼻が利く―90、214
話の腰を折る―82
話を聞く―219
鼻高々―40
花も恥じらう―40
洟〔はな〕も引っ掛けない―24、247
花嫁修業―247
花を持たせる―248
歯に衣着せぬ―184、215
幅を利かせる―40
ハプニングが起きる―138
破滅―262
羽目を外す―248
波紋―270
端役―184
囃子―192
腹に収める―82
腹に据えかねる―82
腹の内を探る―83
腹鰭〔はらびれ〕―160
腸〔はらわた〕が腐る―83、185
腸がちぎれるよう―83、185
腸が煮え繰り返る―83、184
腹を割って話す―83
波瀾万丈―248
罵詈雑言〔ばりぞうごん〕―185
春一番―40
馬齢を重ねる―41
破裂―270
波浪―270
版画―268
半径―219
版権―268
半減―262
反抗―263
万国―185
万事―185
万事休す―249
盤石―268
磐石―268
播州〔ばんしゅう〕―180
万障お繰り合わせの上―41
半信半疑―273
半身不随―273
帆船―172、268
万全―185
万全を期す―249
帆走―268
番茶も出花―113
晩年―41
反応―157
万能―185
帆布―172
汎米―268
煩悶―270
凡例―185
汎論―268
判を押す―147

ひ

悲哀―259
冷え性―249
被害―268
被害にあう―147
被害を受ける―147
比較―268
引かれ者の小唄―41
悲観―151
悲願を達成する―46
率いる―249
悲喜こもごも―42
引き続き―147
轢〔ひ〕き逃げ―250
日頃―263
微細―268
被災―189
庇〔ひさし〕を貸して母屋を取られる―113
ひざを交える―83
批准―268
微小―189
額に汗する―42
必要に迫られて―84
（…な）人―131
微動―189
一方ならぬ―185
人気〔ひとけ〕のない―186
他人事―186

一齣〔ひとこま〕―250
一入〔ひとしお〕―250
人質―165
海星〔ひとで〕―192
人の振り見て我が振り直せ108
一肌脱ぐ―9
人目―250
人目に立つ―250
一目惚れ―250
人目を気にする―250
独りよがり―75
非難囂囂〔ごうごう〕―67
微に入り細を穿つ―84
日の当たる場所―84
日の出の勢い―251
火のない所に煙は立たない113
飛瀑―268
批判―268
批評―268
被服―268
火蓋を切る―84
火蓋が切って落とされる―84
悲憤―269
疲弊―252、269
飛沫―269
秘密―269
悲鳴―269
百姓―265
百年目―42
白狐〔びゃっこ〕―262
比喩―270
氷山の一角―42
瓢箪〔ひょうたん〕から駒―114
兵糧―182
日和―186
日和見主義―42
比率―267
比例―268
披瀝―268
披露―268
火を見るより明らか―43
ピンからキリまで―43
貧困―259、268
貧弱―268
顰蹙〔ひんしゅく〕を買う85、214
貧すれば鈍する―251
貧乏―268

ふ

不意打ちを食う―145
風紀―261
風光明媚―273
風刺―264
不穏―259
深みにはまる―85
不帰の客となる―85
河豚〔ふぐ〕―192
幅員―268
副業―268
複雑―268
福祉―268
福島県大沼郡―262
服従―264
複数―268
複製―268
不倶戴天―273
不倶戴天の敵―43
副本―268
福利厚生―251、273
不承不承―273
侮辱―260
普請―165
布陣―148
付随―265
不世出―186
憮然―43
憮然とした面持ち―43
不即不離―273
札付き―12
二つ返事―85
二股をかける―251
二目と見られない―86
不断―256
普段―256
不調法―44
復活―268
物議を醸す―86
論議を呼ぶ―86
払拭―175、187
物心―190
筆が立つ―44
筆遣い―259
不撓〔ふとう〕不屈―273
蒲団―165
侮蔑―260
普遍―269
踏み台にする―44
フリー―45
ふりの客―44
不倫―270
古くから伝わる―141
不老不死―273
付和雷同―273

雰囲気――267
噴火――269
憤慨――260、269
奮起――267
紛糾――268
粉骨砕身――273
粉砕――263、268
紛失――268
噴出――269
分譲――263
粉飾――268
扮飾――268
扮する――251
分析――266
紛争――268
扮装――268
分担――267
奮闘――267
粉末――268
文明開化――273

へ

弊衣――252
陛下――270
弊害――269
弊害が生じる――252
平衡――263、265
米穀――260
平生――187
兵卒――267
平坦――267
兵法――182
平凡――185
壁画――269
壁面――269
ベストな方法――136
ベター――151
下手の考え休むに似たり――114
別人の観がある――213
別荘――266
弁が立つ――44
便宜――266
偏屈――269
偏見――269
偏向――269
返済――263
遍歴――269
遍路――269

ほ

(…の)ほう――132
方円――183
萌芽――269
崩壊――269
法外――86
妨害――269
望外の幸せ――86
望外の喜び――86
崩御――269
棒杭――263
冒険――252、262
防止――269
傍若無人――273
坊主――269
放水する――149
紡績――266
呆然――3
茫然――3
放送――266
報道管制を敷く――252
豊年満作――273
防犯――269
泡沫――269
放漫――269
放漫経営――252
訪問(する)――252、270
包容力がある――253
崩落――269
俸禄――270
捕獲――260、269
帆がふくらむ――172
簿記――268
捕球――269
募金――269
募金をする――148
牧畜――267
黒子〔ほくろ〕――192
補欠――269
保健――262
反故〔ほご〕――192
補充――269
募集――269
歩哨――265
慕情――269
捕捉――266
補足――168
細細と暮らす――269
臍〔ほぞ〕を噛む――187
ほっぺたが落ちる――2
ほど――138、148、150

ほとり——149
骨身を惜しまず——30
ほぼ——148
小火［ぼや］——192
帆を上げる——172
本卦［ほんけ］還り［帰り］——253
盆栽——263
凡人——185
本姓——265
本籍——266
煩悩——268
本を読む——148

ま

(…)まい——133
毎——148
枚挙に遑［いとま］がない——187
前に進む——149
前もって知らせる——136
魔が差す——57
まかない方——203
間際——31
幕間——188
紛う方ない——133
実［まこと］しやかに——253
真しやかに——253
馬子にも衣装——114
摩擦——263、269
呪い——182
真面目——174
間尺に合わない——45
まず——149
まず初めに——149
股——251
又——251
まだ——149
まだ…されていない——136
まだ決まっていない——137
股座［またぐら］——188
間近——254
間近に見る——253
末期［まっき］——188
末期［まつご］——169、225
末期の水——188
抹殺——269
抹消——269
末端——269
抹茶——269
的を射ている——86
まなじりを決する——87
目の当たりにする——188、254
目庇——188
目深——188、189
目縁——188
魔法——269
摩滅——269
忠実［まめ］に通う——254
忠実に暮らす——254
眉を吊り上げる——87
眉をひそめる——87
漫画——269
満場一致——254、273
慢性——269
満足感——213
満足する——143
万病——185
まんまと——45
漫遊——269

み

実入りがいい——254
見栄——204
見栄を気にする——204
見得を切る——87
見栄を張る——87、204
未解決——136
味覚——269
短め——121
未熟——149、269
微塵——189
微塵切りにする——189
微塵もない——189
未遂——265
自ら——189
水の泡となる——72
水辺で——149
水物——45
未成年——254
鳩尾［みぞおち］——192
(…)みたいだ——133
未知——269
道草を食う——88
三日に上げず——88
蜜月——269
密集——269
密接——269
三つ巴——23
みっともない——133
蜜蜂——269
蜜蠟［みつろう］——269
未定——137
未提出——149

未到 232
認める 179
身の毛がよだつ 45
見果てぬ夢 46
身震いする 255
耳触り 88
耳障り 88
身も蓋もない 255
名代 181
未来 269
見る影もない 88
身を粉にする 189
民謡 270

む

百足[むかで] 192
無我夢中 273
虫の息 46
武者修行 248
矛盾 264、269
無常観 213
娘一人に婿八人 115
無知 221
無知文盲 273
空しい 150
胸が躍る 205
胸三寸に納める 89
胸をなでおろす 89
無念無想 273
無謀運転 255

め

銘菓 259
明記 261
銘ずる 216
名声を馳せる 151
明晰 266
めいめい 139
名誉挽回 61
明朗 270
メーカー 144
目が利く 90
目から火が出る 62
召し上がってください 119
目付きが変わる 89
滅亡 262
目処 154
めどが立つ[立たない] 89
めどがつく[つかない] 89
目の色を変える 89
目端が利く 90
目鼻が付く 90
目鼻を付ける 46
目星を付ける 46
免疫 259
綿密 269

も

申し分(の)ない 90
網膜 263
模擬 261
黙示録 189
木版 268
目録 270
模型 262
猛者[もさ] 192
喪主 266
以て 255
もっての外 255
もって瞑すべし 255
最も 150
最も速い 150
求めよ、さらば与えられん 115
最中を食べる 190
蛻[もぬけ]の殻 46
物心がつく 190
物する 56
物にする 56
もはや 49
紋様 270
門限 270
門戸開放 273
紋章 270
問責 270
悶絶 270
門前 270
問答 270

や

やおら 47
冶金 264
約 150
役 175
薬剤師 263
役所 190
役所をわきまえる 190
疫病神 259
役不足 47
焼けぼっくいに火が付く 115

矢先 47
安請け合いをする 256
易易 256
安安 256
やたら 3
野鳥 267
家賃 259
躍起になる 256
野党 190
柳に風 47
野［や］に下る 190
やにわに 47
流鏑馬［やぶさめ］ 192
やむをえない 134
夜来 150
野郎 270

ゆ

遺言 185、259
由緒 265
優越感 213
有効 263
有事 150
有刺鉄線 264
有終の美を飾る 256
優柔不断 256、273
誘導尋問 273
雄弁は銀 109
有名 151
有名無実 273
勇名を馳せる 257
愉悦 270
所以［ゆえん］ 192
由縁 270
床 181
愉快 270
行き当たりばったり 76
行き付け 13
輸出 270
…譲り 48
輸送 270
指折り 48
弓を引く 90
夢にうなされる 81

よ

要因 259
妖怪 260
謡曲 270
要綱 263
幼児 262
楊枝 270
用捨 264
洋酒 264
夭逝 48、191
夭折 48、191
(…の)ようだ 133
幼稚 262
幼虫 262
遥拝 270
用法 257
用法用量 257
揺籃［ようらん］ 270
楊柳［ようりゅう］ 270
用量 257
容量 257
要領がいい 48
善かれ悪しかれ 134
善きにつけ悪しきにつけ 134
よく考える 151
浴槽 266
抑揚 270
横から口を出す 115
予告(する) 136、269
横車を押す 115
横槍が入る 115
横恋慕(する) 115、257
余生 49
余勢を駆る 90
予想 269
予測を覆す 142
予定 269
余分な 151
予防 269
よもや 49
選りすぐり 144
拠り所 257
縒りをかける 58
寄る年波 90
弱気になる 91
世渡りの術 181
弱音を吐く 91
夜を日に継いで 91

ら

来客がある 151
雷鳴 258
雷名を天下に轟かす 258
羅針盤 270
落花狼藉 273
楽観する 151

辣腕——264
羅列——270

り

利益——168
理科——260
李下——261
李下に冠を正さず——116
罹患［りかん］——270
陸上——270
理屈に合わない——91
罹災——270
陸橋——261
栗林——270
略奪——267
溜飲を下げる——91、258
流言飛語——273
理由の如何を問わず——196
柳眉を逆立てる——49
粒粒辛苦——273
凌駕——191
料簡——260
料理——260
緑地——270
緑茶——270

輪郭——270
臨機応変——273
臨場感——213
倫理——270

る

累計——270
累積——270
類は友を呼ぶ——116
留守を預かる——152、223
流浪——270

れ

例外——270
礼儀——261
例示——270
轢死［れきし］——250
歴史観——213
烈火——270
裂傷——270
烈風——270
連枝——261
連日——152
連帯責任——273

恋慕——269
連絡網——263

ろ

楼閣——258
老後——41
老骨に鞭打つ——49
狼藉——266、270
郎党——270
労働——268
朗読——270
老若——169
老若男女——191
狼狽——270
浪費——270
朗報——270
録音——270
緑青——270
禄高——270
論客——162
論陣を張る——92
論戦を繰り広げる——92
論戦を交える——92
論理——270
論を俟［ま］たない——258

わ

和気藹藹［あいあい］——273
分け前に与る——223
業——227
禍転じて福となす——116
技をみがく——227
轍［わだち］——50
輪をかける——92

◉編者略歴

西谷　裕子（にしたに　ひろこ）

一九四八年愛知県生まれ。教職、出版社勤務を経て独立。主に辞典・事典の執筆・編集に携わる。編著書に『たべものことわざ辞典』『世界たべものことわざ辞典』『「言いたいこと」から引ける慣用句・ことわざ・四字熟語辞典』（共に東京堂出版）、句集『掌紋』（近代文芸社）。現代俳句協会会員。

勘違いことばの辞典

二〇〇六年一一月一〇日　初版発行
二〇一四年　四　月二〇日　五版発行

編　者――西谷裕子（にしたに・ひろこ）
発行者――小林悠一
発行所――株式会社東京堂出版
〒一〇一-〇〇五一
東京都千代田区神田神保町一-一七
電話　〇三-三二三三-三七四一
http://www.tokyodoshuppan.com/
振替　〇〇一三〇-七-二七〇

ブックデザイン――小泉まどか（志岐デザイン事務所）
DTP――株式会社明昌堂
印刷製本――図書印刷株式会社

ISBN978-4-490-10701-2 C0581